# 고려속요와 기녀

이 영 태 지음

景仁文化社

# 시작에 앞서...

　　책 한 권을 세상 밖으로 밀어보낸다. 작년,『한국 고시가의 새로운 인식』(경인문화사, 2003)에서는 '수록경위'라는 텍스트 형성과정과 종교현상을 심리학적으로 분석할 수 있는 종교심리학을 근간으로 하여 상대가요와 향가에 대한 기존의 논의를 보충하거나 또는 해석의 오류를 바로잡을 수 있었다. 또한 기녀 일반론에서 벗어나 그들이 맡은 역할을 주방기(廚房妓)·방적기(紡績妓)·사찰기(寺刹妓)로 세분화하여「청산별곡」·「서경별곡」·「이상곡」을 통석한 바 있다. 그러면서 필자는 '기녀와 무당, 그리고 고려속요'라는 책을 곧 내놓겠다고 책머리에 언급하기도 했다. 그 후 어느덧 1년이 지났다. 고려속요라는 대상을 헤아리기 전에 필자가 지닌 역량을 먼저 헤아리는 게 상도일진데 나의 과욕이 얼마나 맹랑한 것인지 이제 새삼 깨닫는다. 특히 속요와 무당을 연계해 공부하면서 필자의 생각이 과욕보다 호기에 가깝다는 것을 느낄 수 있었다. 다만 속요와 무당은 수련을 더 쌓은 후에 세상에 내놓을 생각이다.

　　이 책에는 11편의 글이 있다.「고려속요 연구방법 서설」은 속요를 구체적으로 이해할 수 있는 방법론에 해당한다. 속요의 화자를 기녀 일반에 기대지 않고 그들을 직능에 따라 세분화시켜야 할 이유를 진술했다. 그래서 기녀를 관기(官妓)와 사기(私妓)로 나누되 관기는 그들이 맡은 역할에 따라 주방기·방적기·사찰기·세탁비(洗濯婢)이고, 사기는 영업을 목적으로 하던 영업기(營業妓)이다. ‘「만전춘별사」와 영업기’에서 화자를 영업능력이 대단했던 기녀로 설정한 후 작품을 분석해 보았다. 민요·한시·시조·경기체가 양식이 한 작품에 공존하는 이유와 두 명의 화자가 등장한 이유, 그리고 능력 있던 영업기로서의 여유와 빈틈없이 영업에 전념하려는 화자의 의지 등을 엿볼 수 있었다. ‘「정석가」와 영업기의 개사·편사능력’에서는 송도가로 파악하기에 왠지 느슨한 점을 지적한 후 영업기가 영업공간에서 개사·편사하는 경우를 상정해 보았다. 물론 영업공간에서의 개사·편사 문제는 이 글에서 처음 제기하는 것이지만 영업공간들 사이에서 벌어지는 경쟁과 기녀의 노래가 자족적으로 존재하기보다 그들이 상대하는 사람의 취향을 반영해야 한다는 점에서 속요를 이해하는 한 방법이 될 것이다. ‘「동동」과 효선어(效仙語)’에서는 「동동」 연구의 주류가 제의적 접근이었지만 이것으로 노래 전편을 온전히 읽을 수 없다는 점을 지적하고 ‘선(仙)’의 의미를 제의적 문맥과 무관하게 ‘술(酒)’과 기녀에서 찾았다. 특히 해석하기 힘들었던 12월 “분디남ㄱ로 갓곤 아으 나ᄉᆞᆯ 盤잇 져다호라 니믜 알ᄑᆡ 드러 얼이노니 소니 가재다 므르ᄋᆞᆸ노이다”의 문맥을 온전히 이해할 수 있었다. 기녀 화자가 분디나무로 져[箸]를 만든 이유 그리고 그것을 님이 아니라 손님이 입에 물었을 때의 화자의 심사에 대하여 구체적으로 복원할 수 있었다. 물론 화자가 11월 “봉당 자리예 아으 汗衫 두퍼 누워”있는 이유도 이에 해당한다. ‘「유구곡」·새·기녀’에서는 고려·조선·현대에 걸쳐 나타나는 비둘기와 뻐꾸기 관련자료를 살핀 후 일기다부(一妓多夫)라는 기녀의 풍속에 기대어 금슬 좋은 새로 나타나는 비둘기가 同種을 멀리하고 뜬금없이 異種의 뻐꾸기가 좋다고 진술한 이유를 해명해 보았다. 결국 자신과 동일한 천민계층의 妓夫보다 더 나은 계층의 기부를 선호한다는 진술이었던 것이다. '「사모곡」과 기녀정서의 한 양상'에서 기녀의 독특한 가족관계와 그들의 양육과정을 통해 호미와 낫의 날을 대비시켜 아버지의 사랑보다 어머니의 사랑이 더 깊다고 진술한 배경을 살펴보았다. '「쌍화점」 주제의 다양성과 그 원인'에서는 「삼장」·「사룡」, 그리고 급암의 한역가와 서포의 악부 1·2를 통해 원가(原歌)가 궁중으로 유입되어 개사·편사되는 과정과 그것이 다시 민가의 노래에 영향을 주는 가능성에 대하여 언급했다. 「청산별곡」·「서경별곡」·「이상곡」에서 화자를 각각 주방기·방적기·사찰기로 설정한 후 작품을 분석했다. 특히 「청산별곡」에서 '잉무든 장글'에서 '장글'을 쟁기나 무기가 아니라 물을 담아 옮길 때 사용하는 도구인 '장군' 곧 '이끼 묻은 장군'으로 이해할 수 있었다. 「청산별곡」의 화자를 주방기로 설정하고 평양의 고지도(古地圖)를 펼친다면 단옷날이지만 여전히 주방기로 기능해야 할 화자의 처지와 심사를 노래 전편에서 확인할 수 있다. 끝으로 '「내당」과 사찰의 세탁비'에서는 「내당」을 무당의 노래로 파악하려 했던 기존의 논의를 극복하고자 화자를 사찰에서 세탁을 담당하던 세탁비로 설정했다. 물론 화자 설정은 작위적인 게 아니라 고려시대 사찰에서 '바느질·주방일·양주·수공업노동·토목노동·그 외의 잡역'에 종사하던 노비가 존재했다는 점과 「내당」 화자의 진술방법을 통해 가능했던 것이다.

이 책은 고려속요 '대개의 연구가 부득불 억측의 수준을 넘어서기 힘들'다는 지적을 극복하는 데에서 출발했다. 개개의 속요 전편을 일관된 눈으로 이해하기 위해 미시적 단서를 통해 화자를 직능에 따라 구체적으로 설정한 후 작품분석을 시도했다. 어쨌건 '부득불 억측'이란 표현을 다소 넘어섰다는 데에 의의를 두고 싶다.

남들이 멀리하는 고전시가를 공부하겠다고 박사과정에 들어온 지 11년이 지났다. 그 기간에 상대가요·향가·고려속요를 차례로 성깃하게나마 마무리를 했다는 생각을 하다가도 두 눈 부릅뜨고 있는 조선시대 시가로 인해 정신을 가다듬는다. 간신히 조선시대에 도착했다. 이를 지나서 애국계몽기까지 올곧게 갈 수 있을는지. 이제는 내공을 지며리 다질 때이다.

여기에 모아놓은 글들은 쾨쾨한 연구실에서 혼자 만든 게 아니란 점을 밝힌다. 전화로 인사드리는 불경스런 제자에게 늘 자상하시던 陶谷 선생님과 미거한 필자에게 격려를 아끼지 않으셨던 인하대학교 대학원의 여러 선생님들에게 감사드린다. 또한 연구공간이나 기자재를 마련해준 한국학연구소의 도움이 컸다. 허투루 몇 말 덧붙이면, 불평 않는 나의 내자와 건강하게 자라는 유진·어진에게 고맙다는 말을 대신한다. 끝으로 한정희 사장님과 신학태 팀장에게 감사의 뜻을 전한다.

2004년 여름
이 영 태

# 읽어보기

# 고려속요 연구방법 서설

## 1. 들어가는 글

고려속요에 대한 장르의 발생 및 전개 등과 관련한 정확한 지적
이 있었다.

속요는 민속가요 가운데 민요를 속악으로 전용하는 과정에서 생
성·발전해갔으며 이러한 속요가 더욱 세력을 얻어 장르의 발전 및
전성기를 맞게 되자 무가 및 불가를 수용하는 데까지 확산되어 간
것으로 추정된다.[1]

장르적 특성을 고려한 위의 논의는 개개의 노래가 민요의 특성과
관계를 맺은 듯하면서 그렇지 않은 것을 통해 확인할 수 있다. 실제
로 속요에 나타난 반복구, 후렴구, 여음 등을 빼고 나면 민요와 친연
한 모습으로 변하는 것도 속요의 장르적 특성과 무관하지 않다. 물

---

1) 김학성, 「속요의 장르상의 제문제」『천봉이능우박사 칠순기념논총』, 1990,
83면.

론 민요의 특성에서 벗어나 반복구, 후렴구, 여음 등이 속요에 나타나는 것도 민요를 속악에 맞게 개사·편사했기 때문이다. 민요가 속악으로 전용되기 전, 지방민요가 보편성을 획득하면서 지역성의 한계를 넘어 널리 확산되어 이것이 궁중으로 들어왔는데 물론 이런 과정에서 절대적인 역할은 기녀가 했다.[2] 그래서 민요를 궁중으로 운반하거나 개사·편사한 노래를 가창한 사람을 기녀로 상정하는 일은 이미 통설이기에 그들의 시각으로 노래에 접근하는 일은 합당하다.

하지만 기녀 일반론에서 말하는 '사치노예'[3]의 특성 하나만 가지고는 고려속요를 온전히 이해할 수 없다. 속요가 무가나 불가까지 수용할 정도로 장르 전성기를 맞았다고 할 때 가무에 재능이 있던 공노비가 궁중으로 들어가는 것은 흔한 일이기에 그들이 입궁하기 전에 맡았던 역할을 고려하면 고려속요에서 애매했던 부분들을 이해할 수 있을 것이다. 이에 이 글은 기녀의 기원과 고려시대 기녀의 유형을 통해 고려속요를 이해하는 한 방법을 제시하는 것을 목적으로 삼는다.

## 2. 기녀의 기원과 고려속요와 관련된 기녀

妓에 대한 설명이 "부인의 작은 물건이다(婦女小物也:『설문해자』)"로 나타나는데 이는 우리가 생각하고 있는 기생이나 기녀라는 단어와 거리가 멀다. 다만 음악과 관련해서 妓라는 글자 대신 倡이

---

2) 김학성, 「고려가요의 작자층과 수용자층」『국문학의 탐구』, 성균관대출판부, 1987, 31~36면.
3) 김동욱, 「이조 기녀사 서설 - 사대부와 기녀 -」『아세아여성연구』제5집, 숙명여자대학교, 1966, 116면.

"樂也(『설문해자』)"와 "娼俗倡(『正字通』)"으로 나타난다. 음악과 관련된 남녀를 모두 倡이라 했다가 남자가 사라지고 여자에게만 한정된 娼이란 글자가 등장한 것이다. 그리고 倡은 "俳(戲也:『설문해자』)"와 상통하기에 妓를 樂과 俳, 그리고 戲와 관계된 여자라 규정지을 수 있다.

그런데 樂과 女, 그리고 俳와 戲를 공유하고 있는 기녀는 巫의 기원과 밀접하다. 巫가 춤을 추면서 降神(以舞降神)하거나 祭主로서 찬하는 사람(祝祭主贊辭者:『설문해자』)이면서 그들이 "소녀(爲少女)" "무당(爲巫)" "입과 혀(爲口舌)" "첩(爲妾)"과 관계(『주역』「설궤전」)한다는 점에서 무와 기녀의 관계는 다음과 같은 논의에 기대어 이해할 수 있다.

> 巫女가 女神 그 자체로부터 祭政分離의 추세에 따라 우선 男巫인 覡이 土着化하여 尊長을 겸하고, 다시 이 覡이 왕권으로 신장함에 따라 巫女는 歌舞戲子로 低落[4]

위의 논의는 赫居世의 아들 南解次次雄의 異稱이 "方言謂巫也"[5]로 나타난다는 점에서 타당하다. 차차웅이 男巫로서 존장을 겸(稱尊長者)[6]하고 나중에 이 覡이 왕권으로 연계됐고 女巫는 歌舞戲子로 전락된 것이다. 모권에서 부권으로의 변모는 고대 산신의 이름을 통해서도 확인할 수 있는데, 예컨대 "古代 民族 信仰上의 神은 大部分 女性이다. 이것은 原始社會에 있어 母權이 强하였던 것 또 原始宗敎上의 主祭者가 女性巫이었던 것에 基因"[7]한다는 지적이 그것이다.

---

4) 김용숙, 「한국여속사」『한국문화사대계』 IV, 고려대민족문화연구소, 1970, 553~554면.
5) 『삼국사기』 권1, 신라본기1 남해차차웅.
6) 같은 곳.
7) 손진태, 「조선 고대 산신의 성에 취하여」『손진태선생전집』 2, 태학사,

그리고 기녀 발생론에서 빠질 수 없는 것은 戰爭俘虜 중에서 부녀자의 노비화이다.8) 이것은 황산벌에서 신라와 전투하기에 앞서 "내 처자가 노비가 되어 살아서 욕을 보는 것보다 차라리 쾌히 죽는 것만 같지 않다"9) 하여 처자를 살육한 계백이나 백제가 멸망하자 낙화암에서 떨어져 죽은 궁녀들의 예를 통해서도 익히 짐작할 수 있는 일이다. 그래서 기녀의 기원은 巫의 분화과정과 전쟁부로에서 찾을 수 있다.

기녀의 기원이 巫의 분화과정과 俘虜와 밀접하기에 기녀의 유형에서 먼저 언급할 것은 官妓이다. 관기는 국가기관에 소속된 기녀로서 궁중 연회에 참가하던 教坊妓나 지방관아에 있던 地方妓로 나눌 수 있다. 한편 官에 매이지 않고 자유롭게 영업할 수 있었던 私妓와 개인이 소유하고 있던 家妓가 있다. 그리고 궁중에서 왕실의 소용에 따라 활동하던 어린 사내 아이인 童妓가 있다.10)

위의 유형 중에서 고려속요와 관련된 기녀는 관기와 사기이다.

서울의 무당과 관비 중에서 가무를 잘하는 자를 뽑았다.11)

노래와 춤을 잘하는 자를 선발했는데 이들은 궁중으로 들어오기 전에 중앙이나 지방의 여러 관아·학교 등에 예속되어 있었다. 그리고 그곳에서 주로 "잡다한 供役 임무를 맡"12)고 있었다. 여기서 잡

---

1981, 275면.

8) 김용숙, 앞의 논문, 563면 ; 김동욱, 앞의 논문, 76면.

9) 『삼국사기』 권47, 열전7 계백, "恐吾妻孥沒爲奴婢 與其生辱 不如死快."

10) 기녀의 유형을 女樂과 官妓라는 형태로 파악했던 김용숙(『한국여속사』, 4판; 민음사, 1990)과 최숙경(「고려이전 - 특수직 여성」 『한국여성사』 I, 재판: 이대출판부, 1978)의 논의를 이경복(「고려시대 기녀의 유형」 『한국민속학』 18, 민속학회, 1985, 「고려기녀 풍속과 문학의 연구」, 중앙대박사논문, 1985)이 더 구체적으로 나누었다.

11) 『고려사』 권125, 열전38 오잠, "選京都巫及官婢善歌舞者."

다한 공역은 중앙이나 지방의 여러 관아·학교 등에서 소용될만한 일로 예컨대 紡績·房直·廚房·針線·藥房·汲水 등 婢가 해야 할 것들이다.

> 女伎로 말하면 그것을 하악이라 하는데 무릇 3등급이 있다. 대악사는 260명으로 왕이 늘 사용하는 것이다. 다음 관현방은 170인이요, 그 다음 경시사는 300여 명이다.[13)]

노래와 춤을 잘하는(善歌舞) 공노비가 궁중으로 들어왔다고 해서 그들이 궁중 연회에 바로 참가했던 게 아니라 음악기관에서 일정한 교육을 받아야만 했다. 음악기관 중에서 대악사는 穆宗代에 설립한 大樂署의 별칭으로 공식적인 궁중의식에 따른 모든 음악활동을 행정적으로만 관장했던 음악기관으로 그곳의 樂官은 聲律을 校閱했고, 文宗代에 설립된 관현방은 工人과 관기들의 실질적인 음악연습과 교육을 담당하였다.[14)] 경시사는 市廛을 勾檢하는 일을 맡은 관서였다.[15)] 이들 부서에 소속된 관기들은 위의 인용처럼 3등급으로 나뉘있었는데 왕이 常用하는 대악서의 기녀가 1등급, 음악연습과 교육

---

12) 홍승기, 「천민」 『한국사』 5, 국사편찬위원회, 1981, 310면.
13) 『고려도경』 권40, 악률, "若女伎則謂之下樂 凡三等大樂司二百六十人王所常用 次管絃坊一百七十人 次京市司三百餘人."
14) 송방송, 『한국음악통사』, 일조각, 1984, 149~151면.
15) 『고려사』 권77, 지31 백관2, "京市署掌勾檢市廛." 경시서는 시장에서 물건값을 속이는 자를 처벌하도록 諫(권20, 세가20 명종11년, "京市署檢斗斛察奸僞")하거나 유통질서의 기준이 되는 斗나 斛을 검사(권85, 지39 형법2 금령 원종, "物價違者按律科罪從之")하는 물가조절 기관이었다. 이러한 경시서에 3등급의 기녀 300명이 소속되어 있었다는 점은 부서의 기능과 어울리지 않는 듯하지만 "경시서 소속의 여기들은 그 당시 새로운 문화 향수층으로 등장한 수도 개성의 상공인들을 위하여 춤과 노래 같은 연주활동을 벌였던 연예인(송방송, 위의 책, 220면)"이었다는 주장은 고려의 대외 경제활동을 염두에 둘 때 타당하다.

을 담당한 관현방의 기녀가 2등급, 그리고 시장의 경제활동을 관장하던 경시사에 소속된 기녀가 3등급이었다. 그런데 가무교습의 정기적 검증을 통해 그 등급이 조정되기도 했다.[16] 관현방에서 교습을 받은 2등급의 기녀가 1등급의 대악서로 오르거나 3등급의 경시서로 내려가기도 했던 것이다. 게다가 음악기관에서 歌·舞·樂 교육을 받았다고 하더라도 일정한 기량에 이르지 못한 자는 벌을 받거나 혹은 서툰 정도가 심각한 자는 本役으로 환정되기도 했다.[17] 여기서 본역은 궁중으로 선발되기 전에 맡고 있던 '잡다한 공역'으로 방적·방직·주방·침선·약방·급수 등이다.

한편 고려속요와 관계한 기녀로 영업기 곧 私妓가 있다. 사기는 관기와 달리 시정인들을 대상으로 자유롭게 영업활동을 하던 기녀이다. 사기의 영업활동은 그들이 지닌 재색과 밀접했고 그에 따른 차등도 있었다.

평강의 북문으로 들어가면 동쪽에 三曲이 있는데 여러 기생이 모여 사는 곳이다. 재색을 갖춘 기녀들은 대부분 南曲과 中曲에 있다. 담장을 끼고 있는 다른 一曲은 신분이 낮은 기생이 기거하는 장소로 다른 두 곡에 의해 경시를 당한다. 南曲 중간에는 문 앞에 십자로와 통해 있어 처음 누각에 오는 자는 대부분 이곳에서 남몰래 기웃거린다. 二曲은 대부분 집이 넓고 조용하며 집안 전체에 시중을 두고 있으며 전후에 식물 화분, 괴석, 분재, 연못을 두었고 좌우로 맞대어 작은 집이 있었다. 그리고 발이나 푸른빛의 침대, 휘장들이 있었다. 여러 기생들에게 개인적인 단골이 있었다.[18]

---

16) 예컨대 醫女를 비롯해 針線婢, 工曹妓 등 그밖에 관기들이 歌·舞·樂과 무관한 특정 부서에 소속되어 있어도 음악기관인 掌樂院에서 內宴에 필요한 교육을 받았다. 장사훈, 『여명의 동서음악』, 보진재, 1974, 14~17면.
17) 『세종실록』 25년 9월 16일, "不能者罰之 甚者還定本役."
18) 孫棨, 『北里志』, 海論三曲中事, "平康里入北門東回三曲 卽諸妓所居之聚也 妓中有錚錚者 多在南曲中曲 其循墻一曲 卑瑣妓所居 頗爲二曲輕斥之 其南

영업기들이 집단을 이루되 재색에 따라 三曲(南曲・中曲・前曲)으로 구분되어 있어 등급에 따라 거주지와 왕래하는 사람들, 그리고 妓樓 안의 조경에 차이가 있었다. 조용하고 넓은 공간, 식물 화분, 괴석, 분재, 푸른빛의 침대, 휘장, 연못 등은 영업공간을 사치스럽게 만드는 소품이나 구조물로 이는 그들이 상대할 사람[단골]들의 취향을 반영한 것이기도 하다. 사치스런 소품이나 구조물은 「만전춘별사」의 "금수산 니블" "사향각시" "소(연못)"를 통해 확인할 수 있는데 특히 오리가 자러 오는 '소', 즉 연못은 『주역』의 「설궤전」에서 언급한 대로 소녀이고(爲少女), 첩(爲妾)에 해당할 구조물이다. 오리가 "소해 자라온다(연못에 자러 온다)"에서 화자는 연못에 해당할 영업기이고 오리는 그가 상대할 영업대상인 것이다.[19] 그리고 영업을 목적으로 했던 만큼 그들은 가혹한 훈련을 받았다.

> 기녀의 어머니는 대부분 假母인데, 또한 노쇠하여 은퇴한 기녀들이 가모를 했다. … 歌伶을 처음 가르칠 때부터 꾸짖고 그 요구가 매우 급하였으니 조금이라도 빼고 게으르면 채찍으로 때렸다.[20]

---

曲中者 門前通十字街 初登館閣者 多于此窃游焉 二曲中居者 皆堂宇寬靜 各有三樓听事 前后植花卉 或有怪石盆池 左右對設小堂 垂簾茵榻帷幌之類称是 諸妓皆私有所指占." 고려시대의 영업기와 관련된 등급이나 거주지, 왕래하는 사람과 영업공간 안의 조경물을 구체적으로 언급한 자료는 없다. 그러나 이 글에서 인용한 『北里志』가 "妓史之班馬也(상병화, 『역대사회풍속사물고』, 호남성: 악록서사출판, 1991, 435면)"로 표현될 정도로 唐代부터 기녀의 역사를 온전히 기록하고 있기에 고려시대 영업기에 관한 자료로 활용할 수 있다. 고려 때의 三等(대악사, 관현방, 경시사), 조선의 三牌(一牌, 殷勤者, 搭仰謀利), 일제 때의 三券(本券, 東券, 南券)에서 확인할 수 있듯 기녀를 재색에 따라 셋으로 차등을 둔 것도 우연이 아니다.

19) 자세한 내용은 이 책의 '「만전춘별사」와 영업기' 참조.
20) 『북리지』, 海論三曲中事, "妓之母多假母也 亦妓之衰退者爲之 … 初教之歌伶而責之 其賦甚急 微涉退怠 則鞭扑備至."

‘채찍’을 사용할 정도로 기녀교육이 가혹한 것은 그들의 능력이 수입과 직결되기 때문이다.[21] 심지어 그들의 교육을 담당했던 ‘가모’를 "爆炭"이나 "老爆子"[22]로 부른 중국의 경우와 함께 "행수기녀의 엄한 제재"를 통해 "가혹한 笞杖을 맞아가며 훈련을 쌓"[23]아야 했던 우리나라의 경우도 별반 다를 바 없다. 결국 기녀가 상대했던 사람의 가산을 탕진시켜 의관을 갖추지 못하게 할 정도로 수입에 신경을 써야 한다는 "기생이 되어 남자에게 삿갓을 씌우지 못하면 名妓가 아니다"[24]라는 기녀 속담이 있는 것도 영업기의 목적과 그 목적을 둘러싼 영업공간들 사이에 벌어진 치열한 경쟁과 무관하지 않다.


# 3. 고려속요를 이해하는 한 방법


기녀문학의 평가는 으레 ‘천민이되 사치가 허용된, 그리고 식자층을 상대하던 자’라는 데에서 출발한다. 그래서 일반 아녀자들과 달리 자신의 애환과 연정을 자유롭게 표출한 것을 기녀의 신분상 특징과 연계해서 설명해 왔던 게 그간의 사정이다.

하지만 고려속요는, "서울의 무당과 관비 중에서 가무를 잘하는

---

21) 기녀들이 교육받았던 교과목에 대하여 자세히 알 수는 없지만 歌·舞·畵 이외에 ‘산술’도 포함되어 있을 정도로 영업기의 목적은 수입이었다. 가와무라미나토, 『말하는 꽃 기생』, 유재순 옮김, 소담출판사, 2002, 193면.
22) 상병화, 앞의 책, 436면. 이런 명칭은 宋代에 이르러 ‘行首’로 바뀌는데 조선시대 때에 ‘행수기녀’가 바로 그것이다. 결국 "송나라 창기제도는 거의 당의 제도를 답습"(이수웅, 『중국창기문화사』, 대한교과서주식회사, 1987, 129면)했을 정도로 기녀의 풍속은 부분적인 데에 한하여 차이가 날 뿐 전대의 것이 그대로 이어져 내려왔다.
23) 김동욱, 앞의 논문, 79면.
24) 이능화, 『조선해어화사』, 이재곤 옮김, 동문선, 1992, 238면.

자를 뽑"25)거나 "모든 광대 잡기와 지방의 노는 기녀들까지 모두 불러"26)낸 것처럼 가무를 잘하는 서울의 무당과 관비, 그리고 광대나 지방의 기녀들과 관련된 노래이기에 막연히 기녀를 '사치노예'라고 규정했던 데에 기댄다면 개개의 노래를 온전히 이해할 수 없다. 관기에 대해 언급한 바 있듯 그들이 궁중으로 들어오기 전에 '잡다한 공역'27)에 종사했고 궁중의 교육과정을 제대로 이수하지 못하는 경우 본역으로 환정됐다는 점을 염두에 둘 때, 고려속요에 나타나는 '공역'과 관련된 노랫말은 그들의 입장에서 이해해야 한다. "질삼뵈 브리(「서경별곡」)"나 "잉 무든 장글란 가지고·에정지 가다(「청산별곡」)", 그리고 "주ᅀᅡ쌘라 바회예 나ᄅ새라(「내당」)"가 바로 공노비의 잡다한 공역과 관련된 표현이다. 특히 '잉 무든 장글'을 잉어·병기·농기구·은장도로 이해하는 경우 '가지고'와 '가다'의 주체가 동일해야 하는데 그것들이 '에정지(부엌)'와 어울리지 않는 것은 자명하다. 그래서 '잉 무든 장글란 가지고'도 공노비의 잡다한 공역과 결부해서 이해해야 하며 물론 그들이 공노비 가운데에서 선발된 妓라 하더라도 여전히 婢의 범위에서 벗어날 수 없었다는 점을 감안하면 기존 해석에서 모호한 부분들을 해결할 수 있다.28)

그리고 고려속요와 관련된 私妓 곧 영업기가 있는데 이들은 목적을 영업에 두었던 만큼 공노비인 관기보다 재색이나 사치가 뛰어났다. 「신조태평곡」을 內宴에서 불러 충렬왕에게 칭찬을 받았던 '謫仙

---

25) 『고려사』권125, 열전38 오잠, "選京都巫及官婢善歌舞者."
26) 『고려사절요』권8, 예종, "凡倡優雜伎以至外官遊妓無不被徵."
27) 기녀를 '사치노예'라 부르지만 사치와 거리를 둔 기녀들 예컨대 藥房妓, 工曹妓, 房直妓 등이 그들인데 이들의 名簿인 妓案이 관아에서 관리하는 奴婢案에 포함되어 있을 정도로 妓와 婢는 서로 공유할 부분이 있었다. 雜役婢이되 연회 때에 기녀로 행세하던 汲水婢의 경우에서 이를 확인할 수 있다. 김동욱, 앞의 논문, 80면.
28) 이 책의 '「청산별곡」과 주방기', '「서경별곡」과 방적기', '「내당」과 사찰의 세탁비' 참조.

來'29)나 충숙왕이 기녀의 집에 직접 와서 은폐를 줄 정도로 재색을 갖추었던 '萬年歡'30) 등이 그들이다. "南山애 자리 보와 玉山을 벼여누어 錦繡山 니블 안해 麝香 각시를 아나 누어 藥든 가슴을 맛초옵사이다(「만전춘별사」)"와 "玉으로 蓮ㅅ고즐 사교이다·므쇠로 한 쇼를 디여다가 鐵樹山에 노호이다(「정석가」)"라는 노랫말은 사치를 부리던 영업기가 진술할만한 것으로 그들의 처지를 감안하면 '남산' '옥산' '금수산' '사향각시' '옥' '므쇠' '철수산'이 지시하는 바를 알 수 있다.31)

영업목적의 영업기와 공노비 출신의 관기는 모두 기녀이되 양자 사이에 특히 화자의 진술방법에서 확연한 차이가 있다.32) 무엇보다 영업기는 자신이 상대했던 사람을 향해 항의투의 진술을 하기도 했다. 偕老同穴을 약속했던 님이 그것을 저버렸을 경우 "벼기더니 뉘러시니잇가(어긴 사람이 누구입니까?:「만전춘별사」)"로 진술하거나 기상조건이 '雨→晴→雪'로 변한 날에 '내님 두옵고 년뫼를 거로리(내님 두고 다른 산을 걷지 않겠다)'라는 님과 맺은 약속을 회상하다가 님이 오지 않자 "이러쳐 뎌러쳐 期約이잇가(이렇게 저렇게 하고자 했던 기약입니까?:「이상곡」)"처럼 약속 파기에 따른 항의를 하던 화자에게서 이런 경우를 확인할 수 있다. 반면에 공역출신 관기의 항의는 님을 향하기보다 주변을 통해 우회적으로 님에게 전달되기를 바라는 정도이다. "네 각시 넘난디 몰라(네 각시 바람 난 줄 몰라:「서경별곡」)"처럼 떠나는 님을 직접 제지하지 못한 채 다만 뜬금

---

29) 『고려사』 권125, 열전38 김원상.
30) 『고려사』 권34, 세가34 충숙왕 4년.
31) 이 책의 '「만전춘별사」와 영업기', '「정석가」와 기녀의 개사·편사능력' 참조.
32) 고려 이전에 활동하던 영업기로 "娼房酒肆"나 "倡家"(『파한집』 권中, 今乃爾與屠沽小兒 遊戲娼房酒肆耶 … 馬遵舊路誤至倡家)란 표현과 관련된 天官女가 있는데 그는 시정에서 활동하던 영업기이며 「怨詞」를 지을 정도로 문학적 소양을 지녔던 자이다.

없이 님을 태우고 갈 뱃사공을 향하여 질책하거나 "잡스와니 내 엇디ᄒᆞ리잇고(「청산별곡」)"처럼 강술에 님이 붙잡힌 것에 대해 "내탓이 아닙니다. 저 술향기 때문입니다"[33]로 애매하게 책임을 전가하는 화자의 심사는 바로 방적이나 주방을 담당했던 공노비가 진술할만한 것이다. 대동강을 건너는 님에게 '건너지 마시오'라고 하지 못한 것이나 '님이 취한 것은 님이 스스로 많이 마셨기'에 혹은 '내가 술을 너무 강하게 빚었기'에 라고 적극적으로 해명하지 않고 술 쪽으로 원인을 돌리는 모습은 공역에 있던 관기의 심사와 관련된 진술이다. 무엇보다 공역을 담당하던 화자의 진술이 이런 경향을 띨 수밖에 없었던 것은 그들을 "관청의 물품"[34]이나 "법제상 지위가 재물"[35]로 규정짓는 일과 무관하지 않다.

관기건 사기건 모든 기녀들이 공유하고 있는 특성으로 '님의 부재'와 '수동적 성향'이 있다. "耿耿孤枕上애 어느 ᄌᆞ미 오리오(외로운 침상에서 어찌 잠이 오겠는가:「만전춘별사」)", "잠짜간 내님을 너겨(잠을 빼앗아간 내 님을 생각하며:「이상곡」)", "괴시란더 우러곰 좃니노이다(사랑하신다면 울면서 따르겠습니다:「서경별곡」)"는 모두 '님의 부재'와 밀접한 것으로 화자의 "몸하 ᄒᆞ올로널셔(이 몸이여 홀로 살아가는구나)" "스싀옴 녈셔(제각기 떨어져 살아가는구나)" "니믈 뫼셔 녀곤 오ᄂᆞᆯ낤 嘉俳샷다(님을 모시고 지내야만 오늘이 한가윗날입니다:「동동」)", 그리고 "니믈뫼셔 술와지(님을 모시고 살고 싶습니다:「내당」)"와 동일한 경우이다. 님의 부재는 님과 같은 공간에 있음으로써 극복할 수 있지만 이런 경우는 극히 제한된 시간이기에 "어름우희 댓닙자리 보와 님과 나와 어러주글만뎡 情둔 오ᄂᆞᆶ밤 더듸 새오시라(「만전춘별사」)"나 "구은 밤 닷 되를 심고이다

---

33) 김완진, 「고려가요의 어학적 해석」『새국어생활』6권 1호, 국립국어연구원, 1996, 62면.
34) 김용숙, 『한국여속사』, 민음사, 1989, 243면.
35) 홍승기, 『고려귀족사회와 노비』, 일조각, 1983, 8면.

그 바미 우미 도다 삭나거시와 有德ᄒ신 님믈 여희ᅌᆞ와지이다(「정석가」)", 그리고 "닭아 우지마라 옷 버셔 重錢을 쥬마 / 날아 새지마라 닭의 손디 비럿노라"[36]로 시간의 정지를 바랄 뿐이다. 화자가 님과 함께 '어러주글만뎡' 같은 공간에 있기를 바라거나 '구은 밤'에서 싹이 날 때 비로소 헤어지겠다는 생각, 그리고 기녀가 기녀로 온전히 기능하기 위해 최소한 갖추고 있어야 할 '옷'을 벗어 닭에게 '重錢[전당]' 주면서까지 새벽이 오기를 꺼렸던 것은 님의 부재를 막으려 했던 화자의 간절한 바람이지만 '님의 부재'는 기녀가 숙명적으로 받아들여야 할 일이다. 그리고 '수동적 성향'은 "桃花는 시름업서 笑春風ᄒᄂ다"와 "올하 올하 아련 비올하 여흘랑 어듸두고 소에 자라 온다"라는 부분에서 이를 확인할 수 있는데 '도화'와 '소(연못)'은 기녀화자의 또 다른 모습이고 '춘풍'과 '아련 비올하'는 화자를 '耿耿孤枕上'처럼 '님의 부재'에 있게 했던 비유물이다. 그리고 화자와 화자를 불만족스럽게 만든 비유물이 각각 靜과 動이라는 특성을 지닌다고 한다.[37] 화자의 처지를 가리키는 도화와 연못이 자유롭게 이동할 수 없는 수동적인 성향을 지닌 반면 춘풍과 오리는 이동이 자유로운 능동적 성향을 띤다. 화자의 처지가 수동적 성향을 띠는 게 '기녀언술의 핵심'[38]이란 점은 「동동」에서도 확인할 수 있는데 '별해 ᄇ론 빗(:벼랑에 버린 빗)' '져미연 ᄇ릇(:저며 놓은 고로쇠 나무)' '盤잇 져(:소반의 저)'은 모두 그러한 경향의 소재들이다.

고려속요의 원가를 궁중으로 운반한 자를 기녀로 상정하는 것은 이미 통설이기에 고려속요를 기녀의 시각으로 이해하는 것은 자연스런 일이다. 하지만 기녀 일반론에 기댄다면 기녀가 '사치노예'이

---

36) 정병욱 편, 『시조문학사전』, 신구문화사, 1966, 148면.
37) 성현경, 「만전춘별사의 구조」 『고려시대의 언어와 문학』, 한국어문학회 편, 형설출판사, 1975, 377면.
38) 신은경, 「조선조 여성텍스트에 대한 페미니즘적 조명(2)」 『페미니즘과 문학비평』, 고려원, 1994, 81면.

겠지만 '잡다한 공역'에 종사했던 공노비가 궁중에서 교육을 받거나 또는 본역으로 환정된 사례를 통해 고려속요에서 '사치' 이외의 '공역'과 관련된 노랫말을 그들의 입장에서 이해해야 할 근거는 여기에 있다. 연회에 참석한 기녀가 사정에 따라 '잡다한 공역'을 담당하는 경우도 있었기에 '공역'과 관련된 그들의 정서가 노래에 반영될 수 있었다.

민요를 궁중으로 운반하거나 개사·편사한 노래를 부른 자가 기녀라 할 때 '공역'에 시달리던 공노비의 애환이 노래에 반영되는 것은 자연스런 일이다. 특히 사치를 부리는 영업기와 공노비 출신의 관기는 그들이 상대하던 님에 대한 진술에서 차이가 두드러지기에 기녀를 뭉뚱그려 사치노예로 이해하기보다 관기와 영업기로 나누고 관기는 다시 '잡다한 공역'들로 분화시켜 이해하는 것이 고려속요 이해의 한 방법이 될 것이다. 관기를 잡다한 공역으로 나누어 고려속요와 대비시키면 주방기와 「청산별곡」, 방적기와 「서경별곡」, 세탁비와 「내당」이고 영업기와 관련한 고려속요는 「만전춘별사」와 「이상곡」, 「동동」, 「정석가」 정도가 될 것이다.

## 4. 나오는 글

고려속요의 특징 중에 하나는 민요를 속악으로 전용하는 과정에서 생성·발전한 장르이기에 특정 작자를 지적할 수 없다는 점이다. 다만 민요를 궁중으로 운반하거나 그것을 전용하는 과정과 노래를 부른 자가 기녀라는 데에 이견은 없다. 물론 민요가 궁중으로 운반되기 이전에 특정지역의 노래가 보편성을 획득하는 데에 주도적 역할을 했던 자도 기녀이다. 그래서 기녀의 특성을 중심으로 고려속요에 접근하는 것은 타당하다. 사치스런 기녀를 중심으로 이해할 수 있는 노래가 있지만 사치와 무관하게 '공역'에 종사하던 기녀가 엄연히 존재했다는 점에서 노래도 그들의 입장을 감안해서 해석해야 할 것이다. 물론 고려속요라는 장르가 전성기를 맞아 무가 및 불가까지 수용했기에 무가나 불가의 담당자들을 세분화하여 무가계·불가계의 노래를 이해하는 것도 연구의 한 방법이 될 것이다.

# 「만전춘별사」와<br>영업기(營業妓)

## 1. 들어가는 글

고려속요의 특성 중에 대표적인 것이 작자를 알 수 없는 작품이 대부분이라는 점이다. 이러한 특성은 고려속요가 민가에서 불리던 노래를 궁중악에 맞게 개사·편사했던 데에서 기인하며 무엇보다 노래를 궁중으로 운반했던 자들이 "서울의 무당과 관비 중에서 가무를 잘하는 자를 뽑"[1]거나 "모든 광대 잡기와 지방의 노는 기녀들까지 모두 불러"[2]낸 일과 밀접하기 때문이다. 특히 민가의 노래를 운반하는 것은 물론 개사·편사한 노래를 궁중에서 부르던 자를 기녀로 파악하는 것은 국문학계의 통설이다. 민가에서 부르던 노래 곧 민요의 작자가 없는 것은 일반적인 일이며 그것이 궁중에서 개사·편사의 과정을 겪었기에 작자를 파악하는 일은 소모적일 수도 있다.

하지만 민요가 궁중에 맞게 재편성될 때 그 과정에 개입했던 자

---

1) 『고려사』 권125, 열전38 오잠, "選京都巫及官婢善歌舞者."
2) 『고려사절요』 권8, 예종, "凡倡優雜伎以至外官遊妓無不被徵."

들이 일정한 자격을 갖추었던 만큼[3] 자의적인 잣대로 노래를 개사·편사하지 않기 마련이다. 실제로 서경노래·구슬노래·대동강노래의 合歌인 「서경별곡」에서 화자가 노래 전편에 해당할 여성이라는 점에서 이를 확인할 수 있다. 이러한 경향은 「만전춘별사」에서도 마찬가지로 적용되며 특히 노래의 화자를 기녀로 파악하는 데에 아무런 장애가 없다. 그러나 기녀가 관기·사기·가기·동기로 나뉜다고 할 때 「만전춘별사」의 화자가 어디에 해당할 것인지를 가늠해야 노래를 더 효과적으로 이해할 수 있을 것이다. 이에 이 글은 이 노래에 적용될 화자를 구체적으로 확정하여 재론하는 것을 목적으로 한다. 물론 이런 과정을 통해 해석상 매끄럽지 않았던 "소콧 얼넘 여흘도 됴ᄒ니"와 "麝香 각시를 아나 누어 藥든 가슴을 맛초옵사이다"의 의미를 온전히 복원할 수 있을 것이다.

## 2. 주요논의 검토와 화자로서의 영업기

「만전춘별사」에 대한 본격적인 논의는 「만전춘별사의 구조」[4]에서부터 시작됐다. 이 논문은 뒤의 논의자들에게 지대한 영향을 끼친 역작이라 할 수 있는데 특히 '남산' '옥산' '금수산'이란 어휘의 의미와 상징을 각각 '따뜻한 아랫목(남성)' '옥베개(여성)' '비단이불(남성)'으로 밝혀낸 것은 논자 스스로 언급한 것처럼 "연구의 전기를 마련한 획기적"[5]인 성과였다. 그리고 각 연마다 서정적 자아와 세계의 대립이 일관되게 나타나는 점에 주목한 것은 물론 요운과

---

3) 송방송, 『한국음악통사』, 일조각, 1984, 153면.
4) 성현경, 「만전춘별사의 구조」『고려시대의 언어와 문학』, 한국어문학회 편, 형설출판사, 1975.
5) 성현경, 「만전춘별사 재론」『한국고전시가작품론』 1, 집문당, 1992, 322면.

각운 따위의 운율과 율동감도 찾아내어 "한 사람이 도맡아 부르기
에는 호흡상에도 무리"[6]가 있다고 하거나 "연결의미나 전개의미를
세우는 것은 무의미"[7]하다는 선행 논의를 극복하고자 했다. 결국 「
만전춘별사」는 내용상·형식상으로 정제성과 정연성을 갖춘 노래라
는 것이다.[8] 이후 오정란, 현혜경, 박노준의 논의가 있었는데 특히 4
연 "소콧 얼넘 여흘도 됴ᄒ니"를 이해하는 입장에 차이가 있었다.
"올하(오리)"를 '새로운 님'[9]이나 '여성을 전전하는 남자'[10]로 파악
했는데 이 또한 선행논의에서 언급한 대로 靜과 動의 대립이 '소'와
'여흘'에서 나타난다는 데에서 출발한 것이다.[11] 한편 "올하(오리:남
자)"와 "소(연못:여자)"의 交唱형식으로 남성화자의 등장을 언급하기
도 했다.[12] 결국 「만전춘별사의 구조」라는 성과가 뒤의 논의에 얼마
나 지대한 영향을 주었는지 주요논의의 검토를 통해 알 수 있다.

　　그리고 「만전춘별사」의 화자를 기녀로 파악하여 "남성들을 상대
로 한 술자리, 잔치마당에서 부른 노래"[13]나 "뜨거운 남녀의 사
랑"[14] 그리고 "춘화를 연상케 하는 남녀간의 정사를 노래"[15]한 것

---

6) 여증동, 『한국문학사』, 형설출판사, 1973, 106면.
7) 김상억, 「고려가사연구Ⅲ-문학적 디노우테이션 및 콘노우테이션적 고찰」
　　『청주대논문집』 7, 1972, 7면.
8) 이러한 논의를 이임수(「만전춘의 문학적 복원」『문학과 언어』 2, 문학과
　　언어연구회, 1981)와 곽동훈(「만전춘별사의 구조연구」『배달말』 7, 배달말
　　학회, 1982)이 뒷받침했다. 특히 여증동과 곽동훈은 '만전춘별사'를 가극의
　　대본으로 파악하고 있다.
9) 박노준, 『고려가요의 연구』, 새문사, 1990 ; 오정란, 「만전춘 해석의 재고」
　　『어문논집』 26, 고려대, 1986.
10) 현혜경, 「만전춘별사에 나타난 화합과 단절」『고려시가의 정서』, 김대행
　　편, 개문사, 1985.
11) 성현경, 「만전춘별사의 구조」, 377면.
12) 여증동, 「만전춘별사 연구(1)」『어문학』 33호, 한국어문학회, 1975 ; 오정란,
　　앞의 논문 ; 박노준, 앞의 책 ; 현혜경, 앞의 논문 ; 곽동훈, 앞의 논문.
13) 성현경, 앞의 논문, 327면.
14) 전규태, 「만전춘별사고」『고려시대의 가요문학』, 김열규·신동욱 편, 새문

으로 규정해 왔던 것처럼 이 노래의 화자를 기녀로 파악하는 데에 이견은 드물다.[16] 다만 기녀이되 그가 어떤 상황에 놓여 있었는지 구체적으로 언급하기 위해 관기인지 사기인지 가늠해야 한다. 관에 소속되어 있던 관기와 자유롭게 영업활동을 했던 사기는 모두 기녀이되 양자간에는 엄연한 차이가 있다. 그래서 「만전춘별사」의 화자를 관기나 사기 중에서 선별하는 일은 노래를 구체적으로 이해할 수 있는 출발점이다.

먼저 관기는 국가기관에 소속된 기녀로서 궁중 연회에 참가했던 교방기나 지방관아에 있던 지방기로 나눌 수 있다. 그들은 궁중을 비롯하여 중앙이나 지방의 여러 관아·학교 등에 예속되어 가무를 구사하던 자들이다. 그리고 사기는 영업기이다. 영업을 목적으로 했던 만큼 재색이나 사치가 관기보다 우위에 있었다.

> 二曲은 대부분 집이 넓고 조용하며 집안 전체에 시중을 두고 있으며 전후에 식물 화분, 괴석, 분재, 연못을 두었고 좌우로 맞대어 작은 집이 있었다. 그리고 발이나 푸른빛의 침대, 휘장들이 있었다. 여러 기생들에게 개인적인 단골이 있었다.[17]

조용하고 넓은 공간과 그 안에 있는 괴석·분재·화분은 영업공간을 고급스럽게 만드는 소품이며 '연못'은 『주역』의 「설괘전」에서

---

사, 1982, I-108면.

15) 박병채, 『고려가요의 어석연구』, 3판; 이우출판사, 1978, 285면.

16) 이임수(앞의 논문, 136~137면)는 '소'를 '宮'으로 '여흘'을 '俗世'로 이해하여 작자를 후궁에 사는 여인이나 궁녀로 추정했다. 그리고 이계양(「만전춘 연구」, 『고시가연구』 5집, 한국고시가문학회, 1998, 394~395면)이 이임수의 논의에 전적으로 동의하고 있다.

17) 孫棨, 『北里志』, 海論三曲中事, "二曲中居者 皆堂宇寬靜 各有三樓听事 前后植花卉 或有怪石盆池 左右對設小堂 垂簾茵榻帷幌之類称是 諸妓皆私有所指占."

언급한 것처럼 소녀(爲少女), 첩(爲妾)에 해당할 것으로 영업기의 영업공간과 밀접한 구조물이다. 정원에 "모정을 짓고 연못을 팠"던 이공승은 그 곳을 "손님이나 자제들이 찾아올 때 시와 술로 즐기"[18]는 공간으로 사용했고 "숭교사의 연못가에 있는 누각이 놀이와 술 마시는 장소"[19]였듯 연못은 일반 아녀자들과 무관하게 음주나 가무와 관련된 구조물이다. 푸른빛의 침대와 휘장도 공간을 사치스럽게 만드는 소품인데 그 안에 있을 만한 '발'은 '구슬발'이다. "綠陽으로 그늘진 길가 집은 누구의 집인가, 한 창문의 구슬발이 두 처녀를 가리었네. 동풍이 불어 고운 곡 가락이 새어 나와서, 공연히 길가는 나그네의 마음을 괴롭히네"[20]라는 柳永吉의 시에서 나그네의 마음을 괴롭히던 곳은 '구슬발'이 있던 영업공간이다. 그리고 「한림별곡」의 "아름다운 신선아가씨 싱싱한 머리·이마 비단 수방장 안에 구슬발 반쯤 말아 올린다"[21]처럼 구슬발은 사치스런 공간에 있던 소품이다.

이러한 사치는 「만전춘별사」에서 '사향각시' '약든 가슴' '옥산' '금수산 니불'을 통해 확인할 수 있다. 사향각시를 "궁노루의 향랑을 가진 아름답고 젊은 여인"[22] "각시모양의 인형으로 된 향료주머니"[23] "사슴머리(생머리)를 한 각시"[24] 등으로 이해한다고 하더라도 이것들은 대체로 사치스런 영업기의 모습과 친밀하다. '사향'은 일반인들이 쉽게 접촉할 수 있는 게 아니라 특별하고 귀한 경우와 관계하고 있는데 예컨대 이규보가 초서를 잘 쓰던 金上人에게 "천금

---

18) 『고려사』 권99, 열전12 이공승, "結茅宇穿沼 … 賓客子弟有造謁者輒以詩酒."

19) 『고려사』 권124, 폐행2 노영서, "崇敎寺蓮池旁爲遊宴之所."

20) 『지봉유설』 권13, 문장부6 동시, "臨道誰家蔭綠楊 一窓珠箔護雙娘 東風吹漏孤雲曲 枉使行人也斷腸."

21) 차주환 역, 『고려사악지』, 을유문화사, 1972, 244면.

22) 박병채, 앞의 책, 283면.

23) 박노준, 앞의 책, 262면.

24) 김용숙, 『한국여속사』, 민음사, 1989, 69면.

짜리 소라먹에 사향향기 풍"25)긴다고 했는데 여기서 사향냄새는 '천금짜리'의 가치와 관계하고 있다. 그리고 "붉은 옷 앉은 자리 사향내 품어나고 … 연회석에는 최고 미인가득 앉았으니 술잔 들고 권하면서 구름도 머물만한 노래 없을 것인가"26)처럼 붉은 옷을 입고 앉아서 사향냄새를 풍기던 사람은 최고 미인의 기녀이기에 '사향각시'를 '사향냄새 풍기는 기녀' 정도로 이해할 수 있다.

결국 영업기들의 영업공간과 그들의 사치스런 치장을 통해 「만전춘별사」의 화자를 영업기로 설정할 수 있었다. 이제는 영업기를 중심으로 노래를 이해할 차례다.

# 3. 「만전춘별사」와 영업기

어름우희 댓닙자리 보와 님과 나와 어러주글 만뎡 … 情둔 오놄밤 더듸 새오시라 더듸 새오시라.

1연의 화자에게 '오놄밤'은 '더듸 새'기를 반복할 정도로 특별한 의미가 있는 시간이다. '더듸 새'기만 한다면 '어러주글(凍死)' 따위는 결코 두렵지 않다. 물론 '더듸 새'면서 '어러주글'을 각오할 수 있는 마음은 '님과 나'가 같이 있는 것에서 출발한다. 그에게 '님과 나'가 만나는 공간이 '어름우희 댓닙자리'처럼 온전치 않은 것은 문제되지 않는다. 그가 '님과 나'가 만난 '오놄밤'이 '더듸 새'기를 바라는 마음은 "冬至ㅅ둘 기나 긴 밤을 한 허리를 버혀내여 / … 어론 님 오신 날 밤이여든 구뷔구뷔 펴리라"27)의 화자와 동일하다. 일년

---

25) 『동국이상국전집』 권12, 統軍尙書幕觀金上人草書, "千金螺墨噴香麝."
26) 『동국이상국후집』 권8, 復次韻李侍郞所著女童詩幷序, "紅茜衣噴熏席麝 … 滿座無非傾國色 侑盃邦欠遏雲歌."

중 밤이 가장 긴 동지는 홀로 있는 화자에게 고통의 시간이기에 그
것을 '버혀내여'서 '어론님'과 오래도록 만남을 갖겠다는 것이다. 그
리고 "둙아 우지마라 옷 버셔 重錢을 쥬마 / 날아 새지 마라 둙의 손
디 비럿노라"[28]에서 화자는 닭에게 '비럿(빌다)'을 정도로 날이 새
는 것을 두려워하고 있다. 게다가 닭에게 주는 돈은 화자의 여웃돈
이 아니라 옷을 벗어서 전당으로 잡혀 마련한 '重錢'이다. 이런 돈을
닭에게 주면서까지 '날이 새'는 것을 막고자 했던 화자나 '어러주글'
을 각오하며 '더듸 새'기를 바란 화자에게 님과 함께 있는 밤은 각
별한 시간이다. 결국 1연에서 화자의 바람이 황진이와 松伊의 시조
에 그대로 재현될 정도로 「만전춘별사」의 화자와 님은 사회적으로
보장 받은 부부가 아니라 "비정상적인 관계"[29]에 있었던 것이다.

> 耿耿 孤枕上애 어느 즈미 오리오 西窓을 여러ᄒᆞ니 桃花ㅣ 發ᄒᆞ두다
> 桃花ᄂᆞᆫ 시름업서 笑春風ᄒᆞᄂᆞ다 笑春風ᄒᆞᄂᆞ다.

　2연에서 화자가 단어 그대로 '고침상'의 상태에 있는 것은 님의
부재 때문이다. 일반적으로 수면을 취하는 시간이 밤이지만 '경경고
침상'의 화자에게 밤은 불면의 시간이다. 그에게 불면은 "남은 다
자는 밤에 니 어이 홀로 끼야 / 玉帳 깁푼 곳에 자는 님 싱각는고"[30]
의 松伊처럼 님의 부재와 관계하고 있다. 잠 못이루고 있던 화자는
'서창을 여러'서 '桃花ㅣ 發'한 것을 보았다. 그리고 도화가 봄바람
에 흔들리는 모습을 '桃花ᄂᆞᆫ 시름업서 笑春風ᄒᆞᄂᆞ다'로 진술하고 있
다. 이런 모습을 "남녀간의 정사"[31] "님이 다른 여인과 다정히 지내

---

27) 박을수 편, 『한국시조대사전』 상, 아세아문화사, 1992, 361면.
28) 위의 책, 315면.
29) 성현경, 앞의 논문, 380면.
30) 박을수, 앞의 책, 219면.
31) 정병욱 외, 『고전의 바다』, 현암사, 1977, 93면.

는 모습"[32] "필연코 시샘과 질투의 심리상태에 빠"[33]진 것으로 이해하기도 했다. 이러한 논의는 도화와 춘풍을 靜과 動의 대립으로 파악하여 정과 동이 각각 여성과 남성을 의미한다는 논의에서 출발한 것이기도 하다.[34] 그런데 님과 다른 여자와의 '정사'로 이해하는 것도 타당하되 영업기로서의 화자의 위치를 3연과 4연을 통해 확인하면 '桃花는 시름업서 笑春風ᄒᆞᄂᆞ다'의 의미를 구체적으로 이해할 수 있다.

> 넉시라도 님을혼ᄃᆡ 녀닛景 너기다가 … 벼기더시니 뉘러시니잇가
> 뉘러시니잇가.

'넉시라도 님을 혼ᄃᆡ(혼백이라도 님과 같은 곳에)'는 화자와 님이 偕老同穴을 할 처지가 아니었다는 진술이다. 죽어서 혼백이나마 같은 곳에 있기를 화자와 님이 약속했다는 점에서 이를 확인할 수 있다. 하지만 이러한 약속은 '벼기더시니 뉘러시니잇가(어기던 사람이 누구였습니까)'로 나타난 대로 님에 의해 파기되었다. 그런데 약속이 파기된 상태에서 님을 향해 화자가 '뉘러시니잇가(누구였습니까)'로 항의투의 진술을 했다는 점이 이채롭다. 공노비 출신의 관기와 자유롭게 영업활동을 하던 영업기의 차이는 화자의 진술방법에서 확연히 드러나는데, 특히 영업기인 경우 그들이 상대했던 님을 향해 항의투의 진술이 가능했다. 기상조건이 '雨→晴→雪'로 변한 날에 화자가 님과 맺은 '내님 두읍고 넌뫼를 거로리(내님 두고 다른 산을 걷지 않겠다)'라는 약속을 회상하다가 님이 오지 않자 '이러쳐 더러쳐 期約이잇가(이렇게 저렇게 하고자 했던 기약이었습니까:「이상곡」)'로 항의투의 진술을 한 것에서 확인할 수 있다. 반면에 공노

---

32) 현혜경, 앞의 논문, 216면.
33) 박노준, 앞의 책, 256면.
34) 성현경, 앞의 논문, 377면.

비 출신의 관기인 경우 항의투가 님을 향하기보다 주변을 통해 우회적으로 전달된다. 떠나는 님을 '가지 마시오'라고 하지 않고 뱃사공을 향해 '네가시 넘란디 몰라(네 각시 바람난 줄 몰라:「서경별곡」)'로 진술한 것도 화자가 방적과 관련한 공노비였다는 점과 무관하지 않다. 그리고 '잡ᄉ와니 내 엇디ᄒ리잇고(「청산별곡」)'에서 화자가 강술에 님이 붙잡힌 것에 대한 책임을 술을 빚은 자신이나 술을 마신 님에게서 찾지 않고 "내 탓이 아닙니다. 술향기 때문"[35]으로 돌리는 것도 화자가 주방과 관련한 공노비였다는 점에서 비롯된 것이다. 결국 '뉘러시니잇가'의 항의투는 화자가 공노비 출신의 관기가 아니라 자유롭게 영업활동을 하던 영업기였기에 가능한 것이다. 그리고 화자가 영업기이되 5연의 '금수산 니블' '사향각시' '藥든 가슴'와 관련된 사치스런 기녀 곧 재색을 갖춘 영업기라 할 수 있다.
재색을 갖추고 사치를 부리던 영업기의 면모는 4연에서도 확인할 수 있다.

올하 올하 아련 비올하 여흘란 어듸 두고 소해 자라온다 소콧 얼면 여흘도 됴ᄒ니 여흘도 됴ᄒ니.

'비올하'가 "제3의 바람둥이 남자"[36]인지 "여성을 전전한 남자"[37]인지 알 수 없지만 자신이 있어야 할 '여흘랑 어듸 두고 소해 자'러 온 자임에 틀림없다. 여기소 '소'는 연못으로 곧 화자가 있는 공간인데 "연못에서 즐겁게 노닐" 수 있는 곳에 "기생은 봄날의 꽃과 같고 두루미에 담긴 술 마를 줄 모른다"[38]라는 이규보의 시를 통해서도

---

35) 김완진, 「고려가요의 어학적 해석」『새국어생활』6권 1호, 국립국어연구원, 1996, 62면.
36) 박노준, 앞의 책, 258면.
37) 현혜경, 앞의 논문, 218면.
38) 『동국이상국전집』 권9, 依韻和宋少卿緝光陪趙相國飮城北幽人林泉, "池上

그곳이 기생의 가무와 밀접한 장소라는 점을 알 수 있다. 그리고 화자가 오리를 나약한 대상으로 인식하고 있다는 점은 '비올하'와 관련된 '아련'이 "어린"[39]이나 "연약한"[40]으로 해석한다는 데에서 알 수 있다. 오리에 대한 화자의 인식을 통해 화자가 평범한 영업기가 아니었다는 점을 짐작할 수 있는데 물론 5연의 '금수산 니블' '사향각시' '약든 가슴'이라는 사치스런 단어와 3연에서 님을 향해 '뉘러 시니잇가'로 항의하는 진술도 영업기의 위치와 무관하지 않다. 그래서 화자를 평범한 영업기가 아니라 재색과 사치를 갖춘 능력있는 영업기라 하면 2연에서 '桃花는 시름업서 笑春風ㅎ는다'가 '남녀의 정사'나 '질투'가 아니라 화자의 여유와 관련된 것으로 파악해야 할 것이다. 유명한 영업기가 지닌 여유는 3연에서 항의투의 진술과 4연에서 남자를 '어린 비오리'라 칭한 것에서도 여전히 나타난다. 그에 따라 '소콧 얼념 여흘도 됴ㅎ니'도 이에 준해서 이해해야 하는데 '소'가 얼면 '여흘'이 좋아한다는 것은 화자나 화자가 있는 영업공간이 제구실을 못하면 비오리가 원래 자야 할 곳인 '여흘'이 좋아할 것이라는 말이다. 물론 "어이 어러 자리 므스 일 어러 자리 / 鴛鴦枕翡翠衾을 어듸 두고 어러 자리 / 오늘은 춘 비 마자시니 녹아 잘까ㅎ노라"[41]라는 寒雨의 노래에서 '어러'도 '얼다(凍)'와 더불어 '혼자 자는 것'을 가리키기에 '소콧 얼념'은 '소(영업기)가 혼자 자면' 정도의 의미이다. 그리고 종장에서 두 명의 화자가 등장한 듯하지만 이것은 작자의 시적 장치에 지나지 않는다.[42] 화자인 '소'는 자신의 연

---

遊萬事 … 妓花長春孔樽海不涸."

39) 양주동, 『여요전주』, 중판: 을유문화사, 1985, 374면.

40) 박병채, 앞의 책, 280면.

41) 박을수, 앞의 책, 764면.

42) 林悌가 부른 노래를 보면 한우의 노래에 나타나는 두 명의 화자는 시적 장치에 불과하다. "北天이 묽다커늘 雨裝업시 길을 나니 / 山에는 눈이 오고 들에는 춘 비로다 / 오늘은 춘 비 마자시니 얼어 잘까 ㅎ노라"(위의 책, 526면)

적관계일지도 모를 '여흘'의 입장까지 고려하고 있다는 점에서 영업
기로서의 여유를 발견할 수 있는데 무엇보다 그의 이러한 여유는
화자가 능력있는 영업기였다는 점과 무관하지 않다. 재색을 갖춘 능
력있는 영업기의 경우 그가 상대하던 사람들에게 다음과 같은 대접
을 받기도 했다.

> 여러 기녀 가운데 대부분 자신의 생각을 토로할 줄 알았으며, 책에
> 나오는 말들을 알고 있는 자도 있었다. 공경 이하 모두는 그들을 表
> 德(字나 號)으로써 불렀다. 그 품류를 분별하고 인물을 품평하여 손
> 님에 맞추어 응대한 것 등은 진실로 미칠 수 없는 부분이다.43)

  손님들이 기녀의 이름을 부르지 않고 자나 호를 불렀던 것은 그
들이 손님의 취향(分別品流 衡尺人物)에 맞추어 응대할 정도의 소양
을 지닌 능력있는 영업기였기 때문이다. 그래서 '소콧 얼넘 여흘도
됴ᄒ니'는 재색이나 능력을 갖춘 영업기로서의 여유나 혹은 시적 장
치로 이해하면 되지 굳이 또 다른 화자의 등장과 결부시키는 데에
서 벗어날 수 있다.
  그렇다고 해서 화자가 영업기로서의 여유만 지니고 있었던 것은
아니다.

> 南山애 자리 보와 玉山을 벼여누어 錦繡山 니블 안해 麝香 각시를
> 아나 누어 藥든 가슴을 맛초ᄋᆞᆸ사이다 맛초ᄋᆞᆸ사이다.

  앞서 언급했듯 선행논의에서 '南山' '玉山' '錦繡山 니블'이란 어
휘가 지닌 의미와 상징을 각각 '따뜻한 아랫목(남성)' '옥베개(여성)'
'비단이불(남성)'으로 밝혀낸 바 있다.44) 이젠 그 논의를 재색을 갖

---

43) 『북리지』, 序, "其中諸妓 多能談吐 頗有知書言話者 自公卿以降 皆以表德呼
   之 其分別品流 衡尺人物 應對非次 良不可及."

춘 영업기를 감안하여 진전시켜야 할 것이다. 먼저 '금수산 니블'은 '비단이불'이되 '산 그림을 수놓은 비단 이불'일 것이다. 이규보가 정비간에게 보낸 시에서 "수놓은 비단 옷깃 남산 경치 완연"[45]하다는 부분이 있는데 이는 비단옷에 산 모양으로 수를 놓았다는 것을 말한다. 당대인들이 입던 옷의 한 유행을 엿볼 수 있는 부분이지만 일반인의 옷과 거리가 있는 것이기도 하다. "아리따운 신선 아가씨 싱싱한 머리·이마 비단 수방장 안에 구슬발 반쯤 말아 올린다"[46]의 「한림별곡」에서 '비단 수방장'은 '錦繡帳'으로 곧 비단으로 수놓은 휘장이다. 이 또한 사치스런 아가씨가 있던 공간과 관련된 것으로 '금수산 니블'을 '산 그림을 수놓은 비단이불'로 파악할 근거가 된다. 특히 '수놓은 비단 옷깃 남산 경치 완연'하다는 당대인들의 옷의 한 유형을 고려하면 "이불을 금수산에 비유하는 관습이 찾아지지 않"[47]는다는 지적은 타당하지 않다. 그리고 화자와 님이 잠자리를 볼 '남산'이 "남산처럼 굳건하게 오래도록 살기"[48]를 바라거나 "남산같은 수명 한 분에게 드리"[49]고자 했던 이규보의 시에서 '굳건' '수명'과 관련된 단어로 기능하고 있다.[50] 그래서 '남산애 자리

---

44) 한편 임주탁은 "산을 성적 상징으로 풀이할 근거는 텍스트 안이나 밖의 어디에도 찾아보기 어렵"(「역사적 생성문맥을 고려한 만전춘별사의 독법과 해석」,『한국시가연구』11집, 한국시가학회, 2002, 172면)다고 한다. 그리고 '오리' '소' '여흘'도 마찬가지라 한다. 하지만 1~4연을 통해 살폈듯이 이 노래의 화자는 영업기에 가장 가깝다. 그래서 5연에서 화자와 님이 '가슴을 맛'출 공간에 있던 소품은 '금수산 니블' '옥산' '약'이고 잠자리의 지속을 바라는 것이 '남산'이다.

45)『동국이상국후집』권5, 次韻丁秘監和籠字詩來贈, "衣冠宛對南山綺."

46) 차주환 역, 앞의 책, 244면.

47) 임주탁, 앞의 논문, 172면.

48)『동국이상국전집』권40, 東京行季年祈禳毬庭醮禮文, "無彊必等南山之壽."

49)『동국이상국후집』권9, 祝聖壽二首, "直把南山壽一人."

50) 윤영옥도 '남산'을 '壽'의 상징으로 파악하고 있다. 「만전춘별사의 재음미」『고려가요 연구의 현황과 과제』, 성균관대학교 인문과학연구소 편, 집문당, 1996, 242면.

보와’는 누구도 방해할 수 없는 잠자리를 만들어 지속되기를 바라는 화자의 의지이며 이것은 1연에서 ‘어름우희 댓닙자리 보와 님과 나와 어러주글 만뎡’의 반영이기도 하다. ‘굳건’하고 ‘수명’한 잠자리를 마련한 후 화자와 님은 ‘금수산 니블 안’에서 ‘사향 각시를 아나 누어 약든 가슴을 맛’출 것이다. 여기서 ‘사향 각시’를 “여성화자를 일컫는 것이 아니”라 “무생물로서 사향이 든 주머니”[51]로 이해하여 “님이 사향각시 곧 여성을 이미 안고 누웠다는 것이 되는데(즉 몸과 몸끼리 결합되어서 가슴을 맞추었다는 뜻) 다시 약든 가슴을 맞추는 행위가 나올 이유가 없”[52]다고 한다. 하지만 영업기의 사치와 결부하면 앞에서 언급한 대로 “붉은 옷 앉은 자리 사향내 품어”[53]난다는 표현에서 ‘붉은 옷 앉은 자리’는 ‘최고미인’의 자리이기에 ‘사향각시’는 글자 그대로 사향내 풍기는 각시 정도로 이해해야 할 것이다. “풍속에 희첩을 각시(加氏)라 부른”[54] 것처럼 사향냄새를 풍기며 사치스럽게 치장한 희첩이 곧 ‘사향각시’이다. 그리고 ‘藥든 가슴’에서 ‘藥’이 “相思를 고칠 약”[55]이나 “임의 아픈 가슴과 외로운 마음을 한 번 맞춤으로써 낫게 하는 힘이 있는 것”[56] “병든 가슴을 고쳐주”[57]는 가슴으로 이해하고 있지만 사치스런 냄새와 관련된 사향이 ‘값비싼 약재’라 할 때 ‘약든 가슴’은 사향냄새와 관련한 소품을 가슴에 매달아 놓은 모습을 연상케 하는 표현이다. ‘약든 가슴’에서

---

51) 박노준, 앞의 책, 262면.
52) 위의 책, 263면.
53) 『동국이상국후집』 권8, 復次韻李侍郎所著女童詩幷序, “紅茜衣噴熏席麝.”
54) 『예종실록』 1년 10월 26일. 물론 고려시대에도 본처가 아닌 희첩들 즉 복수의 각시가 존재했다. 『고려사』 권122, 열전35 최세연 ; 권128, 열전41 이의민 참조.
55) 양주동, 앞의 책, 378면.
56) 김쾌덕, 「만전춘별사 5연의 시적 화자에 대한 한 고찰」 『한국문학논총』 18집, 한국문학회, 1996, 105면.
57) 이어령, 『고전을 읽는 법』, 갑인출판사, 1985, 108면.

'약'은 사향이며 이것을 가슴에 매단 이유는 무엇보다 사치스런 냄새가 영업기들의 영업활동과 직결되기 때문이다. 사치스런 영업기를 화자라 하면 '약든 가슴'을 '심리적 치료'와 결부시키는 데에서 벗어날 수 있다. 그리고 '여성을 이미 안고 누웠'는데 '약든 가슴을 맞추는 행위가 나올 이유가 없'다는 지적도 性戲의 과정과 그 과정에 가담할 영업기로서의 화자를 고려하면 문제될 게 없다. '사향 각시를 아나 누어'와 '약든 가슴을 맞초'가 동일한 의미가 아니라 성희의 과정이기에 '아나 누어'는 '가슴을 맞초'기 전단계에 해당하는 前戲 정도로 이해하면 그만이다. 그래서 '사향 각시를 아나 누어 약든 가슴을 맞초'를 글자 그대로 "궁노루의 香囊을 가진 아름다운 여인을 안고 누워 香囊이 든 가슴을 맞춥시다"58)라고 이해하는 것이 타당하기에 5연은 영업기로서의 여유와 달리 빈틈없이 영업활동에 전념하는 모습을 엿볼 수 있는 부분이다.

# 4. 「만전춘별사」 통석

어름우희 댓닙자리 보와 님과 나와 어러주글 만뎡 … 情든 오늘밤 더듸 새오시라 더듸 새오시라 / 耿耿 孤枕上애 어느 즈미 오리오 西窓을 여러ᄒᆞ니 桃花ㅣ 發ᄒᆞ두다 桃花ᄂᆞᆫ 시름업서 笑春風ᄒᆞᄂᆞ다 笑春風ᄒᆞᄂᆞ다 / 넉시라도 님을ᄒᆞᆫ듸 녀닛景 너기다가 … 벼기더시니 뉘러시니잇가 뉘러시니잇가 / 올하 올하 아련 비올하 여흘란 어듸 두고 소해 자라온다 소콧 얼면 여흘도 됴ᄒᆞ니 여흘도 됴ᄒᆞ니 / 南山애 자리 보와 玉山을 벼여누어 錦繡山 니블 안해 麝香 각시를 아나 누어 藥든 가슴을 맛초ᄋᆞ사이다 맛초ᄋᆞ사이다.

---

58) 박병채, 앞의 책, 285면.

「만전춘별사」의 이해는 화자를 영업기로 확정하는 데에서 출발해야 한다. 그렇지 않을 경우 1연~5연의 내용이나 형식에 나타나는 불합리한 것들을 이해할 수 없다. 특히 속요와 시조의 발생론에서 흔히 이 노래를 거론하는 이유는 민요·시조·한시·경기체가가 공존하고 있기 때문이지만 한 작품 안에서 여러 양식이 공존한다고 하더라도 개개의 양식들과 긴밀하게 관계하는 화자를 확정하면 의외로 산만한 논의를 아우를 수 있다. 시조와 경기체가는 술자리 곧 宴席을 떠나 생각할 수 없는 양식이고 한시는 한자 향유층의 소산이지만 기녀들과 무관하지 않다. 기녀가 가무를 비롯하여 한시를 배우는 일은 자족적인 문제와 무관하게 그들이 영업상대로 하던 사람의 취향을 반영해야만 한다. 물론 이 노래에서 양식적인 면에서 한시와 동일한 부분은 없고 단지 그것을 어줍게 흉내낸 것에 지나지 않는다는 점에서도 이러한 면을 확인할 수 있다. 결국 「만전춘별사」에 등장하고 있는 다양한 양식이 기녀와 불가분의 관계에 있다고 할 때 노래의 화자를 기녀로 파악하는 데에 아무런 장애가 없다.

그리고 이런 경향은 내용을 통해서도 확인할 수 있다. 먼저 화자가 '어름우희 댓닙자리'라는 극단적 상황에서도 '오눐밤 더듸 새'기를 바라는 전제는 '님과 나'가 있을 때이다. 화자가 凍死를 각오할 수 있었던 것은 '님과 나'가 같은 공간에 있어서가 아니라 '情둔' 것으로 생각했기 때문이다. 하지만 '情둔 오눐밤'은 단어 그대로 '오눐밤'뿐이었다. 외로운 잠자리(孤枕上)에서 근심에 갇혀 있는(耿耿) 화자에게 온전한 잠이 올 리 없다. 님과 '情둔' 것으로 생각했지만 그것은 과거의 일일 뿐 현재 님은 같은 공간에 있지 않다. '즈미 오'지 않자 '서창'을 열어 밖을 보니 도화가 피어 있었다. 잠자리에 들지 못하고 있던 화자가 창 밖의 도화를 응시하고 있기에 '서창'은 "님이 가신 後에 消息이 頓絶ᄒ니 / 窓 밧긔 櫻桃花가 몃 번이나 피엿 눈고 / 밤마다 燈下에 홀로 안즈 눈물 계워 ᄒ노라"59)처럼 "상실감과 그리움이 복합된 정서인 '相思'를 이끌어 낼"[60] 수 있는 통로이다. 그 통로가 서창으로 나타나는 것으로 보아 화자가 '耿耿 孤枕上'의 상황에 있는 시기는 늦은 밤 혹은 이른 새벽이다. 이윽고 봄바람이 도화를 흔들고 지나가자 '桃花ᄂ 시름업서 笑春風ᄒ'는 상황으로 이어지는데 이 부분을 통해 화자가 영업기로서 어느 정도의 위치에 있었다는 것을 지적할 수 있다. 일반적으로 기녀를 路柳墻花나 解語花라 하는 것은 한 번 피면 곧 지는 일회성이나 지고 난 후의 초라함이 그들의 일생과 유사하기 때문이다. 그래서 도화는 화자이고 춘풍은 님이기에 '桃花ᄂ 시름업서 笑春風'은 화자가 님을 비웃고 있는 모습이다.[61] 화자의 이러한 면모는 님을 향해 '벼기시더니 뉘러시니잇가(어기던 사람이 누구였습니까)'로 항의투의 진술에서도 확인할 수 있다. '어러주글'을 각오하며 '오ᄂᆞᆺ밤 더듸 새'기를 바라면서 맺은 약속을 님은 지키기는커녕 화자를 '경경 고침상'에 있게 하였으니 화자가 화를 낼만도 하다. 하지만 모든 영업기녀들이 님에게 항의투의 진술을 했던 것이 아니라는 점에서 이 또한 영업기로서의 위치와 관련된 표현이다. 사치를 부리는 기녀라 하더라도 술자리에 지체없이 가야 큰 벌을 받지 않았고 가혹한 宴主를 만났을 때 보수 대신 薄酒나 乾脯類를 받고 아무런 항명도 하지 못한 처지라 할 때[62] 약속이 파기된 것에 대하여 님에게 원망을 쏟아내는 화자는 예사 영업기가 아니다. 그리고 화자의 이러한 심사가 또 다른 양상으로 바뀌는 데에는 연못에서 어슬렁거리는 오리를 발견했을 때이

---

59) 박을수 편, 앞의 책, 298면.

60) 신은경, 「조선조 여성텍스트에 대한 페미니즘적 조명(2)」 『페미니즘과 문학비평』, 고려원, 1994, 45면.

61) 물론 선행논의에서 세계(춘풍)와 서정적 자아(도화)의 대립을 지적한 바 있다. 성현경, 앞의 논문, 377면.

62) 『東野彙集』 권6, "歌歇 出薄酒乾脯類 饋之曰 可退去 遂相笑而辭歸 … 可速往 否則責罪責 有恐喝不己." ; 박을수, 『시조시화』, 3판; 성문각, 1984, 184면 재인용.

다. 늦은 밤 혹은 이른 새벽에 연못의 주변을 배회하는 오리는 약속을 지키지 않은 님의 모습과 다름 아니다. '어러주글'을 각오하며 맺은 약속과 달리 '고침상'의 상태에 있던 화자가 '소춘풍'의 단계에서 문득 '뉘러시니잇가'처럼 님을 향해 항의를 하다가 '여흘랑 어듸 두고 소해 자라'오냐고 묻는 부분은 항의투의 진술을 넘어 영업기로서의 여유와 관련되어 있다. 특히 님을 '아련(어린·연약한) 비올하'라 부르거나 '소콧 얼념(자신이 얼면)' '여흘도 됴ᄒ니(오리의 처가 좋아할 것)'로 진술하는 부분이 그것이다. 그러나 화자는 여유에서만 머물지 않고 님과 만나는 경우 사치스런 소품으로 영업활동에 전념하여 다시는 님을 떠나보내지 않겠다는 각오를 하고 있다. 영업공간에 있던 소품이 남산·옥산·금수산 이불이고 그 안에서 화자가 사치스럽게 치장하던 것이 사향이다. 게다가 성희의 단계도 차분히 밟겠다는 의지가 '아나 누어' '가슴을 맛초'로 나타날 정도로 화자는 님과의 재회를 빈틈없이 준비하고 있다.

결국 이 노래에서 '어러주글' 각오를 했던 영업기는 '고침상'의 상태에서 님이 오지 않을 것을 예견하다가 '소춘풍'의 단계에서 님을 향해 '뉘러시니잇가'로 항의투의 진술을 한다. 그리고 그러한 심사가 '여흘도 됴ᄒ니'로 바뀌는데 이것은 영업기의 여유와 밀접한 것이지만 화자는 여유에만 머물지 않고 앞으로 만나게 될 님을 위해 빈틈없이 준비를 하는 자세도 잊지 않고 있다.

끝으로 이 노래에 나타나는 정서가 일반 아녀자와 일정하게 거리가 있다는 점은 지금까지의 논의를 통해 확인할 수 있었다. 특히 영업기의 심리상태가 이동하는 과정을 심리학적으로 분석한다면 이 노래의 전말이 좀더 구체적으로 드러날 것이다.

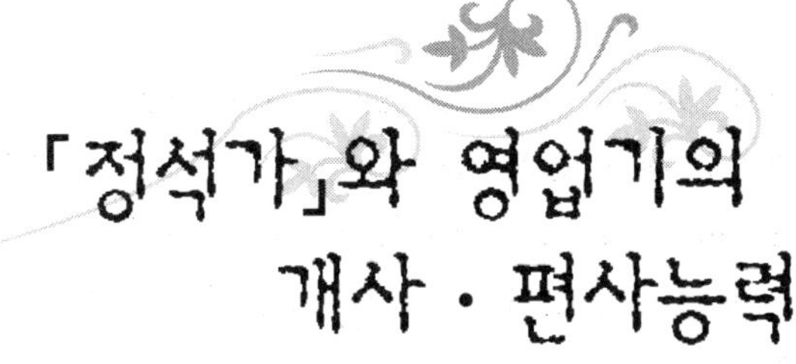

# 1. 들어가는 글

「정석가」를 송도지사로 평가하는 데에 이견은 없다. 1연에 "딩하
돌하 當今에 계샹이다 / 先王聖代예 노니ᄋᆞ지이다"라는 부분에서
'딩하 돌하'의 해석이 악기의 의인화,[1] 天神 등의 신격화,[2] 인명,[3]
口흡,[4] 연자방아[5]라 하더라도 '先王聖代예 노니ᄋᆞ와지이다'는 송도
적 진술과 다름 아니다. 하지만 '유덕ᄒᆞ신 님믈 여희ᄋᆞ와지이다'에
서 '님'을 군왕으로 생각한다 하더라도 마지막 연에서 男女相悅之詞
로 평가를 받았던 「서경별곡」의 구슬노래가 온전히 재연되고 있고

---

1) 양주동, 『여요전주』, 중판: 을유문화사, 1985.
2) 최용수, 『고려가요 연구』, 계명문화사, 1993.
3) 박병채, 『고려가요의 어석연구』, 3판; 이우출판사, 1978.
4) 정병욱, 「악기의 구음으로 본 별곡의 여음구」『고려시대의 가요문학』, 김
   열규·신동욱 편, 새문사, 1982.
5) 이등룡, 「정석가 '딩아돌ᄒᆞ'의 어휘적 의미」『고전시가의 이념과 표상』, 최
   진원박사 정년논총, 1991.

특히 "眞勺은 忠臣戀主之詞이지만 다른 것들은 그렇지 않아 나머지
俚語로 된 것들은 익히지 말라"[6]했던 것을 통해서도 「정석가」를 송
도지사로 평가하는 일이 타당한 것인지 재론할 필요가 있다.

　이 글은 송도가로 평가하기에 석연치 않은 점을 지적한 후, 고려
속요에 나타나는 기녀정서 일반론과 그를 통해 「정석가」에서 읽어
낼 수 있는 기녀정서를 거론할 것이다. 그리고 일반 민요와 「정석가
」의 차이점을 중심으로 시문능력이 있는 영업기가 영업공간에서 노
래를 개사·편사했을 가능성 대하여 언급할 것이다. 이러한 과정을
통해 「정석가」 이해의 폭을 넓힐 수 있을 것이다.


## 2. 느슨한 송도와 화자로서의 기녀,
## 그리고 기녀의 개사·편사능력


　「정석가」를 "조정 문인의 작품으로 추정"[7]하거나 "文才가 있는
작자에 의하여 의도적으로 지은 본래적 왕실가사"[8]로 파악한 논의
들은 이 노래에서 송도적 요소를 적극적으로 거론하고자 했다. 그리
고 "민요를 송도가로 차용 전환시킨 노래"[9]로 이해한 경우도 민요
가 궁중악 제정 과정을 거쳐 송도가로 변모된 것을 지적하기도 했
다. 물론 민요가 송도가로 변모된 명징한 징후는 '先王聖代예 노니
ᄋ지이다'와 '유덕ᄒ신 님믈  여히ᄋ와지이다'이지만 '頌禱之意'로
평가를 받은 「풍입송」과 비교해 볼 때 석연치 않은 점이 있다.

---

6) 『성종실록』 19년 8월 13일.
7) 이경자, 「정석가 신고」『어문학』 75호, 한국어문학회, 2002, 288면.
8) 김상억, 「정석가고」, 김열규·신동욱 편, 앞의 책, Ⅰ-174면.
9) 신은경, 「서경별곡과 정석가의 공통삽입가요에 대한 일고찰,『국어국문학』
　　96, 국어국문학회, 1986, 224면.

세상 다스리는 데 은혜 깊으시니, 원근과 고금에 그 유례 드물다. … 사방 변경은 편안하고 깨끗하여 창이나 군기는 없어지고 … 생황과 퉁소 소리 물 끓듯하고 집집마다 기뻐 비느라 향을 피우고 옥수 뽑아낸다. … 임금님 聖壽萬歲 영원토록 저 산봉우리와 하늘 끝 같이 끝없이 사시어라 … 장군은 보검을 다시 휘두르지 않게 되었다. …10)

딩아 돌하 當今에 계샹이다 / 先王聖代예 노니ᄋᆞ와지이다 // 삭삭기 셰몰애 별혜 나는 / 구은 밤 닷 되를 심고이다 / 그 바미 우미 도다 삭나거시아 / 有德ᄒᆞ신 님믈 여희ᄋᆞ와지이다 // 玉으로 蓮ㅅ고즐 사교이다 / 바회 우희 接柱ᄒᆞ요이다 / 그 고지 三同이 퓌거시아 / 有德ᄒᆞ신 님믈 여희ᄋᆞ와지이다 // 므쇠로 텰릭을 몰아 나는 / 鐵絲로 주롬 바고이다 / 그 오시 다 헐어시아 / 有德ᄒᆞ신 님믈 여희ᄋᆞ와지이다 // 므쇠로 한쇼를 디여다가 / 鐵樹山에 노호이다 / 그 쇼ㅣ 鐵草를 머거아 / 有德ᄒᆞ신 님믈 여희ᄋᆞ와지이다 // 구스리 바회예 디신들 / 긴힛ᄃᆞᆫ 그츠리잇가 / 즈믄 히를 외오곰 녀신들 / 信잇ᄃᆞᆫ 그츠리잇가(매연 반복어 생략)

‘창이나 군기가 없’어지고 ‘장군은 보검을 휘두르지 않’을 정도로 태평한 세월을 맞게 됨에 따라 ‘생황과 퉁소 소리가 물 끓듯해’지자 백성들이 ‘임금님의 성수만세’를 빌기 위해 ‘향을 피우고 옥수를 뽑아낸’다는 내용이다. 임금의 업적을 찬양하는 데에 머무는 게 아니라 그러한 상태가 지속되기 위해서 임금의 만수무강을 기원하고 있다. 반면에 「정석가」는 1연의 “딩하 돌하 當今에 계샹이다/先王聖代에 노니ᄋᆞ와지이다”와 2~5연의 실현 불가능한 전제를 내세운 후 그것이 이루어질 때 ‘유덕하신 님과 여의고 싶’다는 진술이 있을 뿐

---

10) 『고려사』 권71, 악지 풍입송, “理世恩深 遐邇古今稀 … 四境寧淸罷槍旗 … 是處笙簫鼎沸 并闐樂音家家喜 祈祝焚香抽玉穗 惟我聖壽萬歲 永同山獄天際 … 將軍寶劍休更揮 ….”

임금에 대한 업적이 전혀 나타나고 있지 않다. 그리고 사치와 관련된 생활, 퉁소, 옥수 등이 등장하는 「풍입송」과 달리 「정석가」에 등장하는 불가능한 전제들은 구운 밤을 심는 행위, 옥으로 연꽃을 새기는 일, '텰릭[戎服]'[11]을 마름질하고 주름을 박는 일, 무쇠로 소를 만들어 그 소에게 풀을 뜯기는 일로 관료들의 일상과 거리가 있는 것들이다. 그래서 1연을 송도로 인정한다 하더라도 "송도사적 기능을 수행하기보다는 궁중악으로서의 면모 유지를 최소한의 격식으로 남아 본사와 곁도는 존재"[12]로 파악하거나 "화려한 송도성이 결여되어 있으나 그 일관된 丹誠의 송도성을 족히 건질만"[13]하다는 진술도 「정석가」가 일반적인 송도가와 일정하게 거리가 있다는 점을 인정한 논의들이다.

무엇보다 「정석가」는 1연에서만 송도적 경향이 느슨하게 나타날 뿐 나머지 2~6연은 송도보다는 기녀정서와 친연하다. 고려속요가 민요에서 출발하여 궁중악 제정과정을 겪은 노래라 할 때 「정석가」의 1연은 제정과정에서 부기된 것이기에 그것을 중심으로 노래 전편을 송도지사로 평가하는 일은 타당하지 않다. 게다가 1연에서만 송도적 경향이 나타나고 나머지 노랫말은 한결같이 기녀정서로 일관하고 있는 「동동」처럼 「정석가」도 이와 동일한 노래이다. 「가시리」의 경우 각 연마다 '위 증즐가 태평성대'가 반복되고 있지만 그렇다고 하여 이 노래를 송도지사로 규정짓지 않듯이 「정석가」도 이에 해당할 노래이다.[14]

---

11) 박병채, 앞의 책, 267면.

12) 최승영, 「정석가연구」『청람어문학』 9, 청람어문교육학회, 1993, 204~205면.

13) 박노준, 『고려가요의 연구』, 새문사, 1990, 73면.

14) 윤성현, 「정석가의 구조와 의미형상 기법」『동방학지』 101, 연세대국학연구원, 1998, 120~121면. "여느 속요작품이 그러하듯 '정석가' 또한 서사에 드러난 문맥상 의미는 종속변수일 뿐이고, 민간 본디노래인 본·결사부에 감춰진 사랑과 이별의 복합갈등을 이 노래의 주된 정조로 잡아내야만 한

고려속요를 이해하기 위한 전제는 "속요는 민속가요 가운데 민요를 속악으로 전용하는 과정에서 생성 · 발전"[15]했는데 그 과정에 기녀가 적극적으로 개입되어 있었다는 점이다. 민요를 궁중으로 운반하거나 개사 · 편사한 노래를 가창한 사람을 기녀로 상정하는 일은 이미 통설이기에 운반자와 가창자로 동시에 기능했던 기녀를 중심으로 속요를 이해해야 할 당위는 여기에 있다.

기녀정서는 '님의 부재'와 '약속에 대한 집착'으로 크게 둘로 나눌 수 있는데 이것은 그들을 "관청의 물품"[16] "사치노예"[17] "법제상 지위가 재물"[18]로 규정짓는 것과 무관하지 않다. 그리고 양자의 정서는 각각 독립적으로 존재하는 게 아니라 전자의 상태에서 님을 향한 욕망이 드러날수록 그것이 후자에 대한 집착으로 이어지거나 혹은 후자는 전자의 상태에서 화자의 고통이 클수록 강하게 작용한다. "耿耿孤枕上애 어느 주미 오리오(외로운 침상에서 어찌 잠이 오겠는가:「만전춘별사」)", "잠짜간 내님을 너겨(잠을 빼앗아간 내 님을 생각하며:「이상곡」)", "괴시란디 우러곰 좃니노이다(사랑하신다면 울면서 따르겠습니다:「서경별곡」)"는 모두 '님의 부재'와 밀접한 것으로 「동동」 화자의 "몸하 ㅎ올로널셔(이 몸이여 홀로 살아가는구나)" "녯 나를 닛고신뎌(옛 나를 잊고 계시는가)" "스싀옴 녈셔(제각기 떨어져 살아가는구나)" "니믈 뫼셔 녀곤 오늘낤 嘉俳샷다(님을 모시고 지내야만 오늘이 한가윗날입니다)"와 동일한 경우이다. 님의 부재는 님과 같은 공간에 있음으로써 극복할 수 있지만 이것은 현

---

다."

15) 김학성, 「속요의 장르상의 제문제」『천봉이능우박사 칠순기념논총』, 1990, 83면.

16) 김용숙, 『한국여속사』, 민음사, 1989, 243면.

17) 김동욱, 「이조 기녀사 서설-사대부와 기녀」『아세아여성연구』 5집, 숙명여대, 1966, 116면.

18) 홍승기, 『고려귀족사회와 노비』, 일조각, 1983, 8면.

실적으로 불가능하기에 님과 같이 있는 경우 화자는 "닭아 우지마라 옷 버셔 重錢을 쥬마 / 날아 새지 마라 닭의 손디 비럿노라"[19]나 "어름우희 댓닙자리 보와 님과 나와 어러주글만뎡 情둔 오늜밤 더듸 새오시라(「만전춘별사」)"로 시간의 정지를 바랄 뿐 님의 부재는 기녀가 숙명적으로 받아들여야 할 일이다.

그런데 화자는 님의 부재에서 님에 대하여 체념하지 않고 님과 함께 있었을 때의 약속을 떠올리며 현재의 상태에서 벗어나고자 한다. 偕老同穴을 약속했던 님이 그것을 저버렸을 경우 "벼기더니 뉘러시니잇가(약속을 어긴 게 누구입니까:「만전춘별사」)" "이러쳐 더러쳐 期約이잇가(이렇게 저렇게 하고자 했던 기약입니까:「이상곡」)"처럼 약속에 집착한다. 그러나 약속에 대한 집착은 화자 개인의 문제일 뿐 그녀가 상대했던 남자들은 약속에 대하여 어떠한 부담을 느끼지 않고 있다는 점에서 문제가 심각해진다. 약속이 성사되어 님의 부재에서 벗어난 경우는 전혀 없고 집착할수록 님의 무관심과 기녀라는 신분상 한계만 드러날 뿐이다.

늦은 밤이나 새벽녘에 님이 올 성싶어 사찰로 들어오는 길을 응시(조본 곱도신 길헤 … 잠짜다간 내니믈 녀겨 깃든 열명길헤 자라오리잇가)하던 「이상곡」의 화자나 孤枕上에 있던 「만전춘별사」의 화자는 님의 부재를 인정하면서도 혹시 님이 오지 않을까하는 바람(어느 즈미 오리오 西窓을 여러ᄒ니)을 동시에 지니고 있다. 포기하되 완전한 포기에 이르지 못했던 화자는 결국에 약속 불이행에 대한 항의투의 진술을 "벼기더니 뉘러시니잇가(「만전춘별사」)"나 "이러쳐 더러쳐 期約이잇가(「이상곡」)"처럼 하지만 님은 아무런 대꾸도 하지 않는다.

이러한 면이 기녀정서의 일반론이라 할 때 「정석가」에서 "딩하 돌하 當今에 계상이다 / 先王聖代에 노니ᄋ지이다"라는 1연을 뺀 나머지 연들은 기녀정서와 밀접하다. 특히 6연의 "구스리 바회예 디신

---

19) 정병욱 편, 『시조문학사전』, 신구문화사, 1966, 148면.

돌 / 긴힛돈 그츠리잇가 / 즈믄 히롤 외오곰 녀신돌 / 信잇돈 그츠리
잇가”는 「서경별곡」에서 그대로 재현되고 있는 구슬노래인데 여기
에서 어느 것이 어느 것을 차용했느냐는 문제[20]를 떠나 그것이 당
대에 독립적으로 존재하다가 각각의 가요에 수용됐다고 보는 관점
이 지배적이다.[21] 그리고 독립적으로 존재하던 구슬노래가 당시의
“애용되던 아름다운 관용적 표현”[22]이라 하더라도 일반 아낙보다는
기녀정서와 가까운 표현이다.

> 집이 넓고 조용하며 집안 전체에 시중을 두고 있으며 전후에 식물
> 화분, 괴석, 분재, 연못을 두었고 좌우로 맞대어 작은 집이 있었다.
> 그리고 발이나 푸른 빛의 침대, 휘장들이 있었다.[23]

식물 화분, 괴석, 분재, 연못은 일반 민가에서 발견할 수 없는 것
들이다. 특히 ‘늘어진 발’은 영업공간을 사치스럽게 만드는 ‘구슬발’
이다. 기녀 翠仙의 “거문고의 음운을 조정하노라니 / 구슬발 가볍게
밝으면서 아침 해 붉게 올라오네”나 “열두 폭 비단 구슬발에 사람이
홀로 자노라니 / 도리어 옥병풍에 그려진 한 쌍의 원앙이 부럽구
나”[24]라는 진술에서 ‘구슬발’은 일반인들의 집안에서 발견할 수 없
는 사치스런 소품이다.[25] 그리고 “중국에서는 재상과 부녀자들이 타

---

20) 양주동, 앞의 책, 335면.
21) 정병욱 · 이어령, 『고전의 바다』, 현암사, 1977, 111면 ; 김상억, 앞의 논문,
  Ⅰ-174면.
22) 같은 면.
23) 『북리지』, 海論三曲中事, “二曲中居者 皆堂宇寬靜 各有三樓听事 前后植花
  卉 或有怪石盆池 左右對設小堂 垂簾茵榻帷幌之類.”
24) 이수광, 『지봉유설』 권14, 문장부7 기첩시, “春粧催罷倚焦桐 珠箔輕明日上
  紅 … 十二緗簾人獨宿 玉屛還羨畫鴛鴦.”
25) “綠陽으로 그늘진 길가 집은 누구의 집인가, 한 창문의 구슬발이 두 처녀를
  가리었네. 동풍이 불어 고운 곡 가락이 새어 나와서, 공연히 길가는 나그네
  의 마음을 괴롭히네(이수광, 『지봉유설』 권13, 문장부6 동시, “臨道誰家蔭

는 驕子에 가리는 발(簾)을 모두 細玉으로 엮어 만들어 호화찬란하여 눈을 황홀케 하니 바라건대 輿輦에 이를 장식하게 하소서"라는 匠人 김치진의 청에 대하여 "이 물건이 사치스럽고 또 견고하지 않다"26)하며 이를 세종이 허락하지 않은 사례를 통해서도 '구슬발'이 사치와 관련한 소품임을 알 수 있다.

그래서 구슬노래에서 "구슬이 바위에 떨어진들 끈이야 끊어지겠습니까"는 '사치스럽고 또 견고하지 않'은 구슬발을 경험할 수 있었던 기녀와 친밀한 진술이다. 특히 구슬발의 이러한 면은 기녀를 '解語花'라고 부르는 것과 밀접하다. 구슬발이 화려하되 깨질 경우 아무 쓸모없이 되는 것과 마찬가지로 기녀도 해어화라는 字意처럼 한 번 피면 지는 일회성, 곧 "고운 얼굴 어느덧 꽃 떨어진 가지로 변했으니 그 누가 아름답던 너인줄 알아보랴"27)처럼 지고 난 후에 초라한 존재로 전락된다. 지고 난 후 쓸모없을 수밖에 없는 화자는 깨진 구슬이라 하더라도 구슬들을 꿰고 있던 끈이야 끊어지지 않는다며 자신이 님과 맺은 약속을 그 끈에 기대며 약속에 집착하고 있지만 그것은 화자 개인의 문제일 뿐이다. 집착이 화자 개인의 문제라는 점은 기녀와 님과의 약속이 서로 대등하지 못한 상태에서 출발했기 때문인데 예컨대 뭇남성들에게 선망의 대상이었던 황진이조차 "어져 내 일이야 그릴줄을 모로드냐 / 이시라 ᄒ더면 가랴마는 데 구트야 / 보내고 그리는 정은 나도 몰라 ᄒ노라"28)라고 진술할 정도로 기녀와 그가 상대하던 님이 맺은 약속은 불완전한 상태에서 출발하며 기녀가 약속에 집착을 하는 반면 님은 약속에 대하여 어떠한 부담감도 지니지 않는다.

---

綠楊 一窓珠箔護雙娘 東風吹漏孤雲曲 枉使行人也斷腸")"에서 나그네의 마음을 괴롭히던 곳은 고운 곡 가락이 새어 나오던 영업공간이다.

26)『세종실록』13년 1월 12일.
27)『동국이상국후집』권1, 老妓, "紅顏換作落花枝 誰見嬌饒十五時."
28) 정병욱 편, 앞의 책, 336면.

　결국 구슬노래가 기녀정서의 중심에 있는 '님의 부재'와 '약속에 대한 집착'을 온전히 담고 있는 셈이다. 구슬발이 사치스럽되 견고치 못한 것은 사치노예를 해어화로 부른 일과 긴밀하기에 6연을 관용적 표현이라 하더라도 기녀와 긴밀하게 관계하는 노래로 규정지을 수 있다. 게다가 구슬노래가 있는 「서경별곡」을 조선조 유학자들이 남녀상열지사로 평가를 내렸던 것처럼 구슬노래가 온전히 재현되고 있는 「정석가」도 그런 평가와 무관하지 않은 노래로 판단해야 한다. 물론 개사·편사가 임의로 이루어진 게 아니란 것은 민요·시조·한시·경기체가라는 이질적인 장르가 합성된 「만전춘별사」의 경우 각 연마다 영업기라는 동일한 화자가 등장하고 있다는 점을 통해서도 「정석가」의 화자를 기녀로 확정하는 데 아무런 장애가 없다. 그에 따라 2~5연의 마지막에 반복되고 있는 '有德ᄒ신 님믈 여희ᄋᆞ와지이다(유덕하신 님 여의고 싶습니다)'에서 '有德ᄒ신 님'은 군왕이 아니라 영업기가 상대하던 '님'으로 파악해야 하는데 「동동」에서 '노피 현 燈ㅅ블(높이 켠 등불)' 'ᄂᆞ미 브롤 즈을(남이 부러워할 모습)'으로 나타나는 '님'은 과거에 만났던 '錄事니믄(녹사님)'을 가리키는 것으로 「정석가」의 '有德ᄒ신 님'과 다름 아니다.29) 게다가 '有德ᄒ신 님'과 '여희(여의)'는 전제로 내세운 것이 구운밤에서 싹 나거든 무쇠옷이 해지거든 무쇠소가 쇠풀을 먹거든처럼 한결같이 실현 불가능한 일들이다. 화자가 실현 불가능한 전제를 내세우면서까지 이별을 막고자 했던 그 이면에는 기녀와 그가 상대하던 님과의 이별이 필연적이기 때문이다. 앞서 언급했듯 기녀정서가 '님의 부재'와 '약속에 대한 집착'이라 할 때 실현 불가능한 전제가 성사

---

29) 「동동」에 대하여 『고려사』에 '多頌禱之詞 盖效仙語'라 나타나지만 이것은 舊樂을 적극적으로 수용·정리하던 조선초의 평가이기에 '동동'에 대한 이해는 '송도지사'보다는 '효선어'에서 출발해야 한다. '선어'는 신선술의 한 방편이었던 음주행위와 관련되어 있고 그런 공간에 기녀가 함께 있었다. 이 책의 '「동동」과 효선어' 참조.

돼야 비로소 님과 헤어지겠다는 진술은 예정돼 있는 기녀정서를 근본적으로 막겠다는 것이다. 그래서 "임과 나는 언제 이별할지 모른다. 그러나 나는 결코 이별을 용인할 수 없다는 화자의 태도를 읽"[30]을 수 있다는 주장도 이 글의 입장과 동일한 것이다.

2~5연은 1·2차에 걸친 불가능한 일이 모두 성사될 때에 비로소 님과 헤어지겠다는 내용이다. 1차의 '모래 벼랑에 군밤을 심는 일' '옥으로 연꽃을 새겨 바위에 접을 붙이는 일' '무쇠로 군복을 만들어 철사로 주름을 박는 일' '무쇠로 황소를 만들어 쇠나무 산에 풀어놓는 일'은 불가능한 전제들이고 2차는 1차보다 더욱 낯선 것들이다. 군밤에서 싹이 나거나 옥 연꽃과 접을 붙인 바위에서 꽃이 피거나 무쇠 군복이 다 해지거나 무쇠소가 쇠로 만든 풀을 뜯어먹는 일이 그것인데 어쨌건 1·2차에 걸쳐 실현불가능한 전제를 내세운 후 그것이 실현돼야 님과 헤어지겠다고 할 정도로 화자는 "이별을 막는 만리장성"[31]을 구축하고 있다.

그런데 2연은 일반인들이 생활에서 쉽게 경험할 수 있는 소재이지만 3~5연은 그렇지 못하다. 2연의 군밤에서 싹이 나는 일은 속담이든 민요에서 일반인들이 주변에서 흔히 경험할 수 있는 전제이다. 예컨대 속담의 경우 "군밤에서 싹나거든"[32], "밑 빠진 동이에 물이 괴거든"[33], "삶은 팥이 싹나거든"[34], "솔방울이 울거든"[35], "병풍에 그린 닭이 훼를 치거든"[36] 등이 있고 민요의 경우 "팽풍에다 기린 닭이 꾀꾀하면"[37], "통솥에 삶은 닭이 알 낳거든"[38], "삼년 묵은 쇠

---


30) 정상균, 『한국중세시문학사연구』, 2쇄; 한신문화사, 1994, 148면.
31) 정병욱, 앞의 책, 147면.
32) 이기문, 『속담사전』, 개정증판: 일조각, 1982, 56면.
33) 위의 책, 228면.
34) 위의 책, 294면.
35) 위의 책, 328면.
36) 위의 책, 256면.
37) 임동권, 『한국민요집』 V, 집문당, 1980, 298면.

뼛다구 새살나면"39), "가매솥에 삶은 개가 꽁지치거든"40), "냇가의 풋자갈이 왕바우가 되면"41), "금강산 높은 산이 평지되면"42) 등에서 이러한 면을 확인할 수 있다.

반면에 옥 연꽃, 무쇠 군복, 무쇠 소는 속담이나 민요에서 발견할 수 없는 소재이다. 그리고 '무엇이 무엇으로 되면'이란 단순한 전제가 아니라 '무쇠로 군복을 만들어 철사로 주름을 박고 그것이 해지면'처럼 실현 불가능한 전제가 속담이나 민요보다 훨씬 구체적이다. 속담이나 민요에서 발견할 수 없는 소재가 등장하거나 실현 불가능한 전제가 구체적이라는 점에서 민요를 궁중으로 운반했던 기녀의 개사·편사능력에 주목을 해야 한다.

그런데 기녀가 민요를 궁중으로 운반하거나 개사·편사한 노래를 불렀다는 점은 주지의 사실이되 궁중으로 운반하기 이전의 민요를 기녀가 개사·편사했다는 논의는 낯설기만 하다. 하지만 기녀의 신분상 특징을 감안하면 궁중으로 유입되기 이전의 노래를 기녀가 개사·편사했을 가능성도 있다. 이러한 가능성은 기녀의 춤과 노래가 자신들의 자족적인 면을 충족시키기보다 그들이 상대했던 사람들의 취향을 반영해야 한다는 데에서 찾을 수 있다. 기녀들이 일정한 재주에 이를 수 있도록 '行首'43)나 '老爆子'44)가 어린 기녀를 가혹하게 다스리는 것도 그들이 앞으로 상대해야 할 사람들의 성향을 고

---

38) 임동권, 『한국민요집』 Ⅱ, 집문당, 1974, 263면.
39) 임동권, 『한국민요집』 Ⅴ, 집문당, 1980, 298면.
40) 임동권, 『한국민요집』 Ⅲ, 집문당, 1975, 727면.
41) 임동권, 『한국민요집』 Ⅴ, 집문당, 1980, 298면.
42) 임동권, 『한국민요집』 Ⅳ, 집문당, 1979, 412면.
43) 궁중에서 각 분야의 提調들이 기녀들에게 주기적으로 가무교습을 하고 그 성과에 따라 상벌을 가했던 것도 마찬가지이다. 기녀들의 가무교습은 그들이 자족적으로 즐기기 위한 게 아니라 앞으로 상대할 사람들의 성향에 부합되려는 한 노력이다.
44) 상병화, 『역대사회풍속사물고』, 호남성:악록서사출판, 1991, 436면.

려한 일이다. 물론 詩文을 교육받는 것도 이런 까닭에서다.

> 動人紅은 팽원의 창기이다. … 한 서생을 따라 한퇴지의 문장을 배
> 우고자 하니 서생이 말하기를 '시를 짓지 아니하면 가르쳐 주지 않
> 겠다'고 하였다. 드디어 8운을 지어 말하기를 '술을 사려 비단치마
> 벗고 그대 부르려 옥 같은 손 흔든다'고 하였다.[45]

동인홍이 자신의 처지를 온전히 담고 있는 즉흥시를 지으면서까
지 한퇴지 문장을 배우고자 했던 이유는 앞으로 상대할 사람의 취
향과 관계있다. 기녀들이 상대할 사람들의 취향을 고려해 문장을 배
우려 했던 것은 "기녀에게 미색은 부차적인 것"[46]이라 규정한 것과
무관하지 않다. 실제로『北里志』의 기록에 따르면 남자들이 기녀들
에게서 가장 중시했던 것은 "諧諧言談"이었고 그 다음이 "音律" "居
住飲食" 등이었다.[47] 미색보다는 말솜씨와 작시능력이 더욱 중요한
관건이었다. 그리고 이것이 영업기의 수입에 결정적인 영향을 끼쳤
다고 한다.[48] 이처럼 시문능력을 갖추고자 했던 동인홍의 경우를 통
해 영업을 목적으로 했던 영업기의 시문능력에 대하여 언급할 수
있다.

먼저 고려시대 기녀의 유형은 크게 관기와 사기로 나눌 수 있는
데 관기는 궁중 연회에 참가했던 교방기나 지방관리의 시중을 들던

---


45)『보한집』권下, "動人紅彭原倡妓也 … 嘗從一書生欲學韓文 書生曰不作詩
不教授 遂作八韻曰 買酒羅裳解 招君玉手搖."
46) 왕서노,『중국창기사』, 상해: 신화서점, 1988, 76면, "妓女以色爲副品."
47) 위의 책, 77면.『조선해어화사』에 作詩能力이 있던 기녀와 문학적 교류를 했
던 여러 문인들의 일화가 소개되어 있다. 고려 이전에 활동하던 영업기로
"婬房酒肆"나 "倡家"(『파한집』권中, "今乃爾與屠沽小兒 遊戲婬房酒肆耶 …
馬遵舊路誤至倡家")란 표현과 관련된 天官女가 있는데 그는 시정을 중심으
로 활동했으며「怨詞」를 지을 정도로 문학적 소양을 지녔던 기녀였다.
48) 이수웅,『중국창기문화사』, 대한교과서주식회사, 1987, 108~109면.

지방기가 있고 사기는 관에 매이지 않고 자유롭게 영업을 할 수 있었던 기녀이다. 사치나 가무, 시문능력이 관기보다 사기가 앞섰던 것은 무엇보다 사기가 영업을 목적으로 했기 때문인데 충렬왕 앞에서 「신조태평곡」을 불러 같은 동네에 살던 사람들을 출세시켰던 謫仙來,[49] 충숙왕이 미행하여 銀幣를 줄 정도로 재색을 갖춘 萬年歡,[50] 이의풍의 총애를 받던 月娥[51] 등이 그들이다. 특히 "문에 능한 자가 아니면 지을 수 없다(非能文者不能)"[52] 하며 충렬왕이 「신조태평곡」의 작자를 물을 정도로 노랫말에 관심을 두었던 것처럼 기녀들은 그들이 상대하는 사람들의 취향을 고려해서 시문능력을 갖추고자 했다. 게다가 그들이 가무와 시문능력에 관심을 두었던 이유로 시정의 발달과 영업공간의 집단화를 꼽을 수 있는데,[53] 고려 인종 원년에 개경에 다녀간 서긍이 "옛날 듣기로는 倡優가 기거하는 곳은 긴 장대를 꽂아 일반인의 집과 구별했는데 지금 보니 그렇지 않다"[54]고 하거나 개경처럼 강을 끼고 있던 평양이 "호화로운 거리, 봄바람에 가랑비 지나가니, 먼지 하나 일지 않고 버들가지 비켜 있네, 푸른 창 주홍 문에 피리 섞인 노랫가락, 목멘 듯 들려오니 집집이 기생방일세"[55]로 나타나는 鄭知常의 시를 통해서도 시정의 발달과 영업공간의 집단화를 엿볼 수 있다.[56] 시정의 발달과 영업공간

---

49) 『고려사』 권125, 열전38 김원상.

50) 『고려사』 권34, 세가34 충숙왕.

51) 『고려사』 권124, 열전37 최안로.

52) 『고려사』 권125, 열전38 김원상.

53) 조선초에도 기녀의 영업공간이 집단을 이루었는데 太平館 주변이 모두 妓家였다는 成俔의 진술에서도 확인할 수 있다. 『용재총화』 권2, "又往來太平館 里四面皆伶妓家."

54) 『고려도경』 권4, 민거, "舊傳唯倡優所居 揭長竿以別良家今聞不然."

55) 『국역신증동국여지승람』 Ⅵ, 민족문화추진회, 1989, 402면.

56) 영업공간의 집단화는 그것이 구성될만한 여건 즉 재화와 인구집중을 전제로 한다. 고려의 전체 인구가 '250만 내지 300만 명이라 할 때 개경의 경우 50만 명'(박용운, 『고려시대 개경연구』, 일지사, 1996, 161~162면.)이 "벌집

의 집단화는 각 영업공간의 경쟁을 부추기기 마련이고 그에 따라 영업공간이나 영업기의 사치는 물론 가무나 시문에 대한 교육도 경쟁적으로 이루어졌던 것이다.

> 기녀의 어머니는 대부분 假母인데, 또한 노쇠하여 은퇴한 기녀들이 가모를 했다. … 歌伶을 처음 가르칠 때부터 꾸짖고 그 요구가 매우 급하였으니 조금이라도 빼고 게으르면 채찍으로 때렸다.[57]

기녀의 교육에 '채찍'이 동원될 정도로 경쟁을 했던 것은 영업공간의 수입이 기녀들에 의해 좌우됐기 때문이다.[58] 특히 기녀들의 "詼諧言談"과 작시능력은 그들이 상대해야 할 사람들의 취향을 반영해야만 수입이 늘기 마련이었다. 그래서 「정석가」의 2~5연이 일반 민요와 유사하면서도 한편으로 그것과 변별될만한 소재적·진술적 차이가 나타난 것은 작시능력이 있던 사기가 영업공간에서 노랫말을 개사·편사했기 때문이다. 물론 개사·편사하는 과정에 그들이 상대했던 사람들의 취향을 반영하는 일은 필연적이다.

기녀들이 상대해야 할 사람들의 취향을 반영한 사례는 3~5연을 통해 확인할 수 있는데 먼저 3연에서 옥으로 연꽃을 만들어 바위에 접을 붙인 후 그곳에서 꽃이 피면 비로소 님과 헤어지겠다는 진술은 불교적 성향이기보다는 화자를 기녀로 상정할 때 기녀는 물론

---

이나 개미구멍 같이 주거"(『고려도경』 권4, 민거, "如蜂房蟻穴")했다는 것을 통해서도 영업공간의 집단화는 필연적이다. 서구의 대도시나 항구도시에 윤락지구가 형성된 것도 고려나 조선과 동일하다. 에두아르트 폭스, 『풍속의 역사』 Ⅱ, 10판; 이기웅·박종만 옮김, 까치, 1991, 268~277면.

57) 『북리지』, 海論三曲中事, "妓之母多假母也 … 初敎之歌伶而責之 其賦甚急 微涉退怠, 則鞭扑備至."

58) 기녀들이 교육받았던 교과목에 대하여 자세히 알 수는 없지만 歌·舞·畵 이외에 '산술'도 포함되어 있을 정도로 영업기의 목적은 수입이었다. 가와무라미나토, 『말하는 꽃 기생』, 유재순 옮김, 소담출판사, 2002, 193면.

그들이 상대했던 남자들의 취향을 중심으로 3연을 이해해야 한다.[59] "옥으로 비녀를 삼고 구슬로 신을 삼은 벗들을 화당에 불러 향기로운 술"[60]을 마시자는 부분에서 '옥으로 비녀를 삼'던 자는 기녀이며 '구슬로 신을 삼'은 친구들은 기녀가 상대해야 할 남자들인데 이들은 모두 사치와 관련된 자들이다. 남자들의 신발을 장식했던 구슬이 옥인지 아닌지 정확히 알 수 없지만 어쨌건 "금이나 옥으로 갓끈을 만들어 달고 다녔"[61]을 정도로 기녀가 상대했던 자들도 사치에 관심을 두고 있었다는 점에서 3연에 등장하는 옥은 사치를 부리는 사람들이 공감할 만한 소재이지 일반 서민들과 거리가 있다.

4연에서 무쇠를 마름질하고 철사로 주름을 박은 갑옷이 해지면 그 때 비로소 헤어지겠다는 진술은 마치 갑옷을 만들거나 또는 그것을 접촉할 수 있었던 사람의 경험과 관련된 것처럼 구체적이다. 고려시대 갑옷은 "화약무기의 발명으로 鐵札片으로 재료가 바뀌면서 활동하기 좋고 제작하기 간편한 袍形"[62]이었다고 한다. 전투 상황에서 능동적으로 대처하기 위해 혹은 '활동하기 좋'게 하기 위해 갑옷에 주름을 박았다는 점에서 갑옷에 대한 화자의 진술은 구체적이다. 다만 철찰편이 아니라 갑옷 전체를 무쇠로 만든다는 점에서 차이가 날 뿐이다.

5연에서 무쇠로 황소를 만들어 그 소가 쇠나무산의 쇠풀을 먹으면 님과 헤어지겠다는 진술은 화자의 시문능력과 관련되어 있다. 시

---

59) "玉으로 蓮ㅅ고즐 사교이다 / 바회 우희 接柱ᄒ요이다 / 그 고지 三同이 퓌거시와 / 有德ᄒ신 님믈 여ᄒ이ᄋ와지이다"에서 '삼동'에 대한 해석이 분분하지만 대부분의 해석이 실현 불가능한 일과 관계하고 있다. 이에 대한 검토는 손종흠, 「정석가의 삼동에 대하여」『한국시가연구』 4, 한국시가학회, 1998, 참조.

60) 『동국이상국전집』 권1, 夢悲賦.

61) 『태조실록』 3년 6월 1일.

62) 김정자·임영자, 「고려시대 갑주에 대한 고찰」『복식』 29호, 한국복식학회, 1996, 161면.

문능력이 있는 사람들이 자신의 '굳은 의지'를 일반적으로 "鐵腸"[63]
"鐵肝腸"[64] "鐵石肝腸"[65] "鐵饌"[66]로 구사했다고 할 때 그들을 상대
했던 기녀가 '무쇠소'에 대하여 언급하는 것은 상대했던 사람의 취
향을 반영하는 일이기도 하다. 물론 5연의 '무쇠로 황소를 만들어다
가'는 "무쇠소가 아닌데 어찌 견디겠는가"[67]처럼 소를 때리는 아이
를 질책하는 이규보의 시에서도 鐵牛(쇠로 만든 소)를 확인할 수 있
을 정도로 '무쇠(鐵)'는 시문능력을 소유하고 있던 자들과 친연한 어
휘이다. 그리고 그들에게 친연한 어휘는 그들을 상대하던 기녀에게
서 그대로 재현된다.

> 넓은 무쇠 심장 일찍부터 견고함 알았으니 / 나는 본래부터 같이 자
> 려는 마음은 없었네 / 다만 하룻밤 詩酒자리로 / 풍월 읊고 즐겁게
> 꽃다운 인연 맺었으면[68]

龍城 官妓 于咄은 상대하던 사람들에게 총애를 받곤 했는데 宋國
瞻이 유독 그를 가까이 하지 않자 그녀가 위와 같은 시를 지었다.
우돌이 송국첨과 '꽃다운 인연'을 맺고자 한 것은 '같이 자려'는 의
도가 아니라 그가 '善屬文'으로 평가를 받을 정도로 글짓기에 능했
기 때문이다.[69] 여기서 '詩酒자리(詩酒席)'을 마련하려 했던 우돌이
송국첨의 강직한 성품을 '넓은 무쇠 심장(廣平腸鐵)'에 비유하고 있
는데 이는 시문능력을 지닌 자들에게 친연한 어휘이면서 그들을 상

---


63) 『동국이상국후집』 권5, 明日學士見和寄之次韻奉答兼謝華筵二首.

64) 『동국이상국후집』 권9, 次韻空空上人贈朴少年五十韻.

65) 『고려사』 권106, 열전19 이승휴.

66) 『고려사』 권106, 열전19 안전.

67) 『동국이상국전집』 권2, 莫笞牛行.

68) 『보한집』 권下, "廣平腸鐵早知堅 我本無心空枕眠 但願一宵詩酒席 助吟風
月結芳緣."

69) 『고려사』 권102, 열전15 송국첨, "人性剛直疾惡如讐 善屬文登第."

대하던 기녀에게도 낯설지 않은 어휘이다.

마지막으로 2연의 '구운 밤'이란 소재가 속담이나 민요에서 흔히 발견할 수 있을 정도로 일반인들에게 친밀하다는 점에서 3~5연의 경우와 변별된다. 그리고 민요의 개사·편사에 기녀가 가담했다는 점을 감안하면 '구운 밤'과 관련된 2연이 「정석가」의 원가로 기능했을 가능성이 크다.[70] '군밤에서 싹 나거든' '옹솥에 삶은 밤에 싹이 나면'으로 나타나는 속담이나 민요가 '삭삭기(바삭바삭:乾燥貌)'[71] 라는 의성어와 모래이되 '별헤(벼랑)'이라는 극단적 공간, 그리고 구운밤이되 '닷 되(다섯 되)'라고 구체성을 띠는 것은 원가가 될만한 것을 시문능력이 있던 영업기가 개사·편사했기 때문이다. 2연이 「정석가」의 원가로 자리를 잡은 후 이 노래를 영업공간에서 가창하던 기녀가 그들이 상대했던 사람들 예컨대 군인(무관)이나 시문능력이 있는 자(문관), 그리고 사치를 부릴 줄 아는 자들의 취향을 고려해서 3~5연이 부연적으로 생긴 것이다.

여러 기녀 가운데 대부분 자신의 생각을 토로할 줄 알았으며, 책에 나오는 말들을 알고 있는 자도 있었다. 공경 이하 모두는 그들을 表德(字나 號)으로써 불렀다. 그 품류를 분별하고 인물을 품평하여 손님에 맞추어 응대한 것 등은 진실로 미칠 수 없는 부분이다.[72]

---

70) '어디에 무엇하러 갔더니 누가 내손을 잡았다'에서 '어디, 무엇, 누가'만 바뀌고 나머지는 동일하게 반복되는 총 4연의 「쌍화점」에서 원가로 기능했던 것은 삼장사와 관련된 2연이었다. 이것은 「쌍화점」의 형성과정과 관련된 기록 "選官妓有姿色伎藝者"·"教以新聲"·"教閱此歌"·"皆中節簇"으로 알 수 있는데, 「정석가」도 앞의 기록과 무관하지 않다고 할 때 원가는 민요나 속담에서 흔히 발견할 수 있는 '구운 밤'을 소재로 한 2연이다. 이 책의 '「쌍화점」 주제의 다양성과 그 원인' 참조.

71) 양주동, 앞의 책, 337면.

72) 『북리지』, 序, "其中諸妓 多能談吐 頗有知書言話者 自公卿以降 皆以表德呼之 其分別品流 衡尺人物 應對非次 良不可及."

영업기녀가 상대하는 사람의 취향(分別品流 衡尺人物)에 맞추어 응대하는 것은 그들이 영업을 목적으로 삼았기 때문이다. 어찌 보면 '비단을 달라는 자에게 비단을 주어야 하듯'이 그들의 영업은 자족적으로 존재하는 게 아니라 상대하는 사람을 철저히 반영해야만 했다. 물론 기녀가 속담이나 민요를 「정석가」의 2연처럼 만들거나 그것을 근간으로 3~5연을 만든 것도 상대하는 사람의 취향(分別品流 衡尺人物)을 고려한 일이며 그 이유에는 시정의 발달과 영업공간의 집단화에 따른 영업기녀들의 경쟁이 자리잡고 있다.

# 3. 나오는 글

이 글은 頌禱之意로 평가를 받았던 「풍입송」과 「정석가」의 대비를 통해 과연 「정석가」를 송도가로 판단해야 하는지에 대한 문제에서 출발했다. 두 노래의 대비를 통해 「정석가」를 송도가보다는 기녀정서와 관련된 노래로 판단할 수 있었는데, 특히 유기적으로 시상이 전개되는 「청산별곡」이나 「서경별곡」과 달리 실현 불가능한 전제를 설정한 후 그것이 성사되면 비로소 '有德ᄒ신 님'과 헤어지겠다는 진술이 반복되고 있지만 이것은 '님의 부재'를 철저히 막고자 했던 그들 정서의 근간이다. 게다가 대표적 남녀상열지사로 지목을 받았던 「서경별곡」의 노랫말 중에서 구슬노래가 「정석가」에 그대로 재현하고 있는 것도 우연이 아닌 것처럼 「정석가」는 기녀정서를 온전히 담고 있는 노래로 판단할 수 있었다.

끝으로 고려속요의 원가 곧 민요를 궁중으로 운반하거나 궁중에서 가창했던 자를 기녀로 판단하는 것은 통설이다. 그리고 민요를 궁중악에 맞게 개사·편사하는 데에 그들이 일정하게 참가했다는 것도 이에 해당한다. 하지만 이 글에서는 궁중으로 운반되기 이전의

노래 곧 영업공간에서 부르던 노래의 개사 · 편사에 영업기들이 참
가했을 가능성에 대하여 지적하였다. 기녀가 영업공간에서 개사 ·
편사에 가담했을 가능성은 시정의 발달과 영업공간의 집단화에 따
른 그들의 경쟁에서 찾을 수 있었다. 물론 기녀의 가무나 시문능력
이 그들의 자족적인 것과 관계하기보다 그들이 상대하는 사람들의
취향과 밀접하다는 점에서도 영업공간에서 원가의 개사 · 편사에 기
녀가 관계했을 가능성은 크다.

# 「동동」과 효선어(效仙語)

## 1. 들어가는 글

고시가의 연구는 그것을 기록하고 있는 옛 문헌에 전적으로 의존할 수밖에 없다. 특히 해당 시가에 대한 옛 사람들의 평가는 당대인의 처지에서 노래를 이해할 수 있는 소중한 자료이다. 「동동」의 경우 “多頌禱之詞”와 “盖效仙語”[1]라는 평가도 이에 해당한다.

하지만 「동동」이 “男女間淫詞”[2]로 지목을 받아 결국 「신도가」로 대체된 것을 통해 송도지사라는 「동동」의 평가가 과연 온당한 것인지 재론할 필요가 있다. 물론 ‘송도지사’와 나란히 기록되어 있는 ‘효선어’도 「동동」 해석의 방향을 가늠하는 데 일정한 기여를 했다. 그래서 ‘송도’와 ‘선어’ 중에서 어느 쪽을 논의의 중심에 놓느냐, 혹은 양자를 절충하느냐에 따라 「동동」 해석이 달라졌던 게 그간의 사정이다.

그러나 지금까지의 논의에서 ‘효선어’의 해석이 ‘선’의 축자적 의

---

1) 『고려사』 권71, 악2 동동.
2) 『중종실록』 13년 4월 1일.

미를 천착하는 데에서 출발했기 때문에 「동동」이 '송도'이었지만 '남녀간음사'로 평가를 받아 「신도가」로 바뀐 경위를 극명하게 규명하지는 못했다. 이에 이 글은 「동동」 해석의 관건을 '효선어'라 판단하여 논의하는 것을 목적으로 삼는다. '선어'의 의미가 드러나면 「동동」을 더 구체적으로 이해할 수 있을 것이다.

## 2. 주요 논의 검토와 해석의 한 방법

「동동」에 대한 "다송도" "효선어"라는 평가에서 전자와 달리 후자는 논자의 입장에 따라 달리 나타난다. '선어를 效(본받았다)했다'는 점에서 '선어' 규정이 「동동」 전편에 영향을 주었던 것인데 먼저 "선어는 마땅히 巫覡·優人의 말로 해석"[3]해야 한다는 주장은 이후의 논의에 지대한 영향을 주었다. 예컨대 "巫風의 범주 속에 자리잡고 있던 仙風"[4]이나 "무교적 속성"[5], 그리고 "巫가 사용하는 말"[6]이 그것이다. 이러한 논의들은 각종 문헌에서 '선'자의 용례를 찾아 그것의 제의적 문맥과 「동동」의 '선어'와 결부시켰다. 선어를 "오늘날의 신앙적 의미도 담고 있는 언어"[7]로 규정한 것도 仙史(『삼국사기』 진흥왕37), 國仙之徒(『삼국유사』 월명사도솔가), 八關之會 … 定爲仙家(『고려사』 의종22), 昔新羅仙風大行(『고려사』 의종22)이란 기록 등에 기대어 仙의 무격적 성격에 주목했던 선행논의의 영향과

---

3) 최진원, 「동동고(Ⅰ)」『대동문화연구』8집, 성균관대대동문화연구소, 1971, 7면.
4) 박혜숙, 「동동의 님에 대한 일고찰」『국문학연구』10집, 효성여대, 1987, 87면.
5) 최미정, 「죽은 님을 위한 노래 - 동동」『문학한글』2, 한글학회, 1988, 80면.
6) 최용수, 『고려가요연구』, 계명문화사, 1993, 200면.
7) 김준옥, 「장생포와 동동」『한국언어문학』35, 한국언어문학회, 1995, 292면.

무관하지 않다. 그리고 "선어를 仿한"8) 것, "선(선랑, 즉 화랑?)이 '德이여 福이라 호눌나ᄋ라 오소이다'라고 말하는 것"9), "선어는 선랑의 말"10), "신선의 말"11) 등으로 이해한 것은 '선어'라는 字意에 충실했던 경우들이다. 한편 제의적 문맥에서 벗어나 「동동」의 노랫말을 통해 선어를 "경거망동한 표현"12)으로 판단하기도 했다. 결국 선어에 대한 해석은 그것을 사전적 의미로 파악하느냐 아니면 「동동」 전편의 내용을 통해 유추하느냐에 따라 달리 나타났던 것이다.

무엇보다 '선어'에 대한 해석이 분분한 이유는 선어와 '다송도'와의 관계를 매끄럽게 설정하려는 데에서 출발하기 때문이다. '다송도'·'효선어'란 기록에서 전자의 기록을 전적으로 신뢰하면 「동동」이 '남녀간음사'로 평가를 받아 「신도가」로 바뀐 이유가 불명확해진다. 게다가 「동동」 12월의 "소니 가재다 므ᄅ숩노이다"에 대하여 "왕의 연회든 제의의 현장이든 왕이 있는 앞에서 왕이 택해야 할 신하나 기녀를 다른 이가 택하였다는 언술은 逆鱗"이기에 "송도의 뜻으로 이 노래를 불렀다는 것은 상식적으로 납득이 가지 않는다"13)는 주장을 통해서도 '다송도'라는 진술을 「동동」 전편에 적용시킬 수 없는 형편이다. 그래서 '다송도'와 '효선어'를 "德으란 곰비예 받줍고 福으란 림비에 받줍고 德이여 福이라 호눌 나ᄉ라 오소이다"라는 「동동」의 "起句에 국한"14)시키거나 "서연은 송도지사이고 나

---

8) 양주동, 『여요전주』, 중판: 을유문화사, 1985, 70면.

9) 이혜구, 『한국음악서설』, 개정판; 서울대출판부, 1989, 123면.

10) 김명호, 「고려가요의 전반적 성격」『한국시가문학연구』, 신구문화사, 1983, 77면.

11) 차주환 역, 『고려사악지』, 을유문화사, 1972, 224면.

12) 임기중, 「고려가요 동동고」『고려가요연구』, 국어국문학회 편, 중판:정음문화사, 1990, 371면.

13) 이도흠, 「고려속요의 구조분석과 수용의미 해석」『한국시가연구』 1, 한국시가학회, 1997, 387면.

14) 이혜구, 앞의 책, 123면.

머지는 경망한 연정의 노래"15)로 파악한 것도 '송도'와 '선어'를 합당하게 이해하기 위한 방편이었다. 물론 선어를 '경거망동한 표현'으로 파악한 논자는 송도지사의 의미를 지닌 서연이 '전승 축하연'에 첨가됐다며 그 시기를 구체적으로 지적하기도 했다.16)

한편 송도와 선어의 두 측면을 적절하게 안배한 논의가 있었는데, 선어를 "송도하는데 사용되는 말"17)로 이해하거나 "찬양하는 말이 있으면 頌이요, 기도 혹은 기원하는 말이 있으면 禱"18)이라 하여 송도의 의미를 넓게 확장시키거나 "서로 맥이 통할 수 없는 이 양자가 묘하게도 같은 호흡선상"에 있는 것을 "12월 노래와 서연이 연결되어 있다는 측면"19)에서 구하고 있는 논의, 그리고 "신에 대한 송도에서 왕에 대한 송도로 점차 변화하는 추이가 감지"20)된다는 주장들이 「동동」 전편을 선어와 송도를 안배한 논의들이다.

그러나 각종 전적에서 '선'자의 용례를 찾아내는 것도 중요한 일이지만 그것보다는 「동동」을 '효선어'라고 평가한 사람이 '선어'를 어떤 의미로 파악하고 있느냐가 논의의 중심에 있어야 한다. 그래서 「동동」과 마찬가지로 '선어'로 평가했던 「자하동」에 대한 논의가 선행되어야 할 것이다. 먼저 「자하동」의 창작배경과 작자의 전기적인 부분을 통해 선어의 의미에 접근해야 한다.

채홍철은 자하동에 살았는데, 그의 집에 중화당이라는 편액을 붙였다. 매일같이 원로들을 초대하여 마음껏 즐기고야 끝내곤 했다. 이

---

15) 임기중, 앞의 논문, 372면.
16) 위의 논문, 414면. 박진태(「동동과 쌍화점의 구조」 『대구어문논총』 2, 우리말글학회, 1984, 69면)도 임기중의 논의에 전적으로 동의하고 있다.
17) 장진호, 「동동고」 『새국어교육』 40, 한국국어교육학회, 1984, 209면.
18) 김학성, 『국문학의 탐구』, 성균관대출판부, 1987, 35면.
19) 박노준, 『고려가요의 연구』, 새문사, 1990, 306면.
20) 허남춘, 「동동의 송도성과 서정성 연구(2)」 『도남학보』 15집, 도남학회, 1996, 128면.

노래를 지어 자기집 여종에게 부르게 하였는데 가사가 모두 仙語이
다.21)

　『고려사』 열전 채홍철조에는 "불교의 禪旨와 琴書, 그리고 약 짓
는 것을 日用으로 삼았다"22)와 "문장에 정교하고 技藝에 모두 능력
을 다하였으며 釋敎를 더욱 좋아하여 일찍이 집 북쪽에 栴檀園을
짓고 항상 선승을 기르고 …"23)라는 기록이 있는데 琴書와 技藝에
대한 언급은 그가 「자하동」을 지어 家婢에게 부르게 했을 정도로
악곡에 조예가 있었다는 것과 무관하지 않다. 게다가 불교의 禪旨를
궁구하는 것을 일용으로 삼거나 전단원을 지어 선승을 기를 정도로
석교에 관심이 많았다는 기록은 선어에 대한 논의를 다시 생각하게
한다.
　지금까지 '선어'의 의미를 주도적으로 이끈 논의는 앞서 언급했듯
이 제의적 문맥이었다. 석교에 지대한 관심을 두고 있던 채홍철이
'선어'로 평가를 받은 「자하동」을 지었다고 할 때 그 노래가 과연
무격·무당·무풍과 관계하고 있는지 살펴야 한다. 『고려사』 악지2
에서 「동동」과 「자하동」을 각각 '효선어' '詞皆仙語'라 평가했던 사
람이 동일인이든 아니든 상관없이 그들이 관찬에 참여할 정도로 동
일한 사유를 지닌 사람이라 할 때 제의적 문맥과 관련된 노래와 혹
은 그것과 무관한 노래에 모두 '선어'라는 글자를 사용하지 않았을
것은 자명한 일이기 때문이다. 「자하동」에서 제의적 문맥을 온전히
찾을 수 있다면 「동동」을 그와 관련해 이해하는 일이 타당하겠지만
그럴 가능성은 전혀 없다. 고작 "손에는 금 술잔 잡아 서로 권하니
이 풍류 신선보다 낫다고 한들 무엇이 나쁘리오"24)라는 진술에 '신

---

21) 『고려사』 권71, 악2 자하동, "洪哲居紫霞洞 扁其堂曰中和 日邀耆老極勸乃
　　罷 作此歌令家婢歌之 詞皆仙語."
22) 『고려사』 권108, 열전21 채홍철, "禪旨琴書劑和爲日用."
23) "精巧於文章 技藝皆盡其能尤好釋敎 嘗於第北構栴檀園常養禪僧."

선'이란 표현이 있지만 그렇다고 「자하동」 전편을 제의적 문맥으로 읽어야 할 근간은 결코 아니다. 다만 「자하동」 전편에 일관되게 나타나는 것은 "인생 백년을 보내는 데 술만한 게 없"25)으니 "힘껏 마셔야지 매일 매일 마셔야지"26)이다. 물론 '힘껏 마시는' 공간에 악공과 기녀가 같이 있었다는 점은 "관현소리 들려"27)오고 "월류금으로 태평년 타고"28)라는 표현을 통해 알 수 있을 뿐이다. 결국 '원로들이 중화당'에 모여 "백발에 꽃을 꽂"29)고 '관현소리'와 더불어 '힘껏 마시는' 광경을 담고 있는 게 채홍철이 지은 「자하동」이고 『고려사』 악지2를 담당했던 사람이 이 노래를 '사개선어'라 평가했던 것이다. 그래서 「자하동」과 동일한 평가를 받은 「동동」을 제의적 문맥으로 이해하는 일은 당대인의 입장을 고려하지 않은 논의일 수밖에 없는 것이다. 무엇보다 「자하동」 전편에 흐르는 내용이 '인생 백년을 보내는 데 술 만한 게 없'으니 '세상의 나이일랑 생각하지 말고' '힘껏 마시자'처럼 음주행위이기에 음주와 선어의 관계를 살피는 데에서 실마리를 풀어야 할 것이다.

선어에서 '선'의 字義는 "老而不死曰仙 仙僊也 僊入山也 故其制字 人傍作山也(『석명』)"30)으로 불로장생하려고 산에 들어가 수행하는 자와 관계하고 있다. 그리고 '僊'이 "舞袖飛揚之意(『설문해자』)"이기에 僊人은 가볍게 날아오를 수 있는 사람이다. 결국 신선사상을 "죽음을 초월한 불사적 존재"31)로 규정할 수 있지만 "육체의 更新을 통

---

24) 『고려사』 권71, 악2 자하동, "手把金觴相勸酒 雖道風流勝神仙亦何傷."
25) "斷送百年無過酒."
26) "願君努力日日飮."
27) "管絃聲裏."
28) "月留琴奏太平年."
29) "白髮戴花."
30) 이종은, 『한국시가상의 도교사상연구』, 재판: 보성문화사, 1992, 27면 재
　　인용.
31) 정재서, 「선진시대의 신선설화 기원과 문학적 수용을 중심으로」 『중국학

하여 육신을 지닌 현세의 자아가 연속되기를 추구하고 있다"[32]는
것이 여타의 종교와 다른 점이라 할 수 있다.[33] '불사적 존재'가 되
기 위한 일련의 노력 곧 신선술의 추구는 "중국의학사의 발전과도
밀접한 관련"[34]을 맺고 있는데, 그 구체적인 방법으로는 후대에 丹
藥이라 칭하는 寒食散 또는 五石散의 복용이다. 중금속으로 구성된
이 단약을 복용하면 "일시적으로 남성들은 자신의 몸이 가볍게 느
껴지거나 정력이 증진되었다는 효과"[35]를 얻기도 했다. 그런데 "한
식산의 복용과 음주는 불가분의 관계"[36]에 있었다는 점에서 한식산
의 복용이 복용자로 하여금 '몸이 가볍게 느낄 수' 있도록 하는 효
과를 주듯이 음주행위 또한 『설문해자』의 "舞袖飛揚之意"와 다름
아니다. 약물 복용과 음주의 불가분의 관계에서 언급할 수 있는 대
표적인 인물로 죽림칠현 중에서 '劉伶'[37]이 있는데, 그는 "누룩을
베개삼고 지게미를 자리삼(枕麴藉糟)"아 "오로지 술을 마시는 데 힘
썼(『고문진보』「주덕송」, 唯酒是務)"고 사슴이 이끄는 수레를 타고
술 한 병을 들고 하인에게는 가래를 메고 따르게 하면서 자신이 죽
으면 땅에 아무렇게나 묻으라고 했던 그의 음주행위는 "한식산의
복용과 관련이 있"[38]다고 한다. 신선술의 궁극인 '육체의 갱신'을

---

보』 28, 한국중국학회, 1988, 89면,
32) 같은 면.
33) 신선사상의 발생원인·발생시기·발생지역에 대하여 諸說이 있지만 이것
    이 "가설의 종합일 뿐"(위의 논문, 92면)으로 평가받을 정도로 논자의 입장
    에 따라 다르기에 이에 대해서는 상론하지 않기로 한다. 우리 신선사상도
    대략 세 가지면(1.중국 도교사상의 영향 2.국내 고유사상 3.외래사상과 고
    유사상의 복합)에서 그 원천을 나눌 정도이다. 오종근, 「한국 신선사상의
    근원연구」『역사와 사회』 1, 국제문화학회, 1991, 256면.
34) 김인숙, 『중국중세 사대부와 술·약 그리고 여자』, 서경문화사, 1998, 43면.
35) 위의 책, 50면.
36) 위의 책, 55면.
37) 술을 소재로 하고 있는 「한림별곡」의 제4장 "劉伶陶潛 兩仙翁의 위 醉혼ㅅ
    景 긔 엇더ᄒ니잇고"에서 그이 이름을 확인할 수 있다.

위해 한식산과 음주를 병행했던 것이다. 그리고 죽림칠현에 해당하
는 그가 "超世俗하고 飮酒自適"[39]했듯이 고려대의 죽고칠현이 '매
양 술 마시고 시 지으며 방약무인' 한 것도 우연이 아니다.

사회질서가 문란했던 위진 남북조시대에 죽림칠현의 등장이나 무
신란이라는 전제폭압의 분위기에서 죽고칠현이 등장하여 지나친 음
주행위를 한 것은 "명철보신하려는 방편적 의미"[40]의 또 다른 표현
이었던 것이다. 신선술의 추구와 음주행위가 긴밀하게 관계하고 있
다고 할 때 '세상의 나이일랑 생각하지 말'고 '힘껏 마시자'로 일관
하고 있는 「자하동」의 노랫말을 『고려사』 악지2의 담당자가 '사개
선어'로 평가한 것은 당연한 일이었다. 물론 음주행위를 신선과 결
부시키던 사례, 예컨대 "술독에 깊이 빠져 정신이 없"[41]는 자신의
모습을 "그림 속의 신선"[42]으로, "재빨리 아이 불러 새 술 거르니
맑은 술 향기 온 집안에 풍기"[43]는 모습을 "무슨 약을 구해 신선되
기를 원하겠는가"[44]로 표현하는 것에서도 이를 확인할 수 있다. 결
국 「자하동」을 '사개선어'라 평가한 것은 제의적 성향이 아니라 음
주행위 때문이기에 「동동」의 '효선어'도 이에 준해서 이해해야 할
것이다.

하지만 '힘껏 마시자'로 일관하고 있는 「자하동」을 '선어'로 평가
한 것은 타당하지만 음주행위와 관련하여 '곰비' '림비'라는 '음주도
구'[45]가 나타나지만 그것은 서연에만 해당할 뿐 나머지 노랫말이

---


38) 김인숙, 앞의 책, 57면.
39) 이종은, 앞의 책, 74면.
40) 이종은, 「죽림칠현과 죽고칠현의 대비적 고찰」『한국학논집』 17, 한양대한
    국학연구소, 1990, 64면.
41) 『동국이상국전집』 권6, 馬巖會賓友大醉夜歸 …, "昏昏酒泥愚."
42) "仙裝竹鶴圖."
43) 『동국이상국전집』 권7, 食燕蟹, "急呼赤脚撥新甕 玉蛆星拂香浮動."
44) "何必服藥求仙哉."
45) 양주동, 앞의 책, 72~74면.

신선술 추구의 한 방편인 '힘껏 마시자'와 무관하다는 점에서 문제
가 심각해진다. 여기서 「자하동」의 음주공간에 주목할 필요가 있다.
그곳에는 '백발에 꽃을 꽂'은 원로들이 '취하도록 마시'고 있다. 문
면에 악공과 기녀가 드러나지 않았지만 '월류금으로 태평년 타'고
'관현소리 들려'오고 라는 표현으로 보아 그들이 '힘껏 마시는' 공간
에 함께 있었다는 것을 짐작할 수 있다. 물론 원로들의 '백발에 꽃
을 꽂'은 것은 술자리의 유흥을 돋우기 위한 놀이로 "기생들이 손님
들에게 꽃을 하나씩 주었는데 내가 받은 가지에는 잎만 있고 꽃이
없"46)다 하던 이규보를 통해서도 '백발에 꽃을 꽂'은 일은 기생이
참가한 술자리와 관계된 것이다.47) 음주행위와 기녀의 긴밀한 관계
를 감안하면 악지2의 담당자가 「동동」을 '효선어'라 평가한 이유가
명확해진다. 그에 따라 「동동」을 기녀화자를 중심으로 이해해야 하
는데, 실제로 1~12월은 한결같이 기녀정서이다. 이는 「동동」을 '효
선어'로 평가했던 악지2 담당자의 입장을 반영하는 일이면서 「동동
」을 '남녀간음사'로 지목하여 신도가로 대체하게 했던 자들이 기녀
혁파론을 주장했던 부류와 동일한 사유를 하고 있었다는 점에서 타
당성을 띤다.

　지금까지의 논의를 통해 '선어'에 대한 해명을 했지만 '선어'와
함께 '송도'라는 평가를 동시에 받은 이유는 불분명하다. 여기서 '선
어' '송도'라는 평가가 있는 『고려사』와 '남녀간음사'라는 평가가 있
는 『중종실록』의 시간상 거리 즉 조선 초기와 중기의 관료들이 지

---

46) 『동국이상국전집』 권12, 吉秀才德才家筵 …, "有妓獻花 予所得一枝 有葉無
花."

47) 음주행위와 기녀가 불가분의 관계에 있다고 할 때 「풍입송」에서 "꽃으로
꾸미고 눈썹 그린 미녀" 곧 기녀를 '신선'으로 표현(繽紛花黛 … 神仙)하거
나 중국의 『東京夢華錄』에서도 "화려하게 화장하고 단장한 기녀들이 술손
님이 부르기를 기다리고 있었는데 그것을 바라보면 마치 신선과도 같"았
다고 한다. 이수웅, 『중국창기문화사』, 대한교과서주식회사, 1987, 121면.
재인용.

니고 있던 속악에 대한 인식을 고려해야 한다. 대체로 조선 건국 초
기부터 세종 년간까지는 개찬에 대한 논의가 더러 있었지만 "俚語
를 막론하고 … 한 많은 여자의 노래로서 變風을 면치 못하는 것까
지도 모두 찾아내어서 매년 採擇하여 올려보내게 했던 것"48)처럼
고려의 악을 정리·수용하는 데 무게를 두었다. 그러나 성종대에 이
르러 "서경별곡 같은 것은 남녀상열지사라서 매우 좋지 못하다"49),
"쌍화곡·이상곡·북전가 중의 음란하고 외설한 말을 산개"50)하게
할 정도로 속요의 가사들이 개작되는데 이는 조선 건국이래 벌여온
일련의 국가 기반 조성 사업을 제도적으로 완성한 군주를 성종으로
지목하는 일과 무관하지 않다. 조선시대의 대표적 저술물 예컨대
『국조오례의』, 『삼국사절요』, 『경국대전』, 『악학궤범』 등이 성종의
재위기간에 관찬된 것도 우연이 아니다. 특히 성종 8년 7월에 제정
하여 『경국대전』에 편입시킨 '재가녀자손금고법'은 조선시대 정절
이데올로기의 형성기반에 결정적 계기로 기능했고 그것이 철저하게
강화되던 시기가 중종대였다고 한다.51) 정절이데올로기의 계기와
그것이 강화되던 시기가 각각 성종과 중종대라 할 때 고려의 악을
정리·수용하던 세종대보다 앞선 기록물인 『고려사』 악지에서 「동
동」을 '송도'와 '선어'로 동시에 평가를 내린 것은 어쩌면 당연한 일
이다.

결국 '선어'·'송도'·'남녀간음사'에서 '송도'는 구악을 수용하는
데 적극적일 수밖에 없었던 『고려사』 악지의 찬술 시기와 밀접한
평가이기에 「동동」에 대한 접근은 '다송도'보다는 '선어'와 '남녀간
음사'가 완전히 교직되는 곧 기녀정서를 통해서 가능하다.52)

---

48) 『세종실록』 15년 9월12일.
49) 『성종실록』 19년 4월 4일.
50) 『성종실록』 21년 5월 21일.
51) 이옥경, 「조선시대 정절이데올로기의 형성기반과 정착방식에 관한 연구」,
    이화여대석사논문, 1985, 40~41면.

## 3. 고려속요 일반론과 「동동」, 그리고 기녀

> 속요는 민속가요 가운데 민요를 속악으로 전용하는 과정에서 생
> 성·발전해갔으며 이러한 속요가 더욱 세력을 얻어 장르의 발전 및
> 전성기를 맞게 되자 무가 및 불가를 수용하는 데까지 확산되어 간
> 것으로 추정된다.53)

속요의 장르적 특성을 규정한 위의 논의는 개개의 노래가 민요의 특성과 관계를 맺은 듯하면서도 그렇지 않은 것을 통해 확인할 수 있다. 실제로 속요에서 반복구, 후렴구, 여음 등을 제거하면 민요와 친연한 모습으로 변모되는 것도 장르적 특성과 무관하지 않다. 물론 「서경별곡」의 2연과 「정석가」의 6연이 동일하거나 「만전춘별사」에서 경기체가·시조·한시·민요 양식이 공존하는 것도 '민요를 속악으로 전용'하는 과정에 따른 것이다. 그리고 민요가 '속악으로 전용'되기 이전에 그것을 궁중으로 운반하거나 운반한 노래를 '속악으로 전용'하는 과정에 개입했던 자를 악공이나 기녀로 파악하는 게 통설이다. "서울의 무당과 관비 중에서 가무를 잘하는 자를 뽑"54)은 일이 민요를 '속악으로 전용'하는 과정과 긴밀하다고 할 때 「동동」이 '속악으로 전용'되는 과정에 주목할 필요가 있다.

---

52) 음주공간에 있던 기녀들의 이름이 '仙'이란 글자와 결부(紫雲仙:『고려사』 열전42 최충헌, 謫仙來 : 열전38 김원상, 七點仙 : 열전48 신우3)된 것도 우연이 아니다.

53) 김학성, 「속요의 장르상의 제문제」 『천봉이능우박사 칠순기념논총』, 1990, 83면.

54) 『고려사』 권125, 열전38 오잠, "選京都巫及官婢善歌舞者."

①달거리 　　→　　 ②長生浦의 軍旅 　　→　　 ③動動
(구체적인 제목이 없음) 　　　　　　 (軍樂) 　　　　　　 (俗樂歌詞)[55]

「동동」은 柳濯의 長生浦 勝戰宴 이후에 全南 海岸地方에 유행되었던 달거리며, 달거리는 민요라 할 수 있다.[56]

제한된 지역에서만 불리던 노래(①)가 보편성을 획득하면서 특정 지역을 넘어 널리 확산(②)된 이후 궁중으로 유입(③)된다는 도식에서 ①→②의 계기가 승전연이었다는 점에 주목해야 한다. 승전연이었던 만큼 일상의 연회보다 규모가 크기 마련인데 특히 기녀가 대규모로 참가하는 것은 필연적이다. "변진에 창기를 두어 아내가 없는 군사들을 접대하게 했는데 그 유래가 오래되었다"[57]라는 세종의 전교를 통해 군과 기녀의 긴밀한 관계를 알 수 있고 "모든 광대 잡기와 기방의 노는 기녀들까지 모두 불러 올려 사방에서 혼잡하게 모이니 깃발이 길에 잇따르고 궁중에 가득"[58]할 정도로 국가의 행사에 지방의 기녀들이 모였던 것처럼 장생포 승전연에 인근의 기녀들이 대규모로 참가하는 것은 당연한 일이었다. 유탁이 사졸들과 고락을 같이 하며 군기를 엄정히 해 왜구들이 다시는 침범하지 못하게 한 전적을 세워 왕으로부터 특별히 의복과 술 등을 하사 받았다고 할 때 승전연의 규모를 짐작할 수 있다. 승전연에 참가한 기녀는 관아소속의 사치노예는 물론 인근 지방의 여러 관아·학교 등에서 방적·방직·주방·침선·약방·급수 등 "잡다한 供役 임무를 맡"[59]고 있던 婢를 포함하여 영업을 목적으로 삼던 영업기들이었다.

---

55) 김학성, 앞의 책, 34면.
56) 임기중, 앞의 논문, 417면.
57) 『세종실록』 18년 12월 17일, "邊鎭置娼妓 以待軍士之無妻者 其來也尙矣."
58) 『고려사절요』 권8, 예종대왕2, "凡倡優雜伎 以至外官遊妓 無不被徵 遠近坌至 旌旗亘路 充斥宮中."
59) 홍승기, 「천민」『한국사』5, 국사편찬위원회, 1981, 310면.

그리고 승전연이 끝난 후 그들은 각자의 역할로 돌아가야 했다. 결국 특정 지역에서만 가창되던 노래를 주변으로 확장시킨 계기는 장생포의 승전연이었고 노래의 운반과 개사·편사에 주도적으로 가담했던 자가 기녀였던 것이다.

「동동」이 '속악으로 전용'되는 과정과 '효선어'라 평가받은 이유에 기녀가 긴밀하게 관계하고 있다고 할 때 이 노래의 이해는 기녀정서를 감안하는 데에서 출발해야 한다. 먼저 기녀를 '사치노예'라 규정하는데 그들 정서의 중심에는 '님의 부재'와 '약속에 대한 집착'이 자리잡고 있다. "耿耿孤枕上애 어느 즈미 오리오(「만전춘별사」)", "잠싸간 내님을 너겨(「이상곡」)", "괴시란디 우러곰 좃니노이다(「서경별곡」)"는 모두 님의 부재와 밀접한 것으로 「동동」 화자의 "몸하 ㅎ올로널셔(이 몸이여 홀로 살아가는구나)" "녯 나를 닛고신뎌(옛 나를 잊고 계시는가)" "스싀옴 녈셔(제각기 떨어져 살아가는구나)" "니믈 뫼셔 녀곤 오늘낤 嘉俳샷다(님을 모시고 지내야만 오늘이 한가윗날입니다)"와 다름 아니다. 그리고 '님의 부재' 상태에서 화자가 처지를 기대는 비유물이 "별해 브룐 빗 다호라(벼랑에 버린 빗과 같구나)" "져미연 ㅂ롯 다호라(잘게 썰은 보리수 같구나)"처럼 수동적 성향을 띠고 있는 것들이다. 이것은 영업기가 화자로 등장하는 「만전춘별사」에서 춘풍을 비웃고 있는 도화와 잠자러 오는 오리를 기다리는 연못의 모습에서 확인할 수 있는데 기녀를 상징하는 '도화'나 '연못'이 정적인 의미를 띠고 있는 반면 그가 상대하던 님이 '춘풍'이나 '오리'처럼 동적인 성향을 지니는 것도 우연이 아니다. 그리고 약속에 대한 집착을 기녀정서의 또 다른 특징이라 할 수 있는데 이것은 님과의 약속에 전적으로 매달릴 수밖에 없는 그들의 처지와 밀접하다. 偕老同穴을 약속했던 님이 그것을 저버렸을 때 "벼기더니 뉘러시니잇가(「만전춘별사」)" "이러쳐 뎌러쳐 期約이잇가(「이상곡」)" "信잇돈 그츠리잇가(「서경별곡」)"가 약속에 대하여 집착하는 화자의 진술이지만 님은 화자의 집착만큼 약속에 얽매이지 않는다. 남자들의 마음을 설레게 했던 황진이조차 "내 언제 無信ᄒ여 님을 언지 속엿관더 / 月沈 三更에 온 뜻이 전혀 업니 / 秋風에 지는 닙 소리야 낸들 어이 ᄒ리오"[60]로 진술할 정도로 기녀와 그의 상대자가 맺는 약속은 불완전한 상태에서 출발하며 기녀는 약속 파기에 따른 항의도 온전할 수 없었던 처지에 있었다.

기녀정서를 전제로 하여 그 동안 「동동」 연구에서 강세를 띠었던 제의적 접근의 타당성을 검토할 차례이다. 「동동」의 화자가 그리워하는 님은 "노피 현 燈ㅅ불(높이 켠 등불)"이나 "ᄂ미 브롤 즈슬(남이 부러워할 모습)"을 지닌 "綠事"[61]인데 고려시대 관직 편제에서 하급관리에 해당하는 胥吏인 녹사는 '만인을 비추'는 등불이나 '남이 부러워할 모습'과 어울리지 않는다. 그래서 '만인을 비추'거나 '남이 부러워할 모습'과 녹사의 관계가 느슨하기에 "신격을 인격화"[62]시킨 것으로 파악하기도 했다. 하지만 기녀는 공경대부의 처에 해당하는 "감람빛 넓은 허리띠를 차고 채색끈에 금방울을 달고 비단으로 만든 향랑"[63]을 차고 다닐 정도의 사치가 허용된 '사치노예'이기에 "軍士・商賈・衙前 등 豊饒한 妓夫를 잡"[64]아서 사치와 생계를 도모했는데, 기부는 대개 기녀와 "親等한 下賤階級에 나온다"[65]고 한다. 기녀는 관아의 노비안에 포함되어 있으면서 "수령이 보살필 것이 못되"기에 그들 주변에는 "돌보아주는 자"[66] 곧 기부가

---

60) 박을수 편, 『한국시조대사전』 상, 아세아문화사, 1992, 240면.
61) 박용운, 『고려시대 관계 관직 연구』, 고려대출판부, 1997, 25~28면.
62) 박혜숙, 앞의 논문, 94면. 이에 대하여 허남춘 또한 전적으로 동의하고 있다
    (앞의 논문, 166면).
63) 『고려도경』 권20, 귀부, "橄欖勒巾加以采條金鐸 … 佩金香囊."
64) 김동욱, 「이조 기녀사 서설-사대부와 기녀」『아세아여성연구』 5집, 숙명여
    대, 1966, 79면.
65) 위의 논문, 91면.
66) 정약용, 『목민심서』 권4, 이전육조 어중, "妓生雖貧皆有憐者不足恤也."

있었다. 기녀와 기부의 관계를 감안하면 화자에게 녹사는 단어 그대로 '만인을 비추'거나 '남이 부러워할 모습'을 지닌 자이다.67) 이러한 경우는 「동동」 화자에게만 한정된 게 아니라 기녀화자 일반에 적용되는데 "어러주글 만뎡 … 情둔 오놄밤 더듸 새오시라(「만전춘 별사」)"나 "닭아 우지마라 옷 버서 中錢을 듀료"68), 그리고 "어론님 오신 날 밤이여든 구뷔구뷔 펴리라"69)의 화자들에게 님과 함께 있는 밤은 옷을 전당 잡혀 닭에게 주며 '어러주글'을 각오하면서까지 '구뷔구뷔' 펴야 할 시간이기에 그들에게 님은 '만인을 비추'거나 '남이 부러워할 모습'을 지닌 자이다. 결국 기녀와 기부의 관계를 고려하면 녹사를 '신격'으로 이해할 까닭이 없다.

그리고 "별해 브론 빗 다호라"에 대하여 "유두음 혹은 유두연의 풍속은 전해지지만 빗과 관련된 풍속은 없다"70)고 지적하면서 '별해 브론 빗'을 "벼랑에 드리운 무지개 빛"이라 하여 "님을 따르겠다는 추앙"71)으로 이해했는데 이것은 '만인 비추'거나 '남이 부러워할 모습'을 '신격의 인격화'로 읽어낸 것과 무관하지 않다. 하지만 "6월 보름에 동쪽으로 흐르는 물에 머리를 감아 불길한 것을 씻어버리"72)는 풍속이 있었다는 점에서 '빗과 관련된 풍속이 없다'는 주장과 관련한 논의는 재검토돼야 한다. 무엇보다 화자가 자신을 '별해 브론 빗'에 비유한 것은 유두일에 머리를 감고 난 후 버려진 빗의 처지와 동일하다고 생각했기 때문이지 유두일 무지개와는 무관하다. 물론 빗이란 소품이 일회용이 아니기에 '버려진 빗'은 단어 그대로 사용할 수 없는 빗이다. 필요할 때 긴요하게 쓰되 그것이 온전

---

67) 「정석가」의 각 연에 반복되고 있는 '有德하신 님'도 이에 해당한다. 이 책의 '「정석가」와 영업기의 개사 · 편사능력' 참조.
68) 정병욱 편, 『시조문학사전』, 신구문화사, 1966, 148면.
69) 박을수 편, 앞의 책, 361면.
70) 허남춘, 앞의 논문, 102면.
71) 위의 논문, 103면.
72) 홍석모, 『동국세시기』, 이석호 역, 『한국사상대전집』 12, 양우당, 1994, 84면.

히 기능할 수 없거나 마음에 들지 않으면 아무렇게나 버림을 받는 빗이야말로 님의 부재 상태에서 수동적 성향을 띠어야 할 화자의 처지와 다름 아니다. 여기에서 빗이 여성과 친연한 소품이기에 "별해(버린)"의 주체를 여성으로 생각할 수 있겠지만 "일어나 세수하고 머리를 빗고 휘파람 불며 솔문을 나선다"[73]는 이규보의 시를 통해서도 남성용일 가능성을 배제할 수 없다. 머리를 감는 유두일에 버려진 남성용 빗은 화자에게 예사롭게 넘어갈 대상이 아니라 자신의 처지를 온전히 반영할만한 가장 적당한 소품이었던 것이다.

끝으로 12월의 "분디남ᄀᆞ로 갓곤 아으 나ᄉᆞᆯ 盤잇 져다호라 니믜 알ᄑᆡ 드러 얼이노니 소니 가재다 므ᄅᆞᆸ노이다"를 제의적 문맥으로 접근하여 "겨울의 상징인 손의 행위를 들추어냄으로써 손을 驅逐되고, 여름(또는 봄)의 상징인 님이 승리함으로써 서서히 陰(겨울)이 물러나게 되는 상황"[74]으로 파악한다. 물론 이러한 사유는 11월 "봉당 자리예 아으 汗衫 두퍼 누워 슬흘ᄉᆞ라온뎌 고우닐 스싀옴 녈셔"에도 그대로 반영되는데 '고우닐 스싀옴 녈셔'에 대하여 어학자들이 엄연히 "고운 님을 여희고 나 혼자 살아감이여"[75]나 "사랑하는 임을 갈라져 한 사람씩 살아가는구나"[76]로 이해하고 있음에도 불구하고 "고운 이를 기다리며 홀로 살아감이여 라고 '待'의 의미를 부여하고 이때에 고운 이는 태양 혹은 태양의 부활이라 하면 어떨까"[77]라고 이해하고 있는데 이것은 '벼랑에 버린 빗'을 제의적 문맥에 맞춰 '벼랑에 드리운 무지개 빛'으로 견강부회한 것에 불과하다.

하지만 기녀정서를 고려하면 12월연의 "니믜 알ᄑᆡ(님의 앞에)" 저를 놓았는데 난데없이 손님이 "가재다 므ᄅᆞᆸ노이다(가져다 무옵니

---

73) 『동국이상국전집』 권2, 遊家君別業西郊草堂二首, "坐起罷梳沐 長嘯出松扉."
74) 허남춘, 앞의 논문, 121면.
75) 양주동, 앞의 책, 132면.
76) 박병채, 『고려가요의 어석연구』, 3판; 이우출판사, 1978, 120~121면.
77) 허남춘, 앞의 논문, 120면.

다)"의 상황과 화자가 왜 젓가락 재료로 '분디남ㄱ(분디나무)'를 택했는지를 구체적으로 이해할 수 있다. 분디는 '山椒'로 "윤향과에 딸린 갈잎좀나무"78)이지만 "따뜻한 성질과 독특한 향기가 있어서 벽을 칠할 때 넣으면 온기를 더하고 나쁜 냄새를 제거하는 芳香의 효과와 多產을 기원하는 의미로 부인의 방이나 후궁의 처소에 쓰"79)인 재료였다고 한다. 그리고 조선시대 后妃를 "椒寢"80)이라 칭했던 것을 통해서도 분디나무가 '방향과 다산의 기원'과 밀접했다는 것을 알 수 있다. 분디나무로 만든 젓가락은 이런 맥락에서 이해해야 하지만 화자의 이러한 바람에도 불구하고 젓가락을 잡은 사람은 님이 아니라 손님이었다. 화자의 바람에 님이 호응하지 않은 것은 기녀정서 중에서 '약속에 대한 집착'과 연관되어 있는데 「서경별곡」의 화자가 '길쌈베 버리고' '울면서 따르는 일'은 그가 상대했던 님이 '사랑하신다면'이란 전제가 있을 때 가능하듯 님과 기녀의 약속은 전적으로 님에 달려있는 것이다. 기녀화자가 "벼기더니 뉘러시니잇가(「만전춘별사」)" "이러쳐 더러쳐 期約이잇가(「이상곡」)"처럼 약속에 대한 집착을 보이지만 님이 그 약속에 어떠한 반응도 보이지 않는 것은 님과의 약속이 애당초 대등하지 않은 상태에서 맺었기 때문이다. 어찌 보면 분디나무로 만든 젓가락을 님이 붙잡을 것이라는 화자의 믿음은 '信이 끊어지겠습니까'로 진술한 「서경별곡」 화자로 등장하는 방적기의 착각과 동일할 정도로 님은 화자의 바람대로 행동해야 할 아무런 의무감도 지니고 있지 않다. 화자가 님의 부재 상태에서 님을 '만인을 비추'거나 '남이 부러워할 모습'으로 기억하거나 방향과 다산의 기원을 지닌 분디나무로 젓가락을 만든 것은 님과의 재회를 간절히 바라는 화자의 마음과 관련되어 있지만 님은 이에

78) 한글학회, 『우리말 큰사전』, 어문각, 1992, 2127면.
79) 김인숙, 앞의 책, 51면.
80) 『성종실록』 10년 7월 16일.

아랑곳 않고 님과 동행한 손님이 젓가락을 입에 갖다 물고 있는 모습을 연상케 하는 부분이 「동동」의 12월인 것이다.

## 4. 「동동」 통석

德으란 곰비예 받줍고 福으란 림비예 받줍고 德이여 福이라호늘 나
ᅀᅡ라 오소이다 아으動動다리 / 正月ㅅ 나릿 므른 아으 어져 녹져 ᄒ
논디 누릿 가온디 나곤 몸하 ᄒ올로 녈셔 / 二月ㅅ보로매 아으 노피
현 燈ㅅ블 다호라 萬人비취실 즈싀샷다 / 三月나며 開흔 아으 滿春
들욋고지여 ᄂ미 브롤 즈슬 디녀 나샷다 / 四月 아니 니저 아으 오
실셔 곳고리새여 므슴다 錄事니믄 녯나롤 닛고신뎌 / 五月 五日애
아으 수릿날 아춤 藥 은 즈믄힐 長存ᄒ샬 藥이라 받줍노이다 / 六月
ㅅ 보로매 아으 별해 ᄇ론 빗 다호라 도라 보실 니믈 젹곰 좃니노이
다 / 七月ㅅ 보로매 아으 百種 排 ᄒ야 두고 니믈 흔디 녀가져 願八
을 비숩노이다 / 八月ㅅ 보로몬 아으 嘉俳나리마론 니믈 뫼셔 녀곤
오늘낤 嘉俳샷다 / 九月 九日에 아으 藥이라 먹논 黃花고지 안해 드
니 새셔 가만 ᄒ애라 / 十月애 아으 져미연 ᄇ롯 다호라 / 것거 ᄇ리
신 後에 디니실 흔부니 업스샷다 / 十一月ㅅ 봉당 자리예 아으 汗衫
두퍼 누워 슬홀ᄉ라온뎌 고우닐 스싀옴 녈셔 / 十二月ㅅ 분디남ᄀ로
갓곤 아으 나슬 盤잇 져다호라 니믜 알피 드러 얼이노니 소니 가재
다 므르숩노이다(각 연의 '아으 動動다리' 생략)

序聯은 왜구를 물리친 군사들이 그들의 장수였던 유탁을 송도하
려고 붙인 것으로 그 내용도 '덕일랑은 뒷 잔에 바치고 복일랑은 앞
잔에 바친다'[81]로 승리 후에 벌어진 酒宴의 모습을 연상케 한다. 덕
이나 복을 담은 술잔을 바친다는 것에서 유탁을 향한 군사들의 심

---

81) 양주동, 앞의 책, 72~74면.

리상태를 엿볼 수 있다.82)

「동동」의 정월부터 12월까지는 달거리의 유형과 내용을 충분히 따르고 있는데, 그 중에서 정월과 4월, 그리고 11월과 12월의 내용이 달거리와 차이가 있다.83) 달거리에서 정월은 부모봉양이나 님의 부재가 소년들의 踏橋나 玩月을 통해서, 「동동」에서는 홀로 살아가는 화자의 심사가 냇물의 결빙과 해빙을 통해 나타난다. 그리고 달거리에서 4월은 觀燈이란 행사에서 부재자가 벗이나 父親, 그리고 님이지만 「동동」에서는 화자가 불만을 토로하는 대상이 "錄事님"으로 구체적으로 나타난다. 물론 여기서 '녹사'는 고려시대 관직 편제에서 하급관리에 속하는 胥吏로 기녀들이 妓夫로 삼기에 가장 좋은 자들이었다. 그리고 11월의 내용은 지극히 효성스러웠던 王祥과 孟宗에 기대어 부모에 대한 相思의 情인데 비하여 「동동」에서 11월은 한삼 이불을 흙바닥에서 덮고 누워서 슬픔을 태웠다는 진술로 "사랑하는 님을 갈라져 한 사람씩 살아가는구나"84)라는 화자의 처지와 관련되어 있다. 달거리에서 12월은 설날이란 절기를 계기로 부모의 부재나 세월의 덧없음을 주요내용으로 삼고 있지만 「동동」에서 12월은 쟁반의 젓가락을 손님이 입에 문다는 내용이다. 이렇듯 달거리의 형식에 기대면서 내용면에서 동일하지 않은 것은 '달거리→군악→동동'으로 변모하는 과정 곧 특정지역에 국한된 노래를 광범위하게 퍼트린 자는 기녀이며 그 계기는 승전연이었기 때문이다.

「동동」을 통석하기 위해 감안해야 할 것은 '송도'가 아니라 '선어'

---

82) 물론 궁중에서 頌禱의 서연이 첨가됐을 경우 '곰비' '림비'는 '神靈' '임금(남광우, 「고가요에 나타난 난해어에 대하여」 『한글』 126, 한글학회, 1960, 40면.)'일 수 있지만 고려속요의 운반자로서 기녀가 중요한 기능을 했고 그들과 軍旅가 밀접했던 만큼 승전연이란 특별한 현장에서 서연이 부언됐을 가능성도 배제할 수 없다. 이 글의 '2. 고려속요 일반론과 「동동」, 그리고 기녀' 참조.
83) 임기중, 앞의 논문, 390~400 참조.
84) 박병채, 앞의 책, 120~121면.

즉 기녀정서라는 점은 이미 전술한 바 있다. 그리고 「동동」 해석에
서 강세를 띤 제의적 문맥이 과연 타당한지도 살펴보았다. '녹사'를
'신의 인격화'[85] '수릿날 아춤 藥'을 '천상적 존재의 님'[86]으로 혹은
어학자들의 語釋을 무시하면서까지 '별해 브론 빗'을 '벼랑에 드리
운 무지개 빛'[87] '고우닐 스싀옴녈셔'를 '태양의 부활'[88]로 이해한다
고 하더라도 그것이 「동동」의 정월부터 12월까지 일관되게 읽어낼
수 있는 방법론은 아니다. 5월 5일 '수릿날 아춤 약'은 "장존할 약으
로 아침에 익모초와 쑥을 먹는 민속"[89]일 뿐이지 '수릿날'의 어원을
천착하면서 거기에 의미를 부여할 필요가 없다. 노랫말 그대로 '즈
믄 힐 長存ㅎ샬 藥이라 받줍노이다(천 년을 오래 사실 약이기에 바
치옵니다)'로 이해하면 된다. 다만 "모두들 약을 獻上하는데 헌상할
이가 없음을 애달퍼 한 것"[90] 정도로 이해하면 그만이다. 왜냐하면
「동동」의 화자는 과거에 만났던 녹사님의 모습을 '노피 현 燈ㅅ불
(높이 켜 놓은 등불)'이거나 '만춘 둘욋고지(늦봄의 진달래꽃)'에 기
댈 정도로 님의 모습을 'ᄂ미 브롤 즈슬 디녀나셧다(남이 부러워할
모습을 지니고 태어나셨다)'로 생각하고 있지만 현재 님의 부재상태
에서 '수릿날 아춤약'을 바칠 사람이 없기 때문이다. 물론 7월에 '百
種 排ㅎ야두고 니믈 흔디 녀가져 願을 비숩노이다'에서 '님'을 죽은
자로 파악했던 근거에 '百種 排ㅎ'여 '亡魂日'로 삼았던 7월 보름의

---

85) 박혜숙, 앞의 논문, 95면.
86) 허남춘, 「동동의 송도성과 서정성(1)」 『도남학보』 14, 도남학회, 1993, 166
　　면. "수리는 높다(高) 위(上) 또는 신의 뜻이 있어 '높은 날' '신을 모시는
　　날'의 뜻" ; 최용수, 앞의 책, 194면. "님은 천상적 존재의 님"
87) 허남춘, 「동동의 송도성과 서정성(2)」, 103면.
88) 위의 논문, 120면.
89) 임동권, 「동동의 해석」 『고려시대의 가요문학』, 김열규·신동욱 편, 새문
　　사, 1982, Ⅰ-49면.
90) 임기중, 「속 고려가요 동동고」 『한국학연구』 1집, 동국대한국문화연구소,
　　1976, 85면.

민속이 자리잡고 있다.91) 하지만 「동동」을 통석하기 위한 전제가
'선어' 곧 기녀정서를 감안하는 일이고 무엇보다 화자는 관아 소속
의 "비부른 도긔 설진 강수를 비조라(「청산별곡」)"의 주방기나 "질
삼베 버리(「서경별곡」)"는 방적기도 아니고 "금수산 니블"이나 "사
향 각시(「만전춘별사」)"로 나타나는 사치스런 영업기도 아니다. 다
만 9월에 "黃花고지 안해 드니 새셔 가만ᄒᆞ얘라"라는 부분이 '노란
국화가 집안에 드니 새셔가 고요하다'이기에 화자가 기거하는 공간
이 "새셔:茅屋:초가"92)이었고 11월의 "봉당 자리예 아으 汗衫 두퍼
누워"에서 '봉당'이 "토방자리"93)이기에 화자가 있는 공간은 초가이
면서 봉당이 있는 곳이기에 화자를 영업기이되 사치와 거리가 있는
기녀로 파악할 수 있다. 모옥[초가]에서 영업하던 영업기가 『동국세
시기』에 "國俗以中元爲亡魂日 盖以間閭小民是夜月夕 備蔬果酒飯 招
其亡親之魂"으로 나타난 대로 일반 여염집 사람들과 동일하게 저녁
에 채소·과일·술·밥 등을 차려놓고 죽은 어버이의 혼을 부르는
일을 하기보다 남들에게는 망혼일이지만 자신에게는 "임과 함께 살
아가기를 기원"94)했던 날이었던 것이다. 물론 기녀의 풍속에 기대어
보더라도 영업기녀가 '亡親之魂'을 달래는 일을 영업공간에서 할 처
지가 아니라는 것은 자명하다. 이러한 면을 감안하지 않으면 11월의
'봉당 자리예 아으 汗衫 두퍼 누워'와 12월의 '분디남ᄀᆞ로 갓곤 아
으 나술 盤잇 져다호라 니믜 알픠 드러 얼이노니 소니 가재다 므르
ᄉᆞ노이다'의 상황을 온전히 이해할 수 없다.

---

91) 임동권, 앞의 논문, Ⅰ-51면 ; 박병채, 앞의 책, 129면, "저승 偕行의 애상"
    ; 김형규, 『고가주석』, 백영사, 1955, 85면, "이 노래는 백종일에 죽은 님을
    위하여 후세에서라도 만나기를 비는 비원의 노래" ; 전규태, 『고려가요』,
    중판: 정음사, 1979, 44면, "후세에서라도 다시 만나기를" ; 장진호, 앞의 논
    문, 215면, "이별이 없는 임 계신 곳으로 빨리 가고 싶어하는 여인의 禱"
92) 박병채, 앞의 책, 110면.
93) 임동권, 앞의 논문, Ⅰ-54면.
94) 임기중, 앞의 논문, 87면.

「동동」의 화자를 모옥에서 영업하던 영업기로 확정하면 님의 부재 상태에서 님을 만나기 위해 일련의 행위 예컨대 7월 보름 '망혼일'에 '님과 살아가기를 기원'하거나 겨울밤에 '봉당에서 한삼을 덮고 누운 일'95), 그리고 '방향과 다산과 관계하는 분디나무로 젓가락을 만든 일'을 이해할 수 있고 무엇보다 그렇게도 바라던 님이 화자가 있는 초가에 왔기에 '분디나무 젓가락'을 님의 앞에 가지런히 놓아 붙잡기를 바랐지만 님과 동행한 손님이 사용했던 것, 끝으로 화자는 이런 상황에서 아무것도 할 수 없었던 처지를 이해할 수 있다.

---

95) 겨울밤에 온기가 전혀 없는 봉당에서 汗衫 이불을 덮는다는 것은 님을 만나려는 바람이 그만큼 간절했다는 것을 의미한다. 그 이불이 만나고자 하는 '님'과 관계됐던 소품이거나 혹은 무관하더라도 어떤 기원을 하는 경우 그 기원자가 신체적·공간적으로 편안하지 못한 상태에 기원해야 바람을 이룰 수 있다는 게 일반 정서이다.

# 「유구곡」· 새 · 기녀

## 1. 들어가는 글

　『시용향악보』에 수록되어 있는 무가계의 「내당」, 「나례가」, 「성황반」 등과 민요계의 「유구곡」, 「상저가」는 『악장가사』·『악학궤범』에서 발견할 수 없었던 노래들이다. 그래서 『시용향악보』의 발굴은 고려시대 시가론을 풍성케 했다는 평가를 받기에 손색이 없지만 이에 대한 연구는 선편을 잡은 논의[1]를 크게 넘어서지 못하고 있을 정도로 기존의 『악장가사』·『악학궤범』에 수록된 노래에 비해 활발하지 못한 편이다. 「유구곡」도 "버곡댱을 증표삼아 고려 예종의 벌곡조에 비의"[2]한다는 추측 이후 문극겸의 충언을 좇지 않은 의종이 무신란을 당하여 南遷했을 때의 '維鳩驛' 新修經緯와 예종이 「벌곡조」를 지은 계기가 유사하다는 것에 기대어서 '유구곡＝벌곡조'[3]라

---

1) 김동욱, 「시용향악보 가사의 배경적 연구」 『진단학보』 17, 진단학회, 1955 ; 이병기, 「시용향악보의 한 고찰」 『한글』 113호, 한글학회, 1955.
2) 김동욱, 앞의 논문, 118면.
3) 권영철, 「유구곡고」 『어문학』 3집, 한국어문학회, 1955. 김열규·신동욱 편,

는 등식을 완성했고 이것이 학계의 정설로 자리잡았다. 하지만 『동국여지승람』 유구역의 기록을 논거로 삼아 '유구곡=벌곡조'의 증명 과정에 나타났던 오류를 통해 「유구곡」은 「벌곡조」와 무관한 '애정노래'로 지적한 논자도 있었다.4)

이 글은 「유구곡」을 '애정노래'로 규정한 논자를 지지하면서 고려속요에서 남녀상열지사의 중심에 있었던 기녀정서를 통해 노래를 구체적으로 이해하는 것을 목적으로 한다. 이를 위해서는 「유구곡」에 대한 주요논의를 검토하고 민요 중에서 鳥類謠에 나타난 비둘기와 뻐꾸기의 양상, 그리고 이들 조류에 대한 고려시대와 조선시대 사람들의 인식을 살핀 후 그것과 고려속요에 등장하는 기녀화자와의 관계를 통해 노래에 접근할 것이다.

## 2. 주요논의 검토와 「유구곡」·새·기녀

「유구곡」을 둘러싼 주요논의는 의외로 단순하다. 『시용향악보』에 있는 「유구곡」이 『고려사』 악지 속악에 "伐谷鳥之善鳴者也 睿宗欲聞 其過及時政得失 廣開言路 猶恐群下不言 作此歌 以諷諭之也"라는 설명과 동일한 것인지 아닌지에 대한 문제이다. 연구의 초기 단계에서 「유구곡」이 예종이 지은 「벌곡조」와 동일할 가능성이 추정된 후 '유구곡=벌곡조' 등식에 이르렀고 이것을 대부분의 논자가 받아들였다.5) 특히 「유구곡」과 「벌곡조」는 "양자의 명칭에서 뿐만 아니라

---

『고려시대의 가요문학』, 새문사, 1982, 재수록. I-147면.

4) 윤성현, 「유구곡을 다시 생각함」『한국민요학』 4집, 한국민요학회, 1996, 174면.

5) 박성의, 『한국가요문학론과 사』, 집문당, 1974, 219면 ; 전규태, 『고려가요』, 정음사, 1976, 220면 ; 박병채, 『고려가요의 어석연구』, 3판;이우출판사, 1978, 346면 ; 김학성, 『한국고전시가의 연구』, 원광대학교출판국, 1980,

유구역 신수의 의의와 벌곡조 가사 제작의 동기가 서로 방불하여 한층 그 긴밀한 밀도의 도를 제시"6)해 준다고 한다. 게다가 "유구역이란 명칭을 당시 국어의식에서 표기한다면 비두로기역이 될 것"7)이란 지적도 하고 있다. 그에 따라 예종의 「벌곡조」가 「유구곡」과 동일하다는 주장이 「유구곡」 평가에도 영향을 주었는데, "여간 기교나 부리는 시인은커녕 천재인 위대한 시인으로도 쉽사리 지어낼 수 없는 소리"8) "상류적 우아미를 가진 내용의 가사"9) "몇 마디 안 되는 말 속에 千古의 함축미"10) "비둘기와 뻐꾸기가 내는 天然의 울음소리를 공명시킨 秀作"11)으로 평가한 게 그것이다. 물론 이런 평가의 중심에는 작가가 예종이며 창작배경이 언로를 열어 놓고 忠諫을 유도하는 상태였다는 게 자리잡고 있다.

한편 "시상과 운율의 반복성으로 보아 민요로 인정"12)해야 한다거나 노랫말이 "서민들이 관용적으로 구사할 수 있는 초보적 비유에 불과"13)하다는 주장은 「유구곡」을 예종의 「벌곡조」와 무관한 별개의 노래로 파악한 경우들이다. 그리고 '유구곡=벌곡조' 등식의 논거였던 『동국여지승람』 유구역 기사가 「유구곡」과 관계없다는 논의가 있었는데 "유구역 기사가 유구곡은 예종작임을 증명하기보다는 거꾸로 유구곡이 예종작이어야만 유구역 기사가 성립할 수 있"14)다

---

146면 ; 정상균,『한국중세시문학사연구』, 한신문화사, 1986, 59면 ; 박노준,『고려가요의 연구』, 새문사, 1990, 149면 ; 최용수,『고려가요연구』, 계명문화사, 1993, 41면.
6) 권영철, 앞의 논문, 147면.
7) 같은 면.
8) 이병기, 앞의 논문, 26면.
9) 권영철, 앞의 논문, 137면.
10) 박성의, 앞의 책, 292면.
11) 박병채, 앞의 책, 348면.
12) 임동권,『한국민요사』, 5판;집문당, 1986, 207면.
13) 정동화,『한국민요의 사적 연구』, 중판: 일조각, 1997, 270면.
14) 이동근, 「유구곡 재론」『한국고전시가작품론』1, 집문당, 1992, 209면.

는 지적이 그것이다. 이후 이 논의를 윤성현이 구체화시켰는데 그는 유구역 기록과 비득재 전설의 검토를 통해 "이 마을이 일찍부터 비둘기와의 연관 아래 마을 이름이 불리워졌"[15]으며 유구역은 "애초부터 그 이름이 유구역이었고 예종 「벌곡조」와는 상관없이 유구지역에 살았던 문극겸의 간언행적을 기려 간신거국도가 그즈음에 거기에 그려진 것"[16]이라 하였다. 그리고 노랫말에 나타나는 보조사 '논'·'ᅀᅡ'와 어미 '디'·'애'의 기능을 통해서도 예종이 노래의 화자로 등장할 수 없는 여러 정황을 치밀하게 분석하기도 했다.[17] 결국 「유구곡」이 예종과 무관한 경우 "그저 비둘기의 울음보다는 뻐꾸기의 울음소리가 듣기에 더 좋다는 평범한 민중의 심리를 표출"[18]하거나 "남녀간의 애정노래-그것도 불륜으로서의 성격이 짙"[19]은 노래로 판단할 수 있었던 것이다.

「유구곡」을 둘러싼 이러한 문제는 노래의 해석에서도 마찬가지이다.

    ㉠『시용향악보』「유구곡」
      비두로기새는
      비두로기새는
      우루믈 우루디
      버곡댱이ᅀᅡ 난 됴해
      버곡댱이ᅀᅡ 난 됴해

    ㉡ 권영철 해석
      비둘기 새는

---

15) 윤성현, 앞의 논문, 156면.
16) 위의 논문, 153면.
17) 윤성현, 「유구곡의 구조와 미학의 본질」『한국시가연구』 3집, 한국시가학회, 1998, 261~265면.
18) 이동근, 앞의 논문, 214면.
19) 윤성현, 「유구곡을 다시 생각함」, 174면.

울음을 (아주 좋게)울지마는
(그것 보담은 저 숲속에서 절실히도 울어주는)
뻐꾹새야말로 나는 (더욱 더) 좋도다


ⓒ 윤성현 해석
비둘기새는
울음을 우는데,
(그 울음의 내용인즉슨) "뻐꾸기가 난 좋아라"


㉠은 『시용향악보』에 있는 「유구곡」의 전문이고 ㉡은 예종이 "뭇 신하들이 상언하지 않을까 두려워하여 이 노래를 지어 풍유(猶恐群下不言 作此歌 以諷諭之也)"한 것을 감안한 해석이다. 그래서 화자인 '난'은 예종이고 "비둘기는 그 당시의 권력있는 신하", 뻐꾹새는 "忠諫의 人士로 비유"[20]된 셈이다. 「벌곡조」의 창작배경을 감안하면 이러한 해석은 타당하지만 「벌곡조」와 「유구곡」이 동일한 노래가 아니라는 입장에서는 노래의 해석을 ⓒ과 같이 제시한다. 『동국여지승람』 유구역 기록과 「벌곡조」의 기록이 아무런 관계가 없다는 것을 증명한 논의는 노랫말 안에서도 화자인 '나'가 예종일 수 없다는 점을 지적한다. ㉡처럼 비둘기와 뻐꾸기를 비교하는 경우 'A는 좋지만 B야말로 더 좋다'라는 구문은 어색하며 차라리 'A도 좋지만 B야말로 더 좋다' 혹은 'A가 좋지만 (나는) B가 더 좋다'이어야 바른 표현이라는 것이다. 이것은 비교문장에서 당연히 사용해야 할 조사 'ㅣ' 또는 '도' 대신에 한정적이고 배타적인 기능을 하는 '는'의 쓰임에 주목한 결과이다.[21] 그리고 '우루디'는 '울지만'이 아니라 바로

---

20) 권영철, 앞의 논문, 152면.
21) 윤성현, 「유구곡의 구조와 미학의 본질」, 261~262면. "철수가 밥을 먹는다의 의미와 철수는 밥을 먹는다의 의미가 같을 수 없다. 앞쪽이 다른 이들의 행동거지 여하를 문제삼지 않는데 반해, 뒤쪽은 다른 이들의 그것과는 구별되는 어떤 행위로서의 의미가 한정 보조사 '는'에 내포되어 있기 때문이

뒤의 인용절을 받아 연결해주는 기능을 하기에 '난 좋아라'의 주체
는 '비둘기'라는 것이다. 오랫동안 정설로 자리잡고 있던 벌곡조＝유
구곡의 등식과 그 해석이었던 ㉡이 작품 안팎의 논거를 통해 ㉢으
로 거듭남에 따라 비둘기는 "약자 이미지"[22], 뻐꾸기는 "남성적인
이미지"[23]이기에 「유구곡」을 '남녀간의 애정노래'인 남녀상열지사
로 규정지을 수 있었던 것이다.

　이제는 민요 중에서 '鳥類謠'[24]에 나타나는 비둘기와 뻐꾸기의 양
상을 살필 차례이다. 「유구곡」에 등장하는 비둘기와 뻐꾸기가 지닌
이미지가 그들만의 특징과 관계하고 있는지 아닌지를 살피기 위해
서는 다른 조류들의 이미지에 대하여 먼저 언급해야 할 것이다. 먼
저 우리가 흔히 발견할 수 있는 까치는 "까치야 까치야 / 너는헌니
가지고 / 나는 새이다-고(어린애들이 이갈 때 헌이를 지붕에 던지
며)"나 "까치야 까치야 / 내눈에 티내라 / 안네주면 네새끼 / 발기발
기 찢겠다 / 튀에튀에 튀에-(눈에 티가 들어갔을 때 손으로 부비며
맨나중에 '튀에'라고 침을 연해 세 번 뱉는다)"처럼 의료행위와 관
계하고 있다. 그리고 닭은 "닭아닭아 꼬꼬닭아 / 경홀하게 우지마라
/ 우리할바 기일이다 / 우리할바 제잡술 때 / 네가울어 날이새면 / 고
양진미 만반진수 / 못잡숫고 행하신다"나 "닭아닭아 우지마라 / 시
쌀애기 너를주마 / 개야개야 짖지마라 / 받은밥상 너를주마"으로 나
타나는데 이는 시간을 알리던 닭의 특성에서 비롯된 것이다. "기러
가 기러가 / 네새끼 등뒤에 / 범따라 간다 / 기러가 기러가 / 앞선놈

---

　다. 또 이 '는'을 쓸 경우는 관심의 초점이 서술부에 집중되어, 주부에 초점
　이 맞춰지는 'ㅣ'의 경우와 구별된다. 따라서 기존의 논의처럼 비둘기와 뻐
　꾸기를 단순 비교하는 구문이 될 수 없다."
22) 윤성현, 「유구곡을 다시 생각함」, 166면.
23) 위의 논문, 168면.
24) '조류요'라는 명칭은 임동권, 『한국민요집』, 집문당, 1979에 의거함. 이 글
　에서 전적을 밝히지 않은 민요도 이 책에 따름.

은 뒤에서고 / 뒤선놈은 앞서라"와 "기럭아 기럭아 / 앞에놈은 양반 / 뒤에놈은 쌍놈 / 가운데놈은 탕(기러기 보고 총놓을 시늉을 하며)"의 기러기나 "황새야 뱁새야 / 앞에가는놈 양반 / 뒤에가는놈 쌍놈(황새 나라가는 것을 보고)"의 황새는 무리지어 나는 새의 특성과 관계하고 있다. 물론 황새의 모습과 관련한 "황새다린 길-고 / 참새다린 짧-다"나 "황새야 독새야 / 네목아지 길고 / 내목아지 짧다"는 노래도 있다. 부엉이는 "양슥읍다 부-엉 / 내일모래 장이다 / 걱정말고 있거라"나 "떡해먹자 부-엉 / 양식없다 부-엉/걱정말게 부-엉 / 꿔다하지 부-엉/언제갚게 부-엉 / 갈(가을)에갚지 부-엉(부엉새 우름 흉내며)"처럼 나타나는데 이는 부엉이의 울음을 배고픔과 연계시킨 것이다. 그리고 "비리고배리고 건너집 / 김첨지네 갔더니 / 콩한쪽 안주더라 / 비리고배리고"나 "붓뚜막에 콩한알 / 흘렀기로 먹었드니 / 비리기두 비리다 / 지리기두 지리다(장때끝에 앉어 조잘거리는 제비를 보고)"의 제비는 그 울음소리가 마치 날 콩을 먹었을 때의 '비린' 맛을 연상케 하는 단어와 유사하기 때문이다. 이렇듯 각각의 새들은 나름대로의 이미지를 지니고 있다. 까치와 의료, 닭과 시간, 기러기 · 황새와 무리짓는 습성, 부엉이와 배고픔, 제비와 콩의 '비린' 맛이 유기적으로 결합하고 있는 것이다.

　비둘기는 "구국구국 구국구국 / 기집죽구 구국구국 / 망근팔어 영장하고 / 자식죽구 구국구국 / 갓마자팔어 영장하구 / 팔월추석 성묘날은 / 무엇팔어 성묘하나 / 구국구국 구국구국"이나 "서울이라 왕대밭에 / 금비둘기 알을낳아 / 갖고자는 저선비는 / 아들애기 놓가들랑 / … / 경상감사 매련하소" 그리고 "비둘기 한쌍이 / 정이나 들때는 / 늙은총각이 한탄을한다"와 "뒷동산 잔솔밭에 / 솔솔기는 저포수야 / 다른짐승 다잡아도 / 암비둘기 잡지마오 / 간밤에라 너와같은 / 임을잃고 잔솔밭에 / 솔솔솔 기노라"처럼 다른 조류에 비해 다양한 경우와 관계하고 있다. '망근[網巾]'이나 '갓'마저 팔아야만 아내와 자식을 '영장[安葬·永葬]'할 정도로 궁핍한 상태를 비둘기의 울음 '구국구국'과 연계시킨 노래나 구할 수 없는 금비둘기 알은 행운으로, 그리고 새타령에 등장하는 여러 새들 중에서 "콩한줌을 흩어주니 / 숫놈은물어 암놈을주고 / 암놈은물어 수놈을주며 / 주홍같은 입을대고 / 궁글궁글 울음운다"[25]로 나타는 것처럼 비둘기는 '늙은 총각이 한탄'을 할 정도로 금슬이 좋은 것을 상징하기도 한다. 그래서 암수를 구별할 수 없는 거리에 비둘기 한 마리가 있는 경우에 님을 잃은 '암비둘기'로 판단하는 것도 비둘기와 금슬의 관계에서 비롯된 것이다.

한편 뻐꾸기가 등장하는 민요는 의외로 적다. "계집죽고 자식죽고 / 망근팔아 장사하고 / 뻐꾹뻐꾹 뻐꾹새야 / 숲에숨은 뻐꾹영감 / 짚신팔아 술사먹고 / 목이말라 못다우나 / 뻐꾹소리 왜그치노"에서 뻐꾸기는 처와 자식을 葬事지내기 위해 망근[網巾]을 팔아야 할 정도로 궁핍한 상태와 관계하고 있다는 점에서 비둘기의 경우와 동일하다. 하지만 '팔월추석 성묘날은 / 무엇팔어 성묘하나(비둘기)'와 '짚신팔아 술사먹고 / 목이말라 못다우나(뻐꾸기)'로 나타나는 이유는 비둘기가 '숫놈은물어 암놈을주고 / 암놈은물어 수놈을주'는 암수의 금슬과 관계한 새이고 뻐꾸기는 금슬과 무관한 새로 인식됐기 때문이다. 그리고 비둘기의 경우 죽은 자의 혼이 "산비둘기 잡지마라 / 그비둘기 그리봐도 / 너의부모 넋이로다"처럼 금슬이 좋았던 부모로 나타나지만 뻐꾸기의 경우는 "낙랑장송 늘어진가지 / 앉아우는 저버궁새는 / 우리님죽은 너혼인가 / 너무님보고는 시침을따고 / 나만보면은 원정을하는구나"라는 민요처럼 죽은 님의 혼이 깃든 새와 연계되어 있다.

비둘기와 뻐꾸기에 대한 고려와 조선 사람들의 인식을 살피면, 먼저 고려시대의 비둘기는 주로 관상용과 관계하고 있는데 "각 마을

---

25) 임동권, 『한국의 민요』, 일지사, 1980, 255면.

에서 비둘기와 매를 기르지 못하게 했는데 이는 관직을 가진 자는 그것으로 하여 공무를 폐하고 관직이 없는 자는 그것으로 하여 송사를 일으키”26)거나 “궁중에서 비둘기 수백 마리를 기르면서 그 새장을 만드는 비용으로 포 1천 필과 사료로 매월 곡식 12석씩을 주었”27)을 정도로 궁중 안팎에서 관료나 일반인들이 비둘기를 기르는 일에 관심이 많았다. 반면 조선시대에는 비둘기가 궁중에 있는 경우 “듣건대 궁전 옥상에 비둘기 소리가 있다 합니다. 비둘기의 사특한 것도 불가하거늘 하물며 궁중이겠습니까? 청컨대 이를 제거하소서”28)라고 간언하는 신하를 통해 비둘기를 ‘사특’한 조류로 파악하고 있었던 것을 알 수 있다. 비둘기를 부정적인 조류로 여긴 것은 유득공이 “암수가 서로 혀를 빠는 까닭에 비둘기의 성품을 음란하다”29)고 말한 것이나 “아, 비둘기여 / 뽕나무 오디를 먹지마라 / 아, 여자여 / 남자와 더불어 즐기지 마라(于嗟鳩兮 無食桑葚 于嗟女兮 士之耽兮)”는 『시경』衛風 氓에 대하여 朱子가 “부인이 버림을 받은 뒤에 스스로 부끄러워하고 뉘우친 말(婦人被棄之後 深自愧悔之辭)”로 이해한 것을 통해서도 그러한 사정을 알 수 있다. 그리고 이도령과 춘향의 첫날밤 장면에 “귓밥도 쪽쪽 빨며 입술도 쪽쪽 빨면서 朱紅같은 혀를 물고, 오색단청 순금장 안에 雙去雙來 비둘기같이 꾹꿍 꿍꿍 으홍거”30)리는 부분도 ‘암수가 서로 혀를 빠는 까닭에 비둘기를 음란하’거나 ‘사특’한 조류로 인식할만한 것이다. 한편 뻐꾸기의 경우 그것과 직접 연계되는 고려시대 사람들의 자료를 찾을 수 없

---

26) 『고려사』 권22, 세가22 고종 14년, “閭里養鵓鴿鷹鷂 以有職者廢公務 無職者起爭訟也.”

27) 『고려사』 권41, 세가41 공민왕 17년, “養鳩宮中數百作籠費布一千匹飼穀月十二斛.”

28) 『중종실록』 4년 1월 26일.

29) 유득공, 「발합경」, 정민, 『한시 속의 새 그림 속의 새』 둘째권, 효형출판, 2003, 105면. 재인용.

30) 구자균 교주, 『춘향전』, 보성문화사, 1978, 81면.

지만 조선시대 사람들의 인식을 통해 그 일단을 엿볼 수 있다. 軍資
判官 曹彙가 상소하는 내용에 "아비가 비록 사랑하는 것이 고르지
못하여 혹시 뻐꾸기[鳲鳩]만 못하더라도"31)라는 표현이 있는데 여기
에서 뻐꾸기는 자식 사랑과 거리가 있는 새로 등장한다.

　지금까지 비둘기와 뻐꾸기가 민요에 어떤 양상으로 나타났으며
고려시대 사람들과 조선시대 사람들이 이들 조류에 대한 인식이 어
떠했는가를 살펴보았다. 이제는 비둘기와 뻐꾸기에 대한 이러한 특
성이 기녀정서와 얼마나 친연한지를 밝혀 「유구곡」의 화자를 이해
할 차례이다. 먼저 고려속요 중에서 기녀화자가 선명하게 드러나는
노래로 「만전춘별사」가 있는데 여기서 화자는 '금수산 니블' '사향'
등의 사치스런 소품을 동원하여 영업을 하던 기녀이다.32) 특히 "桃
花는 시름업서 笑春風ㅎ느다"와 "올하 올하 아련 비올하 여흘랑 어
듸두고 소에 자라 온다"라는 부분에서 이를 확인할 수 있다. '도화'
와 '소(연못)'은 기녀화자의 또 다른 모습이고 '춘풍'과 '아련 비올하'
는 화자를 '耿耿孤枕上'에 있게 했던 비유물이다. 그리고 화자와 화
자를 불만족스럽게 만든 비유물이 각각 靜과 動이라는 특성을 지닌
다.33) 화자의 처지를 가리키는 도화와 연못은 이동이 불가능한 수동
적인 성향을 지닌 반면 춘풍과 오리는 어디든 갈 수 있는 능동적 성
향을 띤다. 그리고 화자의 처지가 수동적 성향을 띠는 게 '기녀언술
의 핵심'34)이란 점은 다른 고려속요 「동동」에서도 확인할 수 있다.
화자의 처지를 나타내는 '벼랑에 버린 빗' '저며 놓은 고로쇠 나무'
'소반의 저' 등은 철저히 수동적 성향의 소재들이다. 소재적인 면과

---

31) 『세종실록』 31년 5월 28일.
32) 이 책의 '「만전춘별사」와 영업기' 참조.
33) 성현경, 「만전춘별사의 구조」 『고려시대의 언어와 문학』, 한국어문학회 편,
　　형설출판사, 1975, 377면.
34) 신은경, 「조선조 여성텍스트에 대한 페미니즘적 조명(2)」 『페미니즘과 문
　　학비평』, 고려원, 1994, 81면.

함께 화자의 태도도 이에 해당하는데 님이 '사랑해주신다면'이란 전제가 확보되어야 '길쌈베 버리고 울며 쫓겠'다는거나 떠나는 님을 직접 나서서 붙잡지 않고 뱃사공을 향해 뜬금없이 '네 각시 바람났다(「서경별곡」)'고 우회적으로 진술하는 것도 기녀화자의 수동적 성향과 관계있는 것이다. 하지만 수동적 성향은 그 자체에서만 머물고 있는 게 아니라 '님'에 대한 연모를 표현하는 경우에는 노골적일 정도로 '강한 相思心'을 지닌다고 한다.35) "님과 나와 어러주글"지언정 "情둔 오눐밤 더듸 새"기를 바라면서 "錦繡山 니블 안해 麝香 각시를 아나 누어 藥든 가슴을 맛(「만전춘별사」)"추자거나 "긔 잔 디 ᄀ티 덦거츠니 업다(「쌍화점」)", 그리고 "분디남ᄀᆫ로 갓곤(「동동」)"36) 젓가락을 님 앞에 놓는 일 등에서 이를 확인할 수 있다. 기녀화자를 가리키는 단어들이 수동적 성향을 지니되 '이성'을 그리워하거나 혹은 이성을 만났을 때 그들이 애정을 적극적으로 표현했는데 이것은 '정든 님이 오셨는데 행주치마 입에 물고 입만 방긋'하거나 혹은 "은촛대에 불을 켜고 / 연지곤지 고운얼굴 / 이리보고 저리보고 / 밤새도록 마주보자"37)는 민요의 화자가 점잖게 앉아 있는 것과 커다란 차이가 있다. 그러나 화자의 파격적인 애정공세에도 불구하고 그녀가 상대했던 '님'에게 '情둔 오눐밤'은 단어 그대로 오늘밤 이상일

---

35) 위의 논문, 82면. "혹 일찍 님(남편)과 이별하고 모성성을 확인할 기회마저 상실한 여성의 경우라면, 2차적 결여의 심리상태가 기녀의 경우와 흡사하게 언술될 가능성이 크다. … 양반이라는 신분적 요인으로 인해 이성에 대한 연모를 노골적으로 표현하지 않는다"

36) 분디나무는 '방향과 다산을 기원'하는 재료였는데 "따뜻한 성질과 독특한 향기가 있어서 벽을 칠할 때 넣으면 온기를 더하고 나쁜 냄새를 제거하는 芳香의 효과와 多産을 기원하는 의미로 부인의 방이나 후궁의 처소에 쓰(김인숙, 『중국 중세 사대부와 술·약 그리고 여자』, 서경문화사, 1998, 51면)"거나 조선시대 后妃를 "椒寢"(『성종실록』 10년 7월 16일)이라 칭했던 것을 통해서도 이를 알 수 있다. 동동 화자가 분디나무로 젓가락을 직접 만든 것은 님의 사랑을 구하기 위한 적극적 행동이었던 셈이다.

37) 임동권, 『여성과 민요』, 집문당, 1984, 50면.

수 없다. '님'은 화자가 싫으면 언제든 떠날 수 있지만 화자는 떠나
는 님을 막거나 쫓을 수 없는 처지에 있었던 게 현실이었다. 그래서
기녀화자가 '情둔 오늣밤'에 님과 맺은 약속에 대하여 "벼기더니 뉘
러시니잇가(어긴 사람이 누구입니까:「만전춘별사」)" "이러쳐 더러쳐
期約이잇가(이렇게 저렇게 하는 기약입니까:「이상곡」)"처럼 집착을
하지만 '님'은 약속한 것조차 기억하지 못하는 게 일반적이다.[38]

　기녀화자의 태도나 소재가 이러한 경향을 띠거나 그들이 상대했
던 '님'이 약속에 전혀 관심을 두지 않았던 것은 기녀를 흔히 '사치
노예'[39) '公家之物'[40) '解語花'[41] 등으로 부르는 일과 밀접하다. 기
녀를 官妓와 私妓로 나누는데 관기는 궁중 연회에 참가하던 敎坊妓
와 지방관아에 있던 地方妓가 있고 사기는 자유롭게 영업활동을 하
던 기녀이다. 특히 "서울의 무당과 관비 중에서 가무를 잘하는 자를
뽑았다"[42]는 것이 고려속요의 가창자나 운반자를 기녀 곧 관기로
파악케 하는 기록이란 점에서 그들이 궁중으로 들어오기 전에 어떠
한 위치에 있었는지를 고려해야 고려속요에 나타나는 기녀화자를
온전히 이해할 수 있을 것이다. 먼저 그들이 奴婢案에 등재되어 있
었지만 그들에게 "감람빛 넓은 허리띠를 차고 채색끈에 금방울을
달"고 "비단으로 만든 향랑"[43]을 차고 다닐 수 있을 정도의 사치가
허용되었다는 점에서 기녀를 '사치노예'로 규정한 것은 타당하다.
그러나 "수령이 보살필 것이 못되는" 처지였기에 그들을 "돌보아 주
는 자"[44]인 妓夫가 있어야 했다. 기녀들은 "軍士·商賈·衙前 등 풍

---

38) 이 책의 '고려속요 연구방법 서설', '「서경별곡」과 방적기' 참조.
39) 김동욱, 「이조 기녀사 서설-사대부와 기녀」『아세아여성연구』5집, 숙명여
　　대, 1966, 116면.
40) 김용숙, 『한국여속사』, 민음사, 1989, 243면.
41) 이능화, 『조선해어화사』, 이재곤 옮김, 동문선, 1992, 7면.
42) 『고려사』권125, 열전38 오잠, "選京都巫及官婢善歌舞者."
43) 『고려도경』권20, 귀부, "橄欖勒巾加以采條金鐸 … 佩金香囊."
44) 정약용, 『목민심서』권4, 이전육조 어중, "妓生雖貧皆有憐者不足恤也."

요한 기부를 잡"[45]아서 그들의 사치와 생계를 도모했는데, 특히 기부는 기녀와 "親等한 下層階級에 나온다"[46]고 한다. 그런데 기녀와 기부는 一妓多夫의 관계에 있었는데 예컨대 "창기는 본디 사족의 부녀와 다르니 그 지아비를 물어보면 아무리 많더라도 다 열거하여 고백하는 것이 창기에 있어 크게 통하는 일"이라 하며 "울며 여읜 낭군 머지않아 돌아오련만 화장 다시 하고 다른 님 기다리네"라는 古詩에 대하여 "기부가 많음이 기괴한 것이 없다"[47]는 연산군의 설명을 통해서도 기녀와 기부가 一妓多夫의 관계에 있었던 것을 알 수 있다. 그래서 일기다부는 기녀의 사치와 생계를 위한 어쩔 수 없는 방편이었기에 기녀화자를 가리키는 비유물이나 화자의 발화태도가 수동적 성향을 띠면서도 한편으로 노골적으로 애정표현을 했던 것은 그들을 사치노예·공가지물·해어화로 부르는 것과 관계가 깊은 것이다.

기녀화자의 이러한 특성은 비둘기나 뻐꾸기 중에서 비둘기에 좀 더 가깝다. 민요에서처럼 "다른짐승 다잡아도 / 암비둘기 잡지마오 / 간밤에라 너와같은 / 임을잃"은 비둘기가 혼자 등장한 경우 '암비둘기'이고 암수가 살아있을 경우 유득공이 "암수가 서로 혀를 빠는 까닭에 비둘기의 성품을 음란하다"고 언급한 것처럼 민요에서 "주홍같은 입을대고 / 궁글궁글 울음"을 울어 '늙은 총각이 한탄'을 할 정도로 애정표현이 적극적인 새였기에 『왕조실록』에 '사특'한 새로 나타났던 것이다. 이는 곧 고려속요에서 남녀간의 애정표현과 관련한 노래를 남녀상열지사라 평가한 것과 무관하지 않다. "그 잔디ㄱ티 덦거츠니 업다(그 잠 잔 데 같이 지저분한 게 없다)"는 표현이 있는 「쌍화점」에 대하여 "윤리를 해치는 내용으로 차마 들을 수 없으니

---

45) 김동욱, 「이조 기녀사 서설-사대부와 기녀」, 79면.
46) 위의 논문, 91면.
47) 『연산군일기』 11년 1월 13일, "妓夫之多無怪矣."

공자가 다시 나타나도 그대로 내버려둘지 알 수 없다"[48]고 지적한
것이나 "남녀가 서로 좋아하는 가사는 不正하다"[49]고 전교한 중종
을 통해서도 이를 확인할 수 있다. 그리고 비둘기의 적극적 애정표
현은 그들을 금슬이 좋은 새로 판단케 하는데 이는 궁핍한 상태에
서도 죽은 자식과 아내에 대해 "팔월추석 성묘날은 / 무엇팔어 성묘
하나"에서 확인할 수 있다. 한편 뻐꾸기가 혼자 등장하는 경우 "앉
아우는 저버궁새는 / 우리님죽은 너혼"이 깃든 '수뻐꾸기'이고 궁핍
한 상태와 관계하면 "계집죽고 자식죽고 / 망근팔아 장사하고 / … /
숲에숨은 뻐꾹영감 / 짚신팔아 술사먹고"처럼 비둘기와 동일한 듯하
지만 '성묘'를 운운하기보다 '짚신팔아 술사먹'을 정도로 금슬과 무
관한 새이다. 게다가 "아비가 비록 사랑하는 것이 고르지 못하여 혹
시 뻐꾸기[鳲鳩]만 못하"다처럼 자식조차 돌보지 않는 새로 여겼던
것을 알 수 있다. 뻐꾸기에 대한 이러한 인식은 이 새의 탁란 습성
을 감안하면 너무나 정확한 판단이다. 뻐꾸기는 자기가 직접 둥지를
틀지 않고 전적으로 다른 새둥지에 몰래 알을 낳고 난후 알을 품거
나 기르는 일을 다른 새에 의존한다고 한다.[50]

　결국 비둘기는 대체로 암컷으로 나타나며 '암수가 서로 혀를 빠'
는 – 적극적으로 애정을 표현하는 – 새이면서 죽은 처에 대하여 '성
묘'를 운운하며 – 과거의 약속에 집착하려는 듯 – 금슬 좋았던 것을
기억한다. 반면에 뻐꾸기는 수컷으로 나타나며 '자식조차 돌보지 않
는 아비'이면서 '성묘'는커녕 '술 사먹'을 정도로 책임감이 전혀 없
는 – 약속한 것조차 잊어버리는 – 새로 비유되었다는 점에서 전자를
기녀로 후자를 기녀가 상대했던 '님'으로 생각할 수 있다. 비둘기를
'약자 이미지' 뻐꾸기를 '남성적인 이미지'로 파악한 논의가 있었지

---

48) 주세붕, 『무릉집』 권5, 답황학정중거, "其淫褻敗理 至有不忍聞者 設使夫子
　　復生 其不在所放乎 吾不可知也."
49) 『중종실록』 4년 9월 29일.
50) 윤무부, 『한국의 철새』, 7쇄; 대원사, 2000, 47면.

만 이를 좀더 진전시켜 비둘기를 기녀로, 그리고 뻐꾸기를 기녀와 불가분의 관계에 있던 妓夫로 확정할 수 있다. 물론 특정지역의 민요가 보편성을 획득한 후 궁중으로 들어오는데 이것의 운반이나 가창을 담당했던 자가 기녀였다는 점과 고려속요 중에서 기녀정서를 중심으로 이해하면 기존의 해석보다 좀더 구체성을 띨 수 있다는 점에서 비둘기와 뻐꾸기가 지시하는 바를 이와 같이 지적할 수 있는 것이다.

## 3. 「유구곡」 통석

비둘기는
울음을 우는데,
(그 울음의 내용인즉슨) "뻐꾸기가 난 좋아"

통석에 앞서 『시용향악보』 소재의 노래들이 "歌詞只錄第一章 其餘見歌詞冊 他樂倣此"이란 기록과 관계하고 있다는 점을 감안해야 한다. 「청산별곡」, 「쌍화점」, 「서경별곡」 등의 노래가 전편이 아닌 일부분이 수록돼 있는 것처럼 「유구곡」도 우리가 지금 확인할 수 있는 것보다 긴 노래로 판단해야 한다. 그리고 「유구곡」 전편은 「쌍화점」처럼 매연이 동일할 정도로 특정 공간과 그 곳에 있음직한 사람만 바뀌고 나머지가 동일하거나 「청산별곡」이나 「서경별곡」처럼 각 연의 시상이 유기적으로 전개되는 경우가 있을 수 있다. 그런데 「유구곡」이 「벌곡조」와 관계없고 노랫말에서 보조사 '는'·'사'와 어미 '디'·'애'의 기능과 의미를 감안하여 "A는 ~하는데 (내용인즉슨) 'B가 난 좋아'라"가 노래의 기본 구조라면, 「쌍화점」의 반복 구조처럼 A와 B라는 조류만 각 연마다 바뀌기보다는 「청산별곡」의 구조처럼 각 연마다 동일한 화자가 등장하는 구조이어야 한다.[51] 왜냐하면 앞에서 '조류요'를 검토한 것에 따르면 기녀정서를 반영하는 데에 비둘기만한 새가 없다 할 때 A와 B라는 조류만 바뀌면서 '좋아한다'는 진술이 반복되는 경우보다는 기부에 대한 최적의 비유물인 뻐꾸기가 등장한다는 점에서 비둘기라는 화자가 각 연에 등장하여 시상을 전개하는 후자의 경우일 가능성이 훨씬 크기 때문이다. 그리고 현전하는 「유구곡」의 앞이나 뒤에 몇 개의 연이 더 있을 것이란 추정은 '는'의 쓰임을 통해 가능한데, 예컨대 '옛날에 호랑이가 살았는데 그 호랑이는 발톱이 없었대요'라는 문장에서 '가'와 '는'의 위치가 바뀠을 때 일반적 표현이 아닌 것처럼 「유구곡」의 앞에 '호랑이가 살았는데'와 같이 동일한 기능을 하는 '비둘기새가 ~~'한다는 진술이 있음직하기 때문이다. 이처럼 '는'은 이미 알고 있는 것을 전제한 상태에서 온전히 기능한다는 점을 감안하면 현전하는 「유구곡」 앞에 비둘기 화자와 관련한 어떤 내용이 있어야 할 것이다.

앞에 비둘기 화자와 관련한 내용이 있다고 할 때 그것이 생략된 상태에서 현전하는 「유구곡」을 이해하는 길은 불가능한 것 같기도 하다. 하지만 조류요에 나타난 비둘기와 뻐꾸기, 그리고 이들 조류에 대한 고려와 조선시대 사람들의 인식을 통해 비둘기와 뻐꾸기가 의미하는 바가 각각 기녀와 기부일 가능성이 크다는 점에서 현전하는 「유구곡」이나마 이해할 수 있다. 무엇보다 화자로 등장하는 비둘기를 기녀로 파악한 후, 기녀와 기부의 관계를 一妓一夫와 함께 一妓多夫의 형태도 있었다는 점과 기부는 기녀와 비슷한 하층계급의 출신이 대부분이었다는 점을 감안하면 비둘기가 자신이 속해있는 同種의 비둘기를 멀리하고 뜬금없이 異種의 뻐꾸기가 좋다고 진술

---

51) 이동근, 앞의 논문, 212면. 「유구곡」을 "나는 뻐꾸기를 좋아하고, 소나무를 좋아하고, 고량주를 좋아한다는 식의 작품구조를 가졌으리라 생각"하는 것은 「쌍화점」의 반복구조로 이해한 경우다.

하는 「유구곡」은 자신의 계급과 비슷한 기부가 아니라 이종 즉 자신보다 나은 계층의 기부가 좋다고 진술하는 것으로 이해해야 한다. ‘親等한 下層階級’ 출신의 기부가 아니라 그들보다 좀더 풍요한 ‘軍士·商賈·衙前’ 혹은 상층계층의 기부가 좋다는 것인데 상층계층의 기부를 잡는 경우에는 妓案에서 벗어날 수도 있기 때문이다.

결국 금슬이 좋은 새로 나타나는 비둘기가 동종간의 금슬을 멀리한 채 이종의 새가 좋다고 하는 진술은 사치와 생계를 위한 방편으로 기녀들이 일기다부의 관계에 있었다는 점에서 「유구곡」을 기녀 정서의 또 다른 모습과 관련된 노래로 판단할 수 있다.

# 「사모곡」과 기녀정서의 한 양상

## 1. 들어가는 글

호미와 낫의 날을 대비시켜 아버지의 사랑보다 어머니의 사랑이 더 깊다는 진술로 구성된 「사모곡」은 이해하기 힘든 노래가 아니다. 해독하기 힘든 난해어도 없고 게다가 「목주」라는 효녀설화가 「사모곡」의 창작배경일 가능성 또한 배제할 수 없다. 노랫말만 전하는 「사모곡」과 창작배경만 전하는 「목주」와의 관계를 '목주=사모곡'으로 설정하는 경우 「사모곡」을 더욱 명확히 이해할 수 있다. 이러한 등식을 인정하여 효녀의 입장에서 노래를 이해했던 게 그간의 사정이었다.

하지만 어버이에 대한 사랑이 특정한 부류에게만 한정된 게 아니란 점과 고려속요의 운반자나 개사·편사자로 기녀가 기능했던 점을 감안하면 「사모곡」에서 기녀정서의 한 양상을 읽어낼 수도 있다. 무엇보다도 기녀는 노래의 운반자나 개사·편사자이면서 동시에 그것의 특수한 수용자층이기도 했던 것이다.

## 2. 주요 논의 검토와 가요 수용자층으로서의 기녀

일찍이 "이 木州는 지금 충남 天安郡 木川이며 木川邑誌(大麓誌 安鼎福 抄)에도 이 가사가 실려 있고, 지방의 부녀들이 이 노래를 구전하여 불러왔을 것이다. 따라서 이 사모곡은 木州歌의 별칭이었고 틀림없는 신라시대의 작품"[1]으로 이해하여 '목주=사모곡'의 관계를 설정했는데 이것이 학계의 통설이었다.[2] 노래가 창작될 당시에는 '목주가'였다가 민요화 시대에 이르러 '엇노리'로 그리고 한자어식 제목으로 정착될 즈음에 '사모곡'으로 변모했다는 주장[3]이나 지방민요 '목주'가 지역성을 벗어나 '엇노리'로 그리고 그것이 다시 속악가사로 변모하면서 '사모곡'으로 거듭났다는 주장[4]은 모두 '목주=사모곡'의 관계에서 출발하고 있다. 물론 '목주'를 '내 복에 산다형' '쫓겨난 여인 발복형'의 설화와 친연성을 밝히려 했던 논의도 등식을 인정한 경우이다.[5]

하지만 '목주=사모곡'의 논거였던 "木川邑誌(大麓誌)에 사모곡이 수록되어 있다는 것은 사실무근"[6]이라 하며 기존 논의의 오류를 지적하면서 「사모곡」과 「목주가」의 주제, 작자의 성분, 내용, 동기 등 여러 면에서 비교하여 이들이 서로 다른 별개의 작품이라 주장한 경우도 있었다.[7]

---

1) 백철 · 이병기, 『국문학전사』, 중판: 신구문화사, 1987, 71면.
2) 이종출, 「사모곡신고」『한국언어문학』 11집, 한국언어문학회, 1973, 155면.
3) 권영철, 「유구곡고」『고려시대의 가요문학』, 새문사, 1982, Ⅰ-149면.
4) 김학성, 『국문학의 탐구』, 성균관대출판부, 1987, 31면.
5) 신동익, 「사모곡 소고」『한국고전시가작품론』, 집문당, 1992, 234~236면.
6) 김광순, 「목주가에 관한 몇 가지 문제점 연구」『경북대 교육대학원 논문집』 3, 1972, 20면, 장성진, 「사모곡의 의미와 변용」『문학과 언어』 20집, 문학과 언어학회, 1998, 162면 재인용.
7) 장성진도 김광순의 논의(아래 도표)에 전적으로 공감하고 있다.

‘목주=사모곡’의 등식을 인정하건 혹은 그것을 인정하지 않건 배경설화나 노랫말을 통해 보건대 두 노래의 수용층은 모든 계층이다. 하지만 노래의 수용층이 모든 계층일 수 있지만 그것을 궁중으로 운반하거나 궁중 안팎에서 노래의 개사·편사에 참여할 수 있었던 자들이 기녀였기에 그들은 일반 수용층과 변별되는 특별한 수용층이다. 예컨대 조류가 등장하는 민요를 단순하게 수용하는 데에 그치는 게 아니라 자신들의 처지에 맞게 개사·편사시킨 「유구곡」이나 실현 불가능한 진술을 담고 있는 속담이나 민요를 구체화시킨 「정석가」, 그리고 단순한 달거리 노래에 기녀정서를 온전히 구현시킨 「동동」 등을 통해 그들이 단순한 수용층이 아니라 ‘특수한 수용층’[8] 임을 알 수 있다.[9] 노래를 부를 때 일반인의 경우 단순한 동기에서 출발하지만 ‘특수한 수용층’의 경우 노래가 그들이 맡고 있는 역할의 한 방편인 것처럼 그들에게 노래는 그들을 그들답게 만드는 절대 요건인 셈이다. 물론 이것은 그들을 ‘奢侈奴隷’‘公家之物’‘解語花’‘路

| | 사모곡 | 목주가 |
|---|---|---|
| 주  제 | 어머니 사랑의 至重함 | 怨恨 |
| 작자의 성분 | 일반인(어머니의 사랑이 더욱 지중함을 누구나가 느낄 수 있기 때문) | 孝女(少女) |
| 내  용 | 아버지의 사랑을 호미에, 어머니의 사랑을 낫에 비유하여 어머니의 사랑이 더욱 섬세하고 지중함을 읊었음 | 자기의 부모에 대한 怨詞 |
| 동  기 | 아버지의 사랑보다 어머니의 사랑이 더욱 섬세하고 지중하므로 | 지극정성으로 부모를 봉양했으나 자식을 미워하는 非情의 부모에 대한 원한에서 自嘆하는 嗻辞 |

8) ‘특수한 수용자층’이란 표현은 이미 김학성이 지적한 바 있다. 앞의 책, 29면.
9) 각 노래가 기녀라는 특별한 수용층에 의해 새롭게 변모되는 과정은 이 책의 ‘「유규곡」·새·기녀’‘「정석가」와 영업기의 개사·편사능력’‘「동동」과 효선어’ 참조.

柳墻花’ 등으로 부른 것과 무관하지 않다.

그런데 노래를 수용하되 자신의 정서를 반영할 수 있도록 개사·편사하고 그것을 다른 장소로 운반하는 역할을 기녀가 했다고 해서 이러한 일련의 과정을 기녀 개인의 자족적인 면으로 이해해서는 안 된다. 관기건 사기건 기녀가 지닌 才藝는 자족적으로 존재하는 게 아니라 그들이 상대해야 할 사람들의 취향을 철저히 반영해야 한다. 기녀들이 시문능력이나 가무능력을 갖추고자 가혹할 정도로 훈련을 받았던 것은 그들이 상대할 사람들의 취향을 반영한 일로 이는 영업을 목적으로 했던 영업기의 영업능력과 직결된다. 님과 헤어지지 않으려고 안간힘을 쓰던 「만전춘별사」·「정석가」의 화자나 자신이 만든 젓가락을 님이 붙잡기를 바랐던 「동동」의 화자는 기녀정서를 드러내고 있지만 그것이 그들의 정서에서만 머무는 게 아니라 그들이 상대해야 할 사람들의 취향을 반영하는 일이기도 하다. “麝香 각시를 아나 누어 藥든 가슴을 맛초(「만전춘별사」)”고자 하거나 “긔자리예 나도자라가(「쌍화점」)”에서 ‘맛초’나 ‘자라가’고 싶은 대상은 “바미 우미 도다 삭나거시와 有德ᄒ신 님믈 여희ᄋ와지이다(「정석가」)”와 “노피 현 燈ㅅ블”이나 “ᄂ미 브롤 즈슬(「동동」)”으로 나타나듯이 ‘유덕하신’ 님과 ‘등불’이나 ‘남이 부러워 할 모습’을 지닌 자로 곧 기녀들이 상대하던 자이다. 그리고 “비두로기 새는 우루믈 우루디 버곡댱이아 난 됴해(「유구곡」)”에서 ‘비두로기’는 기녀이고 그가 同種의 비둘기를 멀리하고 異種의 ‘버곡댱’을 좋다고 한 것은 자신보다 계급이 나은 상층계층의 妓夫를 선호한다는 진술로 이 또한 기녀들이 부르는 노래에 상대해야 할 사람들의 취향을 반영한 경우이다. 결국 ‘가슴을 맛초’거나 ‘자라가’거나 군밤에서 싹이 나야 님과 헤어지겠다는 것, 그리고 님의 잘생긴 외모를 ‘높이 켠 등불’로 생각하거나 비둘기가 뻐꾸기를 좋아한다는 것 등은 기녀정서이면서 그 안에는 그들이 상대하는 사람들의 취향을 반영한 것도 자리잡고 있다.

사정이 이러할 때, 「사모곡」은 기녀와 그들이 상대했던 사람들에게 어떤 공감을 줄 수 있었는지 생각할 차례다. 그러나 '달거리 노래→장생포의 軍旅→動動' '비두로기→維鳩曲' '가시리→歸乎曲' '木州→엇노리→思母曲'[10]의 과정에서 노래의 운반과 개사·편사에 기녀가 역할을 했다 하더라도 「사모곡」은 기녀정서와 무관한 듯하다. 호미와 낫의 날을 대비시켜 아버지보다 어머니의 사랑이 더 깊다는 내용을 담고 있는 「사모곡」과 '奢侈奴隷' '公家之物' '解語花' '路柳墻花'로 부르는 기녀와의 연계는 느슨해 보이기도 한다. 하지만 기녀들의 생활과 관련된 부분을 살펴보면 「사모곡」 또한 여타의 고려속요처럼 기녀정서의 한 양상을 엿볼 수 있는 노래이다.

먼저 기녀의 영업공간이 어떻게 운영됐는지 구체적 자료는 없지만 "妓史之班馬也"[11]로 평가받은 『北里志』에 기대어 그 윤곽을 그려낼 수 있다.

> 여러 기녀들은 어려서부터 맡겨져 양육되었거나 혹은 천한 마을 가난한 집안의 여자를 돈을 주고 데려왔는데, 무뢰배가 몰래 유괴한 경우도 항상 있었다. 또 양가집 여자도 있었으니 그 집안 사정 때문에 여자를 보내는 대신 후한 사례를 요구하기도 했다.[12]

가난한 집안의 여자아이를 매매하는 것은 중국의 경우에만 한정된 게 아니다. "얼굴을 예쁘게 단장하고 賣淫을 가르치는 자가 고움의 정도에 따라 그 값의 고하를 정하고 … 그것을 계집시장[女肆]이

---

10) 특정 가요가 새로운 이름으로 바뀌어 결국 한자화 제목을 얻게 되는 과정은 권영철과 김학성의 논의 참조.

11) 상병화, 『역대사회풍속사물고』, 호남성: 악록서사출판, 1991, 435면.

12) 『북리지』, 海論三曲中事, "諸女自幼丏育 或傭其下里貧家 常有不調之徒潛爲 漁獵 亦有良家子 爲其家聘之 以轉求厚賂."

라 했”[13]다는 기록을 통해 개경이란 도시의 한 단면을 살필 수 있다. 고려의 전체 인구가 250만 내지 300만이라 할 때 '개경에 인구 50만 명'[14]이 "벌집이나 개미구멍 같이 주거"[15]했다는 점에서 개경은 계집시장[女肆]이 형성될만한 여건을 갖추고 있었다. 물론 "潮水가 들고 나가는데 오고 가는 배는 머리와 꼬리가 잇대 있다. … 이 배를 빌리면 어느 곳이고 오르내리지 못할 길이 있겠는가"[16]라는 시가 "예성강을 중심으로 한 해상활동의 왕성함을 말한 것임에 틀림이 없"[17]다고 평가를 받았고 물가조절을 담당하던 경시서라는 국가기관에 소속된 기녀들조차 "개성의 상공인들을 위하여 춤과 노래 같은 연주활동을 벌였던 연예인"[18]이었다는 점에서 도시의 번화와 그에 따른 영업공간의 발달을 짐작할 수 있다.

이러한 분위기 속에 계집시장을 통한 영업공간의 경쟁은 필연적이다. 영업공간의 운영과 감독을 맡은 자를 '假母'라 했는데 명칭에서 알 수 있듯 그는 기녀들의 어머니 역할을 했다. 가모는 기녀들에게 의식주를 보장해 주는 한편 영업공간의 영업을 위해 가혹한 훈련을 시키기도 했다. 기녀들에게 "歌令을 처음 가르칠 때부터 꾸짖고 그 요구가 매우 급하였으니 조금이라도 빼고 게으르면 채찍으로 때렸"[19]기에 가모를 "爆炭"이나 "老爆子"[20]로 부를 정도였다. 게다

---

13) 이곡, 「시사설」 『국역 동문선』 권7, 민족문화추진회, 1977, 465면, "見冶容 誨淫者 隨其研嗤 高下其直 … 是曰女肆."

14) 박용운, 『고려시대 개경연구』, 일지사, 1996, 161~162면.

15) 『고려도경』 권4, 민거, "如蜂房蟻穴."

16) 『동국이상국전집』 권16, 又樓上觀潮贈同僚金君, "潮來復潮去 來船去舶 首尾衝相連 … 假此木道何處不迴沿."

17) 김상기, 『신편고려시대사』, 서울대출판부, 1991, 168면.

18) 송방송, 『한국음악통사』, 일조각, 1984, 220면.

19) 『북리지』, 海論三曲中事, "初敎之歌伶而責之 其賦甚急 微涉退怠 則鞭扑備至."

20) 상병화, 앞의 책, 436면. 이런 명칭은 宋代에 이르러 '行首'로 바뀌는데 조선시대 때에 '행수기녀'가 바로 그것이다. 결국 "송나라 창기제도는 거의

가 영업공간에 들어온 기녀들이 가모의 姓을 따라 써야 했기에 그
들은 모두 姉妹 관계에 있었는데 이는 그들의 생활에 가모가 그만
큼 깊숙이 개입되어 있었다는 것을 의미한다.21) 가모가 기녀들의 생
활 전반을 구속하는 것은 "행수기녀의 엄한 제재"를 통해 "가혹한
笞杖을 맞아가며 훈련을 쌓"22)아야 했던 우리나라의 경우도 마찬가
지이다.

　하지만 우리나라 기녀들이 중국처럼 가모의 성을 사용했는지 알
수 없지만 "모권적인 관습"23)이 엄연히 존재했으며 기녀들이 본명
을 사용하지 않은 것은 확실하다. 중국 기녀들에게 '단골[諸妓皆私
有所指占]'24)이 있었던 것처럼 우리나라의 기녀들도 "軍士・商賈・
衙前 등 豊饒한 妓夫를 잡"25)아서 그들의 사치와 생계를 도모했는
데, "기부를 물어보면 아무리 많더라도 다 열거하여 고백하는 것이
창기에게 있어 크게 통하는 일"이라며 "기부가 많음이 기괴한 것이
없다"26)고 지적한 경우를 통해 기녀와 기부가 一妓多夫의 관계를
맺고 있었던 것을 알 수 있다. 물론 이러한 관계는 모권적인 관습을
유지하던 상황에서 비롯된 것이다. 그리고 기녀들이 본명을 사용하
지 않은 것은 그들이 상대할 사람이 同姓인 경우 그것이 영업에 장
애가 될 수 있기 때문에 영업목적을 극대화시키기 위해 玉纖纖,27)
梅花,28) 御留歡,29) 紫雲仙,30) 謫仙來,31) 七點仙32) 등의 妓名을 사용

---

　　당의 제도를 답습"(이수웅,『중국창기문화사』, 대한교과서주식회사, 1987,
　　129면)했을 정도로 기녀의 풍속은 부분적인 데에 한하여 차이가 날 뿐 기
　　본적인 것은 전대와 동일하다.
21)『북리지』, 海論三曲中事, "皆冒假母姓."
22) 김동욱,「이조 기녀사 서설-사대부와 기녀」『아세아여성연구』5집, 숙명여
　　대, 1966, 79면.
23) 같은 면.
24)『북리지』, 海論三曲中事.
25) 김동욱, 앞의 논문, 79면.
26)『연산군일기』11년 1월 13일, "妓夫之多無怪矣."
27)『고려사』권71, 지55 속악, 한림별곡.

했다.

결국 모권적인 관습과 일기다부는 기녀사회가 지닌 특성인데 "기생 아범이 자기 여편네인 退妓와 의논하기를 '저 손님은 巨商이니 우리 아이를 보면 영락 반하겠지, 반하면 소득도 적지 않'을 것"[33)] 이라는 진술을 통해 퇴기(가모, 행수)의 통제 하에 있던 어린 기녀와 기부의 관계도 짐작할 수 있다. '어린 아이'는 퇴기나 기생 아범(기부)과 혈연관계를 맺고 있는 게 아니라 퇴기에게 소속돼 있던 기녀일 뿐이다. 어린 기생이 거상을 상대함에 따라 '소득'을 운운하는 퇴기와 기부의 비정한 모습에서 일반인들과 변별되는 그들만의 풍속을 엿볼 수 있다. 무엇보다 어린 기생이 영업공간에 들어온 여러 이유들 중에 "遊食하고도 생활할 수 있다는 특전" 곧 인신매매의 경우에 "가난한 부모 밑에서 가난하게 사는 것보다는 私婢로 들어가 배불리 먹어보겠다는 생각"[34)]도 있었다는 점에서 퇴기와 기부가 자신들과 아무런 혈연관계가 없는 어린 기녀를 영업 목적으로 이용하려 했던 모습을 이해할 수 있다.

그리고 한 가지 특이한 것은 모권적인 관습이 어린 기녀들에게만 한정된 게 아니라 영업공간을 출입하던 남자들에게도 적용됐다는 점이다. "원상과 내시 박윤재는 더불어 함께 기녀와 같은 동네에 살아 서로 왕래했"[35)]는데 그들이 각각 通禮門祗候, 權務官으로 임명될 때 결정적인 역할을 한 사람은 같은 동네에 살던 謫仙來라는 기녀

---


28) 『고려사』 권135, 열전47 신우2.

29) 『동국이상국후집』 4권, 卽席醉贈名妓御留歡.

30) 『고려사』 권129, 열전42 최충헌.

31) 『고려사』 권125, 열전38 김원상.

32) 『고려사』 권135, 열전48 신우3.

33) 이옥, 「이홍」, 이우성·임형택 역편, 『이조한문단편집』 하, 중판: 일조각, 1993, 201면, "妓父與其婦妓語曰 客巨商也 見兒必悅 悅必多所獲."

34) 김동욱, 앞의 논문, 79면.

35) 『고려사』 권125, 열전38 김원상, "元祥與內侍朴允材俱爲妓同里閭相往來."

였다. 김원상이 지어준 「新調太平曲」을 익힌 적선래가 어느 날 內宴에서 노래를 부르자 왕이 "이 노래는 문에 능한 자가 아니면 지을 수 없다(此非能文者不能)" 하며 그 작자를 묻자, "저의 형제 김원상 박윤재가 지은 것입니다(妾兄弟元祥允材所製)"라고 하였다. 김원상은 노래를 지어 기녀에게 가르칠 정도로 음악적 소양이 있던 자로 오잠과 함께 "서울의 무당 및 관비로 가무를 잘하는 자를 뽑아 궁중에 등록"한 후 "隊를 만들어 남장이라 칭하고 새로운 소리를 가르쳤"36)던 자이니만큼 기녀들의 영업공간과 친연한 인물이었다. 특이한 것은 적선래가 원상과 윤재를 가리키면서 '형제'라는 표현을 한 점이다. 원상과 윤재는 적선래와 혈연관계는커녕 같은 동네에 살면서 왕래만 했을 뿐인데 '형제'를 운운했던 것은 적선래의 가모(행수) 밑에 그들도 어떤 형태로든 연계되어 있던 인물이었기 때문인데 이 또한 일반인들과 변별되는 그들만의 풍속인 셈이다.


## 3. 기녀정서의 한 양상과 「사모곡」 통석

호미도 눌히언마르는 / 낟▽티 들리도 업스니이다 / 아바님도 어이 어신마르는 / 위 덩더둥셩 / 어마님▽티 괴시리 업세라 / 아소님하 어마님▽티 괴시리 업세라

위의 노래에 등장하는 호미와 낫, 그리고 그것들의 비유와 관련한 어머니에 대한 사랑은 특정인에게만 국한된 게 아니다. "작은 정원은 내 힘으로도 넉넉한 것 같아 게으른 남종들은 쫓아버리고 직접 손질"하면서 "거치른 풀은 베어버리"고 "무딘 호미를 가지고 풀을

---

36) 『고려사』 권125, 열전38 오잠, "京都巫及官婢善歌舞者 籍置宮中 … 別作一隊選 敎以新聲."

매"[37]기도 했던 이규보의 경우를 통해 호미와 낫이 특정 계층에 한정된 도구가 아니었다는 것을 알 수 있다. 그리고 '거칠은 풀을 베'는데 '낫'을 사용하는 것은 "동무야 / 동무야 / 꼴베러가자 / 낫을갈아 / 질머저라"[38]라는 민요를 통해, 그리고 '풀을 매'는데 '호미'를 사용하는 것은 "헤 – 헤 – 이 / 호미로다 / 얼런뽑어야 / 풀한대뽑는다"[39]라는 노래를 통해 알 수 있다. 물론 이규보가 정원을 가꿀 때 사용한 '무딘 호미[鈍鋤]'는 호미 날이 무딘 것을 가리키는 것으로 굳이 노동계층만 경험할 수 있었던 섬세한 표현은 아니다.

그리고 어버이가 베푸는 사랑 또한 특정 계층에게만 제한된 것은 아니다. 거란 출신의 尉貂가 병든 아버지를 치료하기 위해 "넓적다리 살을 베어 만두에 넣어 먹"[40]인 일은 신라시대 때에 向得이 이미 "割股供親"[41]을 행한 바 있으며 어머니를 봉양하려고 자신의 아이를 땅속에 "묻어버리려 했"[42]던 孫順, 그리고 權溥가 그의 아들 權準과 함께 역대 효자 64명의 행적을 수집하여 그의 사위 李齊賢에게 "효행록을 짓게 한"[43] 것처럼 어버이 사랑과 관련된 일은 모든 시대 모든 계층에서 발견할 수 있다. 결국 「사모곡」에 등장하는 호미와 낫, 그리고 그 도구의 날과 어버이의 사랑은 모든 시대 모든 계층이 공감할만한 것이다. 다만 아버지와 어머니를 비교하여 어머니의 사랑이 더 깊다는 진술을 「사모곡」에서만 발견할 수 있는데 이는 『효경』에 등장하는 아버지를 향한 효와 배치돼 보인다.

---

37) 『동국이상국전집』 권23, 草堂理小園記, "小園力足勝 故遂去怠奴 而躬自里之 刻剪榴藜 … 以鈍鋤一事 更相刮薙."
38) 임동권, 『한국민요집』, 동국문화사, 1961, 60면.
39) 위의 책, 236면.
40) 『고려사』 권121, 열전34 효우 위초, "割股肉雜置餛鈍中饋之."
41) 『삼국유사』 권5, 효선9 향득사지할고공친 경덕왕대.
42) 『삼국유사』 권5, 효선9 손순매아 홍덕왕대, "且埋此兒以圖母腹之盈."
43) 『고려사』 권107, 열전20 권단, "歷代孝子六十四人使壻李齊賢著贊名曰孝行錄."

공자가 말하기를 아버지 섬기는 도리를 바탕삼아 어머니를 섬기면, 어머니를 사랑하고 공경하는 마음이 아버지 섬기는 것과 같을 것이고, 아버지 섬기는 도리로 임금을 섬기면, 그 공경하는 마음이 아버지 섬기는 것과 같을 것이다.[44]

효는 아버지를 존경하는 것보다 큰 것이 없고 아버지를 존경하는 데는 하늘을 높이 받드는 것보다 큰 것이 없다.[45]

전통사회에서 아버지는 가장이며 인륜의 근본이었다. 三綱五倫의 덕목 중에서 父子有親이 가장 먼저 나오는 것이나 어머니나 임금을 섬기는 바탕이 아버지를 섬기는 데에서 나온다는 것도 이와 같은 이유에서다. 하지만 아버지와 어머니는 모두 어버이이되 「사모곡」에서 아버지는 어머니의 깊은 사랑을 나타내려는 방편으로 기능할 뿐『효경』의 아버지 모습과는 사뭇 다르다. 이는 「사모곡」이 고려시대의 속요였다는 점과『효경』이 조선시대에 권장됐다는 점과 긴밀한데 실제로 부모에 대한 사랑을 모든 시대 모든 계층에서 발견할 수 있다고 하더라도 그것을 적극 권장하던 시기가 조선조였던 것은『효경』이 치국의 원리와 부합됐기 때문이다.『조선왕조실록』에 '효' 관련 기사가 다른 시기보다 양적으로 훨씬 많은 것도 우연이 아니다.

부모에 대한 사랑은 모든 시대 모든 계층에 해당하며 고려속요의 운반자나 개사·편사자가 기녀였고, 그들이 자신들의 정서를 노래에 반영시킬 줄 알았던 '특수한 수용층'이었다는 점을 감안해야 「사모곡」을 이해할 수 있다. 「사모곡」 이해에 한 가지 더 고려할 것은 기녀들의 가무가 자족적이기보다 상대하는 사람들의 취향을 반영해

---

44) 『효경』, "子曰 資於事父 以事母其愛同 資於事父 以事君其敬同 故母取其愛 而君取其敬 兼之者父也."
45) 『효경』, "孝莫大於嚴父 嚴父莫大於配天."

야 한다는 점이다. "麝香 각시를 아나 누어 藥든 가슴을 맛초(「만전
춘별사」)"고자 하거나 "긔자리예 나도자라가(「쌍화점」)"처럼 술자리
의 분위기를 고조시키는 진술이 이에 해당하는데 「사모곡」의 경우
이와는 거리가 있는 노래이다. 하지만 어머니의 깊은 사랑은 모든
시대 모든 계층이 공감할 소재이며 상대하던 사람들 또한 이와 멀
리 떨어져 있는 것은 아니다. 그래서 '목주→엇노리→사모곡'의 등
식이 타당하든 아니든 「사모곡」이란 노래의 운반과 개사·편사는
물론 특수한 수용층으로 기녀가 관계했고 그들의 가무가 자족적이
지 않다는 점을 통해 이 노래에서 기녀 정서의 한 양상을 읽어낼 수
있다는 것이다.

먼저 기녀의 풍속에서 '모권적 관습(가모)'과 그 밑에 소속되어 있
던 기녀들, 그리고 가모의 妓夫–혹은 '假父'[46)]–와 기녀들의 관계
를 통해 「사모곡」 화자가 아버지보다 어머니가 깊은 사랑을 베푼다
고 진술한 사정을 이해할 수 있다. 가모가 영업목적으로 기녀들에게
가혹하게 훈련을 시키더라도 그들에게 의식주를 온전히 해결해주었
던 반면 기부는 가모와 一妓多夫의 관계에 있었던 만큼 그 역할면
에서 가모와 비교할 바 못된다. 그리고 가모와 그 밑에 있는 기녀는
같은 영업공간에 기거해야 했지만 일기다부의 관계에 있던 기부는
그럴 여건이 아니었기에 어머니의 사랑을 나타내기 위한 방편으로
등장한 아버지는 이런 맥락에서 이해할 수 있다. 그리고 모권적 관
습이라는 독특한 관계에 있던 기녀들과 그들이 상대했던 남자들의
처지가 동일하지 않더라도 어머니의 깊은 사랑은 누구나 수긍할만
한 것이다. 소재로 등장하는 호미와 낫 또한 특정계층에게만 친연한
것이 아니라 이규보의 경우처럼 모든 계층이 사용할 수 있었던 도
구이다. 그래서 호미와 낫의 날을 대비시켜 아버지의 사랑보다 어머
니의 사랑이 더 깊다는 「사모곡」은 기녀의 독특한 처지를 온전히

---

46) 서군·양해, 『기녀사』, 상해문예출판사, 1995, 119면.

반영한 것이면서 그들이 상대하던 사람들 또한 공감할만한 진술이다.

하지만 낫질과 호미질이 "촐도촐도 / 낫스레기 / 훼칙훼칙 / 비여진다"[47]와 "호미 끝이 거름"[48]이란 특성과 긴밀할 정도로 낫질과 호미질의 이미지는 각각 남성과 여성이다. "꼴베러가자 / 낫을갈아 / 질머저라"[49]에서 확인할 수 있듯 '낫을갈아 / 질머'지는 자는 남성이고 그가 예리한 낫날로 꼴을 벨 때 나는 소리가 '훼칙훼칙'이다. 이러한 소리를 내며 꼴을 베는 낫질이 호미질보다 動的인 행위이기 때문에 제한된 시간 안에 노동의 결과를 가시적으로 확인할 수 있고 낫날이 예리할수록 낫질하는 사람은 힘을 덜 들이며 작업할 수 있다. 낫의 특성과 이미지를 감안할 때 어머니의 사랑을 낫날에 기댄 것은 불합리해 보이지만 기녀가 노래의 운반자 및 개사·편사자라는 '특수한 수용층'이었다는 점과 기녀의 특성 곧 그들을 '해어화' '노류장화'로 부르는 것을 감안하면 남성과 여성의 이미지가 바뀐 사정을 이해할 수 있다. 기녀를 '해어화' '노류장화'로 부르는 것은 그들이 제한된 시간에 한하여 꽃으로 기능할 수밖에 없는 처지와 관계하고 있는데 이는 호미질과 낫질의 특성 중에서 후자의 경우에 더 가깝다. 가모가 기녀들을 낫날처럼 가혹하게 훈련시키되 그것이 제한된 시간에 가시적인 효과를 내기 위한 일련의 과정이었듯이 「사모곡」의 화자가 낫질이나 호미질로 영업공간의 정원을 가꾼 경험이 있는 경우 가모의 사랑을 낫날에 기댄 발상은 자연스럽기도 하다. 그래서 「사모곡」에 나타난 "날카로운 날이 결국은 어머니의 사

---

47) 임동권, 『한국민요집』 III, 집문당, 1975, 113면.
48) 이기문, 『속담사전』, 개정중판: 일조각, 1982, 560면. "호미 끝이 거름"이란 속담이 "호미로 김을 부지런히 매 주어야 곡식이 잘 자라므로 호미 끝이 거름이 된다는 말"이라 할 때 호미질은 '부지런히'라는 표현대로 제한된 시간을 가리키는 게 아니다.
49) 임동권, 『한국민요집』, 동국문화사, 1961, 60면.

랑을 상징하게 된다니 비유로서는 緣木求魚格"[50]이라는 지적도 가
모와 그 밑에 소속된 기녀, 그리고 일기다부라는 독특한 기녀풍속을
고려하는 데에서 극복할 수 있다.
　끝으로 가모에 대한 사랑을 언급하고 있는 「사모곡」이 타인을 의
식한 진술일 가능성도 있다.

　　　한 기생어미가 어린 기생에게 시험삼아 묻기를 '여기에 얼굴이 아름
　　다우면서도 돈이 없는 자와 돈이 많으면서도 얼굴이 아름답지 못한
　　자가 있다면, 너는 어느 것을 취하겠는가?' 하였다. 기생이 한참 만
　　에 말하기를 '돈 많은 자를 취하겠습니다' 하였다. 기생어미가 꾸짖
　　어 말하기를 '양심이 없는 천한 창부로다' 하였다. 이는 그 어린 기
　　생이 기생어미에게 잘 보이기 위해서 꾸며대고 실지로 대답하지 않
　　은 때문이다.[51]

　어린 기생은 '한참 만에 말'을 하되 자신의 생각과 달리 영업목적
에 맞는 대답을 할 수밖에 없는 처지였다. 이것은 기녀들에게 '歌수
을 처음 가르칠 때부터 꾸짖고 그 요구가 매우 급하였으니 조금이
라도 빼고 게으르면 채찍으로 때렸'던 일이나 가모를 '爆炭'이나 '老
爆子'로 부른 것과 관계있다. 어린 기생이 기생어미에게 잘 보이기
위해 대답을 한 것처럼 호미와 낫의 날을 대비시켜 아버지의 사랑
보다 어머니의 사랑이 더 깊다는 「사모곡」 또한 기녀들의 자발적
진술이기보다 이런 상황에서 타인을 의식한 진술일 가능성도 배제
할 수 없다.

---

50) 장덕순, 『한국문학사』, 동화문화사, 1982, 120면.
51) 이능화, 『조선해어화사』, 이재곤 옮김, 동문선, 1992, 239면.

# 「쌍화점」 주제의 다양성과 그 원인

## 1. 들어가는 글

『악장가사』에 실려 있는 「쌍화점」의 주제는 작품에 등장하는 남녀의 행위를 어떻게 이해하느냐에 따라 달리 나타난다. 예컨대 "전체인간의 해방을 주장"하는 "전인류애가 숨어있는 작품"[1]이거나 "육정적 음란가극"[2] 혹은 "긴박한 현실 속에서 허덕이는 군상을 통렬히 풍자"[3]한 것으로 이해하거나 「쌍화점」의 통주제라 할 수 있는 '애정지상주의' '자유분방한 삶의 동경' '부도덕한 행위에 대한 심적 고통' '타락한 사회상을 풍자'[4]한 작품으로 규정하기도 했다. 그리고 「쌍화점」이 『고려사』 악지에 있는 「삼장」·「사룡」과 관계하고

---


1) 윤경수, 「쌍화점에 나타난 인간자세」『현대문학』 98, 현대문학사, 1963, 244~245면.
2) 여증동, 「쌍화점 고구(3)」『국어국문학』 53, 국어국문학회, 1971, 349면.
3) 정병욱, 『한국고전시가론』, 증보판: 신구문화사, 1994, 122면.
4) 양태순, 「고려시대의 시가연구-속요를 중심으로」, 서울대석사논문, 1982, 56~57면.

있다는 점에 주목하여 기존의 주제론을 보완코자 했던 논의도 있었다. 「사룡」의 "蛇含龍尾나 過太山ㅅ이라는 구절에서도 음탕한 맛을 느"[5]낄 수 있다거나 「삼장」의 표층에서는 "남녀상열"이되 중간층에서는 "사원의 타락"이고 심층에서는 "인간성 상실"[6]을 엿볼 수 있다는 지적, 그리고 「삼장」과 「사룡」을 각각 "무속적 성격"과 "불교적 성격"[7]으로 파악하기도 했다.

한편 서포의 악부 2수에 주목한 논의는 「쌍화점」 주제론의 범위를 확장시키는 계기였는데, "남들의 거짓 소문은 걱정할 것이 못"되는 "충고의 주제"[8]일 수 있다거나 "소향(점등)이란 발원행위 자체, 그리고 이러한 발원행위를 둘러싼 잡음에의 대처 방식"[9]일 수 있다는 지적이 그것이다. 그리고 「삼장」은 "여성인 시적 자아와 남성인 사주 사이에 일어난 정사 및 이것이 소문으로 누설될까 염려하는 내용으로 해석될 수 있고, 동시에 도덕에 근거하여 시적 자아와 사주 사이에 교감이 이루어진 종교적 법열 및 이것이 정사로 곡해되어 소문날까 염려하는 내용"[10]이라 하여 구체성을 띠기에 이른다.

하지만 서포의 악부 2수가 「쌍화점」 논의를 풍성케 한 것은 틀림없는 일이지만 서포가 "자못 예스런 뜻이 있(殊有古意)"어 "연의하여 이르노니(稱演之云)"라고 표현한 것처럼 악부 1·2에 대한 꼼꼼한 해석을 통해 기존 논의에서 간과했던 부분을 보충하면 「쌍화점」 주제

---


5) 송정헌, 「쌍화점 연구」 『충북대학교논문집』 17, 충북대, 1979, 36면.

6) 최용수, 「삼장·사룡 고」 『영남어문학』 13, 영남어문학회, 1986, 131~132면.

7) 최동국, 「쌍화점의 성격연구」 『문학과 언어』 5, 문학과 언어연구회, 1984, 131~132면.

8) 조윤미, 「고려가요의 수용양상-조선조 정치·문화상황과의 관계를 중심으로」, 이화여대석사논문, 1988, 40면.

9) 김석회, 「쌍화점의 발생 및 수용에 관한 전승사적 고찰」 『방촌유예근박사 화갑기념논총』, 형설출판사, 1990, 75면.

10) 정운채, 「삼장과 사룡의 원심력과 구심력」 『국어교육』 83·84, 한국국어교육연구회, 1994, 349면.

가 다양성을 띤 이유를 구명할 수 있을 것이다. 그리고 「쌍화점」 주제의 다양성과 그 원인을 밝히는 과정에서 「쌍화점」의 원가가 궁중에 유입되기 이전과 이후의 모습을 재구할 수 있을 것이다. 이는 「쌍화점」 전승과 수용을 살피는 일과 다름 아닌데 이 노래가 "選官妓有姿色伎藝者" "敎以新聲" "敎閱此歌"라는 기록과 관계하고 있을 정도로 여타의 고려속요에 비해 원가가 궁중에 유입되는 과정이 소상한 편이기에 「쌍화점」 논의를 다른 노래까지 확장시킬 수 있을 것이다.

## 2. 「쌍화점」 2연의 형성

고려속요가 민가에서 불리던 민요를 원가로 삼았다는 점은 주지의 사실이다. 궁중으로 들어온 민요가 궁중악에 맞게 개사·편사됨에 따라 단순하게는 후렴구·반복구·여음이 첨가되거나 복잡하게는 뜬금없이 다른 노래의 가사가 섞이는 과정을 겪어야만 했다. 「서경별곡」의 2연에 있는 구슬노래가 「정석가」의 6연에 그대로 재현되거나 「만전춘별사」의 3연과 「정과정」의 5~6행과 동일한 것도 민요를 궁중악에 맞게 개사·편사하는 과정에서 필연적으로 생긴 일이다. 물론 「만전춘별사」의 각 연들이 민요·시조·경기체가·한시 형식을 갖추고 있는 이유도 이러한 궁중악 제정 과정과 무관하지 않다. 그래서 고려속요의 형성과정을 "가락에 알맞은 재래의 사설을 찾아 새 형태의 우리말 사설이 지어지"고 혹은 "재래의 사설과 新傳의 가락이 맞지 않을 때 그 조절을 위한 여러 가지 시도가 이루어"[11]질 것으로 추정하거나 "독립된 여러 편의 민요를 하나로 묶거"

---

11) 김택규, 「별곡의 구조」『고려가요연구』, 중판: 국어국문학회 편, 정음문화사, 1990, 279면.

나 "원래의 노래에 송도지사가 起句로서 덧붙여져 있어 민요의 본 래적 단순성과는 다소의 거리를 보여"[12]준다는 주장도 개사·편사 가 고려속요의 한 특징이란 점을 지적하고 있는 것이다.[13]

「쌍화점」이 이와 같은 과정을 겪었다는 점은 관련자료를 통해 확 인할 수 있다.

三藏寺애 브를 혀라 가고신딘 / 그 뎔 社主ㅣ 내 손모글 주여이다 / 이 말ᄉᆞ미 이 졀 밧긔 나명들명(…) / 다로러거디러 죠고맛간 삿기上 座ㅣ 네 마리라 호리라(…) / 긔자리예 나도자라가리라(…) / 그잔ᄃᆡ ᄀᆞ티 덦거츠니업다(『악장가사』)

三藏寺裡點燈去 / 有社主兮執吾手 / 徜此言兮出寺外 / 謂上座兮是汝 語(『고려사』 악지)

有蛇含龍尾 / 聞過泰山岑 / 萬人各一言 / 斟酌在兩心(『고려사』 악지)

三藏寺裡點燈去 / 有社主兮執吾手 / 儻此言兮出寺外 / 謂上座兮是汝語 (『고려사절요』)

---

12) 김명호, 「고려가요의 전반적 성격」『한국시가문학연구』, 신구문화사, 1983, 72면.
13) 정기호, 『고려시대 시가의 연구』, 인하대출판부, 1986, 218면에서 논자는 궁중악가사의 制定 과정을 아래와 같이 圖示했다.

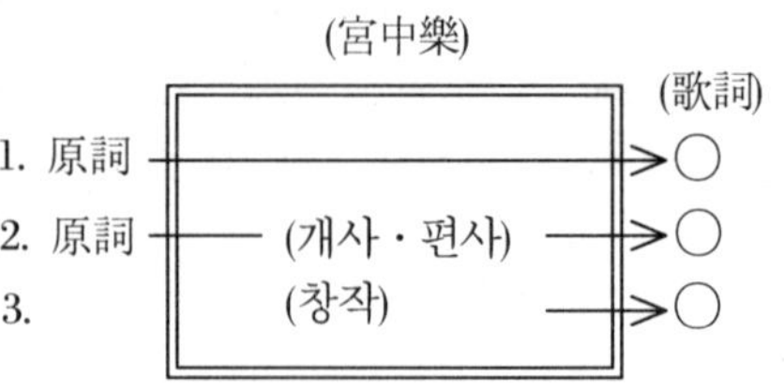

有蛇含龍尾 / 聞過泰山岑 / 萬人各一言 / 斟酌在兩心(『고려사절요』)

三藏精廬去點燈 / 執吾纖手作頭僧 / 此言若出三門外 / 上座閑談是必應
(『급암선생시집』)

위의 두 노래(「삼장」과 「사룡」: 필자)는 충렬왕대에 지어진 것이다.
… 諸道에 행신을 보내서 관기로 자색과 기예가 있는 자를 고르고
또 城中에 있는 관비와 무당으로 가무를 잘하는 자를 골라 宮中에
등록해서 … 따로 한 隊를 만들어 男粧이라 칭하여 이 노래를 가르
쳤다(教閱此歌).14)

행신을 나누어 보내어 諸道의 妓로 색과 기예가 있는 자를 뽑고 또
서울의 무당 및 관비로 가무를 잘하는 자를 뽑아 궁중에 등록해서
… 한 隊를 만들어 남장이라 칭하고 새로운 소리를 가르치니(教以新
聲) 그 詞에 이르기를(쌍화점 2연의 일부와 사룡의 한역가 생략) …
고저와 완급이 모두 곡조에 맞았다.15)

諸道에 행신을 보내서 관기로 자색과 기예가 있는 자를 고르고 또
城中에 있는 관비와 무당으로 가무를 잘하는 자를 골라 宮中에 등
록해서 … 따로 한 隊를 만들어 男粧이라 칭하여 이 노래를 가르쳤
다(教以新聲) … 고저와 완급이 곡조에 맞았다.16)

---

14) 『고려사』 권71, 악2, “右二歌 忠烈王朝所作 … 遣倖臣諸道 選官妓有姿色伎
　　藝者 又選城中官婢及女巫善歌舞者 籍置宮中 … 別作一隊 稱爲男粧 教閱此
　　歌.”
15) 『고려사』 권125, 열전38 오잠, “分遣倖臣選諸道妓有姿色藝者 又選京都巫及
　　官婢善歌舞者 籍置宮中 … 別作一隊 教以新聲 其詞云 … 高低緩急 皆中節
　　簇.”
16) 『고려사절요』 권22, 충렬왕 25년, “分遣倖臣諸道 選官妓有姿色伎藝者 又選
　　城中官婢及女巫善歌舞者 籍置宮中 … 別作一隊 稱爲男粧 教以新聲 其詞云
　　… 其高低緩急 無不中節.”

가무에 능한 관기·관비·무당을 궁중으로 데려와 노래를 가르쳤다는 『고려사』 악지와 열전, 그리고 『고려사절요』의 기록은 동일하다. 다만 '敎閱此歌'가 '敎以新聲'으로 '高低緩急 皆中節簇'이 '高低緩急 無不中節'로 자구에서 차이가 날 뿐 의미맥락은 별반 다를 바 없다. 무엇보다 「쌍화점」 2연의 후반부 "긔자리에 나도 자라가리라"와 "긔잔더 ▽티 덦거츠니 업다"를 뺀 나머지가 「삼장」과 완전히 일치하고 있다는 점에서 「쌍화점」과 「삼장」의 친연성을 확인할 수 있다. 그래서 "삼장의 주제 논의는 그대로 쌍화점의 주제 논의로 연장하여도 무방"[17]하다는 지적도 이러한 사정과 무관하지 않다. 그런데 이 글에서 원가의 수용과 전승을 문제삼는다고 할 때 노래를 궁중으로 운반한 자들이 관기·관비·무당이었으며 그들이 운반한 노래를 그대로 가창한 게 아니라 교열·신성의 과정을 거쳐 '고저완급'의 곡조에 맞춘 노래였다는 데에 주목해야 한다. 고저완급이 모두 곡조에 맞았다는 표현을 통해 알 수 있듯 그들이 궁중에서 부른 「쌍화점」은 기존의 '가락에 알맞은 재래의 사설을 찾아 새 형태의 우리말 사설을 지'은 개사·편사하는 과정을 겪은 노래였던 것이다. 여기서 기존의 가락은 이 노래의 형태와 유사한 「한림별곡」을 통해 유추할 수 있다.

| | | | |
|---|---|---|---|
| 元淳文 仁老詩 公老四六 | 3 3 4 | | |
| 李正言 陳翰林 雙韻走筆 | 3 3 4 | | |
| 沖基對策 光鈞經義 良鏡詩賦 | 4 4 4 | | |
| 위 試場ㅅ景 긔엇더ᄒ니잇고 | 위 ( )ㅅ경 긔엇더ᄒ니잇고 | | |
| (葉)琴學士의 玉笋門生 琴學士의 玉笋門生 | 4 4 4 4 | | |
| 위 날조차 몃 부니잇고 | 위 날조차 몃 부니잇고 | | |

雙花店에 雙花 사라 가고신딘　　　　　　4  4  4

---

17) 정운채, 「쌍화점의 주제」 『논문집』 49, 한국국어교육연구회, 1993, 29면.

回回아비 내 손모글 주여이다 4 4 4
이 말숨미 이 店밧긔 나명들명 4 4 4
다로러거디러 다로러거디러
죠고맛감 삿기광대 네 마리라 호리라 4 4 4 4
더러둥셩 다리러디러 다리러디러 다로러거디러 다로러
긔 자리예 나도 자라 가리라
위의 다로러거디러 다로러
긔 잔 디ㄱ티 덦거츠니 업다

두 노래 모두 의미부는 3음보 3행(1~3행)과 4음보 1행(5행)이며 후렴은 이들 사이와 각 연의 끝에서 반복되고 있다. 「쌍화점」의 7행과 9행을 의미부로 볼 수 있으나 1연부터 4연에 걸쳐 계속 반복되고 있기에 「한림별곡」의 4행과 6행처럼 후렴으로 파악할 수 있다. 혹은 두 노래를 모두 전대절과 후소절로 나누는 경우 「한림별곡」의 1~4행을 전대절로 나머지 5~6행을 후소절로, 「쌍화점」의 1~5행을 전대절로 7~9행을 후소절로 파악할 수 있을 정도로 형식에서 유사한 면을 발견할 수 있다.[18] 물론 「한림별곡」이 "문인의 입에서 나온 것이기는 하지만 矜豪放蕩할 뿐 아니라 褻慢戲狎하여 군자가 본 받을 만한 것이 아닌"[19] 것처럼 「쌍화점」 또한 "윤리를 해치는 내용으로

---

18) 이종출, 「고려속요의 형태적 연구」『고려가요연구』, 중판: 정음문화사, 1990, 83~84면에서 "쌍화점의 형태는 그 자수율이 속요에서는 유일하게 4·4·4조로 된 것까지 경기체가의 형태와 궤를 같이 하여 속요와 경기체가와의 형태적 교섭을 시사해 주고 있다"고 했다. 그리고 이런 견해에 정기호, 『고려시대 시가의 연구』, 인하대출판부, 1986, 198면에서 동의하고 있다. 성호경, 「고려시가의 문학적 형태복원 모색」『벽사이우성선생 정년퇴직기념논총』, 여강출판사, 1990, 339면에서 "쌍화점 각 연의 전절(4행)+후절(후렴 2행) 구성은 한림별곡 등의 경기체가와 유사한 면을 보인다"고 한다. 김상철, 「쌍화점의 작자연구」, 인하대석사논문, 1994, 33~34면에서도 이러한 점을 지적하고 있다.
19) 이황, 『퇴계집』 도산십이곡발, "如翰林別曲之類 出於文人之口 而矜豪放蕩 兼以褻慢戲狎 尤非君子所宜尙."

차마 들을 수 없으니 공자가 다시 나타나도 그대로 내버려두실 지 알 수 없다"[20]로 평가를 받은 것도 형식의 유사점과 더불어 우연이 아니다. 그리고 「한림별곡」의 공연방식과 관련한 기록이 "사람마다 기생을 끼고 앉아 … 여러 사람들이 모두 손뼉을 치고 춤을 추면서 한림별곡을 부른다. 반주 없이 부르는 노래가 매미 울음소리 같이 울려 나오는 사이사이에 개구리 들끓는 소리를 뒤섞여 부르"[21]는 것이라 할 때 '반주 없이 부르는 노래(淸歌, 혹은 맑은 소리로 노래를 부름)'와 '매미울음(蟬咽)'은 기녀의 가창을 의미하고 '개구리 들끓는 소리(蛙沸)'는 합창을 가리키기에 이것은 「한림별곡」이 "집단적 정서 표출에 적당"[22]하다는 평가를 방불케 한다. 「쌍화점」 또한 각 연의 후반부가 "궁중가악으로 차용될 단계에서 음란성의 제고와 가요적인 사건의 확장을 얻기 위해서 후첨된 것"[23]으로 "이 노래를 듣는 남성 청자에게도 성적 자극과 충동을 주는 효과"가 있을 정도로 "궁중 술자리에서 가창된 저급의 노래"[24]라는 평가를 받았다는 점에서 후반부는 기녀와 남성들이 합창했을 가능성이 크다. 실제로 '긔 자리예 나도 자라 가리라'는 부분에 이르러 또 다른 화자가 등장한다. 그리고 두 명의 화자를 통해 「쌍화점」을 合歌형식으로 판단하기도 했다.[25] 결국 「한림별곡」(고종3년 1216)과 「쌍화점」(충렬왕 25년 1299) 사이에 시간적 거리가 존재하고 있지만 형식과 공연방

---

20) 주세붕, 『무릉집』 권5, 답황학정중거, "其淫藝敗理 至有不忍聞者 設使夫子 復生 其不在所放乎 吾不可知也."

21) 성현, 『용재총화』 권4, "人挾一妓 … 衆人皆拍手搖舞 唱翰林別曲 乃於淸歌 蟬咽之間 雜以蛙沸之聲."

22) 박경주, 「한림별곡의 연행방식과 향유층」 『한국고전시가작품론』 1, 집문당, 1992, 379면.

23) 박노준, 『고려가요의 연구』, 새문사, 1990, 199면.

24) 위의 책, 201면.

25) 分唱이나 合歌의 형식으로 파악한 논의로 여운필, 「쌍화점연구」 『국어국문학』 92, 국어국문학회, 1984.

식, 그리고 선인들의 평가가 유사하다는 점에서 '새로운 노래를 가르쳤(敎以新聲)는데 고저완급이 모두 곡조에 맞았(高低緩急 皆中節簇)다'는 기록은 관기·관비·무당들에 의해 궁중으로 운반된 노래를 손질하여 '한림별곡'류의 경기체가 곡에 얹어 불렀다는 것을 의미하는 것이다.26) 특히 「쌍화점」 각 연의 후반부 "긔 자리예 나도 자라 가리라" "긔 잔디᷇ᄀ티 덦거츠니 업다"가 "高低緩急 無不中節"와 관계한 것이라면 "쌍화점이라는 제목이 붙기 이전 민간 차원에 있을 때 이 노래의 원형은 어느 1개 연"27)이었을 텐데 무엇보다 「쌍화점」 2연의 전반부가 「삼장」과 동일하고 급암(1295~1359)이 한역한 민요도 그것과 자구의 등락이 약간 있을 뿐 동일한 문맥이란 점을 통해서도 「쌍화점」의 원가는 2연의 전반부 곧 「삼장」인 것이다.

그리고 「쌍화점」이나 「삼장」 화자의 "네 말이라 하겠다(네 마리라 호리라:是汝語)"라는 진술은 급암 한역가에 "한담이 틀림없다(閑談是必應)"로 나타나는 바 이는 「사룡」의 "뱀이 용의 꼬리를 물고 / 태산 봉우리를 넘어갔다고 들었노라 / 만인이 각각 한 마디씩 하더라도 / 짐작은 두 마음에 달려있다(有蛇含龍尾 / 聞過泰山岑 / 萬人各一言 / 斟酌在兩心)"처럼 불가능한 일에 대하여 남들이 뭐라 하더라도 그것은 진실과 거리가 있는 한담일 수 있는 것이다. "짐작은 두 마음에 있다(斟酌在兩心)"에서 두 마음(兩心)은 '허위를 믿는 마음'과 '허위를 믿지 않는 마음'인데 「사룡」의 화자가 후자에 무게를 두고 있다는 데에서 이러한 점을 확인할 수 있다. 결국 「쌍화점」 2연의 전반부

---

26) 정도전이 지은 「납씨가」와 「정동방곡」을 형태나 표기법에서 확연히 차이가 나는 「청산별곡」과 「서경별곡」의 곡에 얹어 부를 수 있었던 것은 懸吐를 통해 字數의 부족을 극복할 수 있었(장사훈, 「고려가요와 음악」 『고려시대의 가요문학』, 김열규·신동욱 편, 새문사, 1982, Ⅱ-172~174면)기 때문이다. 「쌍화점」과 「한림별곡」이 형태·평가·공연형태에서 아주 유사하다 할 때 「쌍화점」을 「한림별곡」의 곡에 얹어 불렀을 가능성은 매우 높다.
27) 박노준, 앞의 책, 192면.

와 「삼장」, 그리고 급암이 한역한 민요는 대의가 동일한 노래라 규정
지을 수 있다. 그리고 「삼장」과 나란히 기록된, ‘허위를 믿지 말라’는
의미를 띤 「사룡」도 이러한 자장 안에 포괄된 노래이다.


## 3. 서포 악부 1 · 2와 「삼장」 · 「사룡」


「쌍화점」 2연의 전반부 “三藏寺애 브를 혀라 가고신딘 / 그 뎔 社
主ㅣ 내 손모글 주여이다 / 이 말ᄉᆞ미 이 졀밧긔 나명들명 / 삿기 上
座ㅣ 네 마리라 호리라”마저 궁중에서 부분적 개사된 것으로 파악케
하는 서포(1637~1692)의 악부가 있는데 이는 원가의 수용 및 전승
이 궁중으로만 일방적으로 향하는 단순한 도식이 아니라 궁중에서
다시 민가의 노래에 영향을 주는 또 다른 과정도 가능했다는 것을
의미한다.

> 三藏有蛇二歌  出於高麗忠烈王時  其詩曰  三藏寺裏燒香去  有社主兮
> 執余手  倘此言兮出寺外  謂上座兮是汝語  有蛇含龍尾  聞過泰山岑  萬
> 人各一言  斟酌在兩心  其語雖俚而殊有古意  今輒擬而稱演之云  君演
> 三藏經  妾散諸天花  天花撩亂殊未央  井上梧桐啼早鴉  不愁外人說長
> 短  傳茶沙彌是一家  其二  玉石無定質  妍媸無正色  玉石在人口  妍媸在
> 君目  日月本光明  讒言自成膜


서포가 지은 위의 악부 2수는 「삼장」 및 「사룡」과 밀접한 관계에
있다. 충렬왕대의 「삼장」과 「사룡」을 소개한 후 자신이 악부 2수를
짓게 된 동기를 밝히는 부분에 이르러, “그 말이 비록 이어이지만
자못 예스런 뜻이 있어 이제 문득 기대어 연의한다(其語雖俚而殊有
古意  今輒擬而稱演之云)”고 한다. 여기에서 ‘예스런 뜻(古意)’은 “유

교세계에서의 眞과 밀접한 관련을 가진 의미"[28]이거나 "진실을 왜곡하고 있는 사람들의 말에 대한 경계"[29] 혹은 "오해와 참언 사회적 평가와 감시의 눈에 대한 대처 방식"[30]으로 구체적으로 이해하기도 했다. 서포의 古意를 이렇게 파악한 것은 그가 「사룡」을 연의한 악부 2의 마지막 구절 "讒言自成膜"을 통해 확인할 수 있는데 앞서 언급했듯 「사룡」과 「삼장」, 「쌍화점」 2연의 전반부와 급암의 한역가가 동일한 자장에 포괄될 노래라 할 때 이러한 지적은 타당성을 띤다. 특히 「사룡」이 "오해에 대한 석명의 상투어법으로 민간에 광범위하게 보여지는 말투"일 정도로 "이러한 방식으로 짜여진 시조는 많이 산견"[31]되기에 「삼장」의 대의도 이와 무관하지 않다.

君演三藏經 / 妾散諸天花 / 天花撩亂殊未央 / 井上梧桐啼早鴉 / 不愁外人說長短 / 傳茶沙彌是一家(님은 삼장경을 펴시고 / 첩은 천화를 드리네. / 천화는 요란히 다함이 없는데 / 우물가 오동엔 이른 까막이 우네. / 외인의 시비장단, 근심할 것 없네. / 차를 보내온 사람은 한집 식구니.)

玉石無定質 / 姸媸無正色 / 玉石在人口 / 姸媸在君目 / 日月本光明 / 讒言自成膜(옥과 돌이 정한 바탕 있음도 아니오 / 곱고 미움이 바른 빛에 있음도 아니네 / 옥이며 돌이며는 사람의 입에 있고 / 곱고 밉기는 님의 눈에 달렸네 / 해와 달이 본래 빛나고 밝지만 참소의 말이 꺼풀을 이룸일세.)[32]

'오해에 대한 석명의 상투어법'이 악부 1·2를 비롯해 「삼장」과 「

---

28) 조윤미, 앞의 논문, 41면.
29) 정운채, 앞의 논문, 347면.
30) 김석회, 앞의 논문, 77면.
31) 같은 면.
32) 김석회 해석에 따름.

사룡」, 그리고 「쌍화점」 2연의 전반부와 급암의 한역가를 두루 포괄
한다는 점은 위에 있는 악부 1·2의 해석을 통해 확인할 수 있다.
악부 1에서 '천화를 드리'는 '첩'인 여성과 '삼장을 펴'는 '님(승려)'
인 남성이 등장한다. 화자가 '천화를 드리'는 행위는 供養으로, 향을
피우고 차나 꽃을 바치는 일이다. 그리고 화자가 다른 데에 신경을
쓸 겨를 없이 공양행위에 몰입하고 있다는 것은 '천화는 요란히 다
함이 없'다는 것을 통해 알 수 있다. 다만 공양에 전념하는 화자(첩)
와 '삼장경을 펴'는 '님(승려)'이 같은 공간에 있을 뿐 그들은 각자의
할 일을 하고 있다. 그러나 '이른 까막'의 울음은 '첩'과 '님'을 부정
적인 관계로 떨어뜨리는 전조이다. 예컨대 까마귀가 한밤중에 우는
것을 통해 "이 짐승은 본디 밤을 꺼리는데 이제 울고 가니 심히 불
길하도다"[33] 하며 자객의 침입을 알아차렸던 홍길동이나 "까마귀
울면 사람이 죽는다"[34] 혹은 "역병에 까마귀 소리를 듣지"[35]라는
속담을 통해서도 寒鴉의 등장은 첩과 님에게 부정적인 전조로 기능
한다. 부정적 전조는 바로 다른 사람들이 첩과 님에 대하여 이러쿵
저러쿵 꾸며 말하는 것(外人說長短)인데 까마귀가 우는 시간이 낮이
라 할 때 寒鴉는 새벽녘에 울고 있는 까마귀이기에 '첩'과 '님'은 그
시간대까지 같은 공간에 있었으니 다른 사람들이 제멋대로 첩과 님
을 결부시키는 것은 어쩌면 당연한 일이었다. 하지만 오해를 살만한
시간·공간에 있었던 화자는 다른 사람(外人)의 시비 장단에 근심하
지 않는다(不愁). 남들이 뭐라 한들 자신만 결백하면 그만이라는 게
아니라 남들이 꾸며 말하는 것이 사실과 엄연히 다르다는 점을 증
명해 줄 증인이 있기 때문이다. "차를 보내온 사람"[36] 곧 사미가 그

---

33)  장덕순·최진원 교주, 『홍길동전·임진록·신미록·박씨부인전·임경업
    전』, 보성문화사, 1978, 15면.
34)  이기문, 『속담사전』, 개정증판: 일조각, 1986, 77면.
35)  위의 책, 394면.
36)  '傳茶'를 '차를 보내온'으로 해석하기보다 '공양에 필요한 차를 나르던 자'

증인으로 사미는 출가하여 비구가 되기 이전의 견습승려로서 그들이 반드시 지켜야 할 沙彌十戒 중에 '거짓말을 해서는 안'되는 '不妄語戒'[37]가 있다 할 때 그는 다른 사람들의 '說長短'을 명확히 규명해 줄 최적의 증인인 셈이다. 악부 2는 "뱀이 용의 꼬리를 물고 / 태산 봉우리를 넘어갔다고 들었노라 / 만인이 각각 한 마디씩 하더라도 / 짐작은 두 마음에 달려있다"는 「사룡」의 또 다른 모습이다. 일어날 수 없는 이야기를 남들이 하더라도 거기에 동조하지 말 것을 당부하는 '짐작재양심'이 「사룡」의 주제이듯 옥이든 돌이든 그 판단은 '사람의 입'에 있고 곱든 밉든 '님의 눈'에 있다 하며 해와 달이 빛나는 것은 명확한 사실이지만 그 빛을 가리는 꺼풀(成膜)이 있으면 그 빛을 알 수 없다는 것이다. 물론 꺼풀을 이루는 것은 구체적으로 '참소의 말(讒言)' 때문이다.

결국 사주가 '나의 손을 잡았(執吾手)'다는 내용을 담고 있는 「삼장」과 '짐작재양심'의 「사룡」에 자못 '고의가 있(有古意)'다 하며 악부 1・2로 연의한 서포의 의도를 통해 「쌍화점」과 「삼장」의 원가가 '손을 잡'았다는 것과 무관했다는 점을 지적할 수 있다. 이는 급암의 한역가에 '한담이 틀림없다(閑談是必應)'로 나타나는 것과 밀접한데 비록 「쌍화점」과 「삼장」, 그리고 급암의 한역가에 '손을 잡'는 진술이 있다 하더라도 두 노래가 모두 '짐작은 두 마음에 있다(斟酌在兩心)' 하는 「사룡」의 주제에 포괄되며 그것이 서포의 악부 1・2에 그대로 재현된다 할 때, '손을 잡'는다는 진술이 「삼장」 이전의 작품에는 없다가 이후 궁중에서 생성된 것이라 할 수 있다. 물론 「쌍화점」의 형식이나 공연방식, 그리고 평가가 「한림별곡」과 친연하다는 점을 감안하면 이러한 추정에 무게를 둘 수 있다. 그에 따라 「쌍화점」

---

로 이해하는 게 여러 정황으로 보아 더 타당할 것이다. 그리고 그는 화자인 '첩'과 한집 식구가 아니라 삼장경을 펴는 스님과 같은 사찰에 기거하는 사미승려이다.

37) 『한국불교대사전』 4, 중판: 명문당, 1993, 126면.

의 원가는 오해를 살만한 시간·공간에 있다 하더라도 그것은 남들
의 짐작(斟酌在兩心·讒言自成膜)일 뿐 자신은 오해와 무관하다는
진술이었을 터이고 그러한 노래가 궁중에 들어온 후 궁중악에 맞게
개사·편사의 과정을 겪었는데 이 과정에서는 새로운 노랫말이 붙
거나-그 자리예 나도 자라 가리라 / 긔 잔딕ᄀ티 덦거츠니 업다-
기존 노랫말의 부분적 변개-내 손모글 주여이다-가 있었던 것이
다. 그리고 궁중에서 변개된 원가는 궁중 안에서만 공연된 아니라
다시 민가 쪽으로 이동되었는데 이러한 경과는 기녀의 교류를 통해
짐작할 수 있다.

> 모든 광대 잡기와 지방의 노는 기녀들까지 모두 불러 올려 사방에
> 서 혼잡하게 모이니, 깃발이 길에 잇따르고 궁중에 가득하였다.[38]

궁중에서 대규모의 연회가 있을 때, 궁중 소속의 교방기는 물론
지방기와 광대 잡기까지 궁중으로 몰려든 사례를 통해 기녀의 교류
를 엿볼 수 있다. 연회가 끝난 후 교방기는 궁중에 남아 있겠지만
나머지 지방기나 광대 잡기들은 그들이 활동하던 공간으로 되돌아
가야 하는데 이 때 이들이 궁중의 연행물을 각 지방으로 전파시키
기 마련이다. 물론 가무와 더불어 교방기의 화장이나 복식도 이에
해당할 것이다. 그래서 "서울의 무당과 관비 중에서 가무를 잘하는
자를 뽑"[39]아 '새로운 소리를 가르친(敎以新聲·敎閱此歌)' 것이 「
쌍화점」 원가의 운반 및 개사·편사와 관련한 일이고 궁중으로 들
어온 자들이 가무를 연마하되 그것이 일정한 수준에 이르지 못하면
'본역으로 還定'[40]되는 것도 특정시기에 국한된 게 아니기에 궁중의

---

38) 『고려사절요』 권8, 예종, "凡倡優雜伎 以至外官遊妓 無不被徵 遠近坌至 旌
    旗 亘路充斥禁中."
39) 『고려사』 권125, 열전38 오잠, "選京都巫及官婢善歌舞者."
40) 『세종실록』 25년 9월 16일, "不能者罰之 甚者還定本役."

가무가 궁중 밖으로 이동할 수 있었던 것이다.

　이러한 사정을 감안하면 「쌍화점」과 「삼장」, 그리고 「사룡」과 급암의 한역가와 서포의 악부 1·2를 포괄적으로 이해할 수 있다. 관기·관비·무당 등이 궁중으로 운반한 노래가 궁중악에 맞게 개사·편사되어 기존의 곡에 얹어 부를 수 있도록 고저와 완급이 곡조에 맞춘 노래로 거듭났는데 이 과정에서 「쌍화점」 2연의 후반부 '긔 자리예 나도 자라 가리라 / 그 잔디ㄱ티 덦거츠니 업다'가 첨가되고 그 노랫말에 준해서 전반부의 일부분이 '내 손모글 주여이다'로 개사되었는데 이러한 사정과 관련한 기록이 "選官妓有姿色伎藝者"·"敎以新聲"·"敎閱此歌"·"皆中節簇"이었다. 그런데 전반부의 부분 개사와 후반부의 첨가를 통해 완성된 「쌍화점」은 궁중에서만 연행된 게 아니라 기녀의 교류를 통해 궁중 밖으로 나와서 "윤리를 해치는 내용으로 차마 들을 수 없으니 공자가 다시 나타나도 그대로 내버려두실 지 알 수 없다"거나 "쌍화점은 반주없이 부르는 노래"로 "풍속으로 하여금 쓰러지게 하고 날마다 아래로 나가게 한다"[41]는 평가를 받을 정도로 궁 밖에서도 불리고 있었다. 여기에서 한 가지 고려할 것은 궁중으로 운반되기 이전 상태에 있던 「쌍화점」의 원가도 민가 쪽에서 여전히 불리고 있었다는 점이다. '斟酌在兩心·讒言自成膜'類의 노래가 그것인데 이 노래는 「사룡」과 서포의 악부 1·2처럼 '내 손모글 주여이다'와 '긔 자리예 나도 자라 가리라 / 그 잔디ㄱ티 덦거츠니 업다'라는 남녀간의 신체적 접촉과 관련한 진술은 전혀 있지 않았다. 「사룡」이 "민간에 광범위하게 보여지는 말투"이며 이와 관련한 "시조도 산견"[42]된다는 점에서 확인할 수

---

41) 주세붕, 『무릉집』 권5, 답황학정중거, "其淫褻敗理 至有不忍聞者 設使夫子
　　復生 其不在所放乎 吾不可知也 … 雙花店淸歌之屬 … 使風俗靡靡日就於
　　下."
42) 김석회, 앞의 논문, 77면. 시조 이외에 "님이 님아 온놈이 온말을 ᄒ여도 님
　　이 짐쟉ᄒ쇼셔"처럼 송강 가사에서도 발견할 수 있을 정도로 '짐작재양심'

있다. '짐작재양심 · 참언자성막'류는 비단 시조에 국한된 게 아니라 인간이 언어생활을 하면서부터 함께 존재해 왔던 것이기 때문이다.[43) 한편 궁중 밖으로 나온 「쌍화점」이 「쌍화점」의 원가에 해당할 '짐작재양심 · 참언자성막'류의 노래에 영향을 주었는데 급암의 한역가를 통해 이를 확인할 수 있다. 급암의 한역가가 「삼장」과 동일(三藏寺:三藏精廬, 執吾手:執吾纖手, 倘此言兮出:此言若出)하되 마지막에 이르러 "상좌 네 말이라 하겠다(謂上座兮是汝語)"라는 표현 대신 '한담이 틀림없다(閑談是必應)'로 나타나는 것은 바로 이런 사정에서 기인한 것이다.[44)

# 4. 「쌍화점」 통석과 나오는 글

雙花店에 雙花 사라 가고신딘 / 回回아비 내 손모글 주여이다 / 이 말숨미 이 店밧긔 나명들명 / 다로러거디러 죠고맛감 삿기광대 네 마리라 호리라 / (…)긔 자리예 나도 자라 가리라 / (…)긔 잔디ᄀᆞ티 덦거츠니 업다 // 三藏寺애 브를 혀라 가고신딘 / 그 뎔 社主ㅣ 내 손모글 주여이다 / (…)삿기 上座ㅣ 네 마리라 호리라 // (…)드레우므

---

류의 연원은 오래다.

43)『논어』「자장」, "君子一言以爲知 一言以爲不知 言不可不愼也"라는 자공의 말처럼 말을 조심하는 것은 어느 시대이건 존재해 왔다.

44) 고려 당시의 민요를 수집해 놓은 자료나 노랫말이 개사 · 편사되는 구체적 정황을 설명해 주는 문헌이 나타나지 않는 이상 이 문제는 명확하게 규정지을 수 없다. 다만 민요가 궁중으로 일방적으로 향하는 것 이외에 궁중의 노래가 민가의 노래에 영향을 줄 수 있다는 점을 지적하는 데에 머물 수밖에 없다. 이는 궁중의 교방기가 궁 밖으로 나가는 경우와 궁 안과 밖에서 활동하던 영업기가 있었다는 점을 통해 알 수 있다. 그리고 기녀들이 상대하는 사람들의 취향을 반영하여 특정한 원가를 개사 · 편사한 경우는 이 책의 '「정석가」와 영업기의 개사 · 편사능력' 참조.

레 므를 길라 가고신딘 / 우뭇龍이 내 손모글 주여이다 / (…)드레바가 네 마리라 호리라 // (…)술풀지비 수를 사라 가고신딘 / 그 짓 아비 내 소모글 주여이다 / (…)싀구바가 네 마리라 호리라(각 연의 반복어 생략)

노래의 각 연은 '어디에 무엇하러 갔더니 누구가 내 손목을 잡았고 이 말이 어디 밖에 드나들면 아무개가 한 말이라 하겠다'로 되어 있고 그 중에서 '어디·무엇·누구·아무개'라는 부분만 차이가 있고 나머지는 같은 내용의 반복이다. '어디'라는 장소에 있음직한 '무엇'과 '누구'가 뒤따르고 손목을 잡은 일이 소문이라도 나면 제삼자인 '아무개'가 한 말이라 하겠다는 것이다. 이어서 "나도 그 잠자리에 자러 가리라"라는 부분에 이르러 또 다른 화자가 등장한다. 그리고 두 번째의 화자가 "나도 자라"가기를 바라는 곳은 '격렬한 정사'[45]를 벌인 장소이다. 결국 「쌍화점」의 노랫말과 또 다른 화자가 등장하는 것을 고려하면 "성적인 충동을 느끼게 하기 위해 궁중 술자리에서 가창된 저급의 노래"[46]라는 지적이 타당하다. 물론 「쌍화점」의 원가가 오해를 살만한 시간·공간에 있다 하더라도 그것은 남들의 짐작(斟酌在兩心·讒言自成膜)일 뿐 자신은 오해와 무관하다는 진술이었다 하더라도 그것이 "選官妓有姿色伎藝者·敎以新聲·敎閱此歌·高低緩急 皆中節簇"의 과정을 거쳐 궁중에서 공연됐기에 「쌍화점」의 이해는 '술자리'의 정황을 감안하는 데에서 출발해야 한다. '사람마다 기생을 끼'고 '손뼉을 치고 춤'며 '개구리 들끓는 소리가 뒤섞'이는 「한림별곡」에 대하여 '군자가 본받을 게 못되'듯이 「쌍화점」 또한 '윤리를 해치는 내용'으로 '공자가 다시 나타나도 그대로 내버려두지 못할' 노래로 평가를 받았을 정도로 술자리의 분

---

45) 양주동, 『여요전주』, 중판: 을유문화사, 1985, 267면. "답답ᄒ" ; 박병채, 『고려가요의 어석연구』, 이우출판사, 1975, 250면. "거칠·지저분할"
46) 박노준, 앞의 책, 201면.

위기를 돋우는 기능을 했던 것이다. 이러한 점을 고려하면 '어디에 무엇하러 갔더니 누구가 내 손목을 잡았다'에서 '어디'와 '누구'와 관련된 "우물"과 "우물용"을 각각 "궁정"과 "군왕"[47) 혹은 "풍요 기원의 장소"와 "신격"[48)이기보다 '어디'라는 공간이 만두가게나 사찰, 술집으로 사람의 출입에 제한이 없는 곳이기에 '우물'도 그러한 특성에 준해서 이해해야 한다. 실제로 「대황반」이란 무가에서도 우물이 "계집질"[49)을 매개하는 공간으로 설정되어 있고 "물이 가까운 곳에서는 여자가 많다"[50)는 말도 우물의 의미와 무관하지 않기에 "우물용"에서 '용'을 상징의 동물로 상정할 게 아니라 우물이란 공간이 여자의 출입이 많은 곳이기에 그곳에서 손을 잡을만한 사람 곧 우물을 배회하는 남자 정도로 이해할 수 있다.[51)

'어디'에 해당하는 공간은 아무나 자유롭게 출입할 수 있는 곳이고 '누구'는 '어디'에 있음직한 인물들이지 궁중 술자리에 참가했던 사람들이 아니다. '어디'에 있음직한 사람이 자신의 본분에서 벗어나 '손목을 잡'은 것이나 그것을 감추기 위해 '아무개'로 책임을 돌린 것이나 그 '아무개'가 '어디'에 소속돼 있어 당연히 '누구'의 허물을 덮어주어야 함에도 불구하고 소문을 냈다는 진술은 술자리에 참석한 사람들의 마음을 이완시키는 기능을 하기에 충분하다.[52) 게

---

47) 정병욱, 앞의 책, 120면.
48) 허남춘, 「쌍화점의 우물용과 삿기 광대」 『반교어문연구』 2집, 반교어문회, 1992, 171~174면.
49) 박병채, 앞의 책, 367면. "믓겾가ᄉ리 쟝화새라"의 번역은 '물가의 계집질이 쟝하구나'이다.
50) 『국역성호사설』 Ⅰ, 민족문화추진회, 1977, 126면, "近澤多女之證."
51) 이어령, 『고전을 읽는 법』, 갑인출판사, 1985, 167면.
52) 정병욱, 「해학의 전통성」 『한국고전의 재인식』, 기린원, 1988, 350면. 크로체(Benedetto Croce)의 『미학』과 립프스(Lipps, Th.)의 『미학대계』에 기대어 골계와 해학을 설명하고 있는데 결국 마음의 긴장을 일시에 이완시키는 행위는 "준비되어 있는 마음의 긴장이 이외로 작은 것에 마주쳐서 이완되었을 때 느껴"진다고 한다. 「쌍화점」은 청자의 예상을 계속 무너뜨리게 하는

다가 '아무개'로 등장하는 게 사람이 아니라 '드레박'이나 '술바가
지'일 경우에 이르러 이완의 효과는 크기 마련이다. 이어서 또 다른
화자인 '나도'가 등장하면서 '어디'에서 '누가' 손목을 잡은 일이 '격
렬한 정사'에까지 이어졌고 자신도 그 단계에 동참하겠다고 하니 그
분위기는 더욱 고조된다. 또 다른 화자의 등장을 전후로 전반부를 1
차 이완으로 후반부를 2차 이완이라 할 수 있는데 2차 이완을 통해
분위기를 최고로 고조시킬 수 있었던 것이다. 이렇듯 「쌍화점」은 상
징이나 '신앙적 요소'[53]와 무관하게 술자리를 감안하는 데에서 출발
하면 기존의 해석보다 효과적으로 노래를 이해할 수 있다.

　「쌍화점」을 '애정지상주의' '자유분방한 삶의 동경' '부도덕한 행
위에 대한 심적 고통' '타락한 사회상을 풍자'한 것으로 판단한 이
후 서포 악부 2수에 기대어 그 주제의 범위가 '충고의 주제' '발원행
위를 둘러싼 잡음에의 대처 방식' '여성인 시적 자아와 남성인 사주
사이에 일어난 정사 및 이것이 소문으로 누설될까 염려하는 내용'으
로 해석될 수 있고, 동시에 도덕에 근거하여 '시적 자아와 사주 사
이에 교감이 이루어진 종교적 법열 및 이것이 정사로 곡해되어 소
문날까 염려하는 내용'으로 규정될 정도로 그 범위가 확대되기에 이
른다. 물론 '긔자리예 나도자라가리라 / 그잔디ᄀ티 덦거츠니업다'
라는 노랫말이 이러한 주제론과 무관하지 않기 때문이다.

　그러나 「쌍화점」 2연의 형성과 서포 악부 1·2와 「삼장」·「사룡」
에서 언급한 것처럼 민간의 노래가 궁중으로 일방적으로 운반되는
경우 이외에 궁중의 노래가 궁 밖의 노래에 영향을 줄 수 있다는 점

---

　'이완'의 형식이기에 김대행, 「쌍화점 반전의 의미」『고려시가의 정서』, 김
　대행 편, 중판: 개문사, 1997에서 '반전의 심리 기제' 부분을 진전시키면 노
　래를 더 선명하게 이해할 수 있을 것이다.
53) 「동동」에서 신앙적 요소를 적극적으로 거론하는 것도 이에 해당한다. 「동
　동」은 제의적 문맥보다는 기녀정서에 철저한 노래이다. 이 책의 '「동동」과
　효선어' 참조.

을 감안하면「쌍화점」의 주제가 다양성을 띤 이유를 이해할 수 있다. 무엇보다 '짐작재양심·참언자성막'류의 노래가 인간의 언어생활과 함께 시작되었고 원가가 궁중악에 맞게 개사·편사의 과정을 겪었다는 점을 통해 하나의 원가가 그것을 받아들이는 사람들의 처지에 따라 새로운 주제로 거듭나는 경우를 확인할 수 있었다. 결국 궁중으로 들어오기 이전의 원가와 궁중악으로 변모한「쌍화점」, 그리고 궁중의 노래가 궁중 밖의 노래에 영향을 준 경우를 고려해야「쌍화점」과 관련된「삼장」·「사룡」·급암의 한역가·서포의 악부를 온전히 이해할 수 있는 것이다. 그래서『악장가사』소재「쌍화점」은 "選官妓有姿色伎藝者" "敎以新聲" "敎閱此歌" "高低緩急 皆中節簇" 이라는 기록과 긴밀하다는 점과 공연방식이나 선인들의 평가가「한림별곡」과 유사하다는 점, 그리고 "別作一隊 稱爲男粧"으로 나타나는 충렬왕대의 궁중 연회의 분위기가 어느 왕보다 사치스러웠다는 점을 감안하면 결국 이 노래가 술자리의 분위기를 돋우는 기능을 했다고 규정할 수 있다. 그에 따라 노랫말에서 상징이나 신앙적 요소를 거론하는 것보다는 있는 그대로 이해하는 게 여러 정황상 타당한 것이다. 끝으로「쌍화점」의 원가와 그것의 개사·편사, 그리고 궁중의 노래가 궁 밖의 노래에 영향을 준 경우를 통해 원가의 이동 경로가 전혀 나타나지 않는 여타의 고려속요에도 적용시킬 수 있을 것이다.

# 「청산별곡」과 주방기(廚房妓)

## 1. 들어가는 글

　「청산별곡」은 그에 대한 연구성과에 비하여 해명해야 할 부분이 아직도 많이 남아 있다. 그 이유는 다양하겠지만 무엇보다 특정 구절의 해독이 온전치 않아 노래 전편을 이해할 수 없었기 때문이다. 특히 화자의 성별과 신분문제가 논자의 입장에 따라 규정되었고 그것이 노래의 주제를 결정하는 데 주요하게 기능하였다.[1] 노래의 주제를 표면적 이면적으로 나누려는 것 또한 이와 같은 사정과 무관하지 않다.[2]

---

*　이 글은 졸저,『한국 고시가의 새로운 인식』(경인문화사, 2003)에 수록했던 글을 수정·보완한 것이다.

1)　「청산별곡」에 대한 논의는 일일이 예거할 수 없을 정도로 축적되어 왔다.

2)　고려가요와 관련된 일련의 논문들「쌍화점 연구-구조를 중심으로」『어문학보』 11호, 강원대국어교육과, 1998,「풍요의 노래로서의 쌍화점-쌍화점 연구Ⅱ」『고전문학연구』 11집, 한국고전문학회, 1996,「얼음과 녹음을 통한 소망의 미학-만전춘 구조를 중심으로」『이정 정연찬선생 회갑기념논총』, 탑출판사, 1990,「만전춘별사 연구Ⅱ」『어문연구』 89호, 한국어문교육

이에 이 글은 「청산별곡」의 연구에서 논자들을 합일점에 이르지 못하게 한 중심에 화자의 정체가 자리 잡고 있다는 데에 주목하여 그것을 해명하여 작품을 이해하는 일에 목적을 둔다. 화자를 확정하는 일은 일관된 눈으로 작품을 읽어낼 수 있는 방법이기에 노래의 주제는 물론 이설이 많은 특정 구절의 해독에 도움을 줄 수 있다.

「청산별곡」의 작자를 알 수 없더라도 그 노래가 궁중에서 불리기 위해 대악서라는 음악기관을 거쳐야 했고, 그 곳의 관리들이 특정한 시험을 통해 자격을 갖춘 사람이었던 만큼[3] 原歌를 개사·편사하더라도 여러 부류의 화자를 개입시키지는 않았을 것이다. 예컨대 민요 시조 경기체가를 합성하여 만든 「만전춘별사」에서 화자가 일관되게 등장하는 것도 이런 이유에서다.[4] 그래서 「청산별곡」의 각 연에 등장하는 화자를 특정인으로 확정하여 노래 전편을 이해해야 할 당위는 이와 같은 데서 찾을 수 있다. 이를 통해 논자의 입장마다 다르게 해석하고 있는 "잉 무든 장글" "믈아래" "믜리도 괴리도 업시" "사스미 짒대예"의 의미를 해명할 수 있을 것이다. 특히 '잉 무든 장글'을 지닌 화자가 '돌에 맞은 후'에 '믜리도 괴리도 업'다고 진술한 이유도 드러날 것이다.

---

연구회, 1996, 「고려속요의 남녀상열지사 연구」 『서강어문』 12집, 서강대 국어국문학과, 1996, 「청산별곡 연구 I」 『어문학보』 20집, 강원대국어교육과, 1997를 의욕적으로 발표한 강명혜는 「청산별곡」에 대한 주제를 표면적 이면적으로 규정하고 있다. 이 또한 「청산별곡」의 화자를 확정하기 쉽지 않다는 것을 반증한다.

3) 송방송, 『한국음악통사』, 일조각, 1984, 153~154면.

4) 만전춘별사가 지닌 내용 형식상의 정제성에 대한 논의는 성현경, 「만전춘별사의 구조」 『고려시대의 언어와 문학』, 형설출판사, 1975, 참조.
   화자가 두 명이나 등장하는 쌍화점에서 손목을 잡힌 화자와 그 자리에 자러 가는 화자가 공존하지만 그들이 공유하고 있는 사유가 근본적으로 동일할 정도로 고려속요의 개·편사에 참여한 자들이 임의로 노랫말에 손질을 했던 것은 아니다.

## 2. 화자에 대한 주요 논의 검토와
## 그 대안으로서의 주방기

　　연구의 초기에 노래의 화자를 '사랑에 빠진 사람'5) 정도로 파악하다가 그 후 일반론적인 시각이 좀 더 구체성을 띠게 되었다. '삶의 터전을 빼앗긴 유민'6), '반란민'7), '徙民山城海島의 피난민'8)으로 파악했던 게 그것인데 세 경우 모두 '녹슨 쟁기'나 '병기'가 화자와 관련한 중요 단서였다. 노랫말이 남녀상열지사가 아닌데도 조선초「納氏歌」의 가사로 대체된 이유를 반란군의 투석전을 연상케 하는 '어디서 날아 온 돌인가'에서 찾았던 논의는 일견 타당성을 띤다. 물론 『고려사』에 나타나는 사민 정책과「청산별곡」화자를 결부시킨 것도 실증적 기반을 확보하려는 시도로 평가 받을 만하다. 그리고「청산별곡」의 화자를 '한림별곡 작자 못지 않은 지식층'9)이거나 '상당한 학식을 가진 귀족 계급'10)으로 판단하기도 했는데 이 논의의 중심에는 '사스미 짒대예 올라'란 부분을 시적 상징이나 우의성과 결

---

5) 짝사랑의 애상(양주동,『여요전주』, 증보판: 을유문화사, 1985, 307면), 사랑의 실패(이인모,「청산별곡 내용의 재검토」『국어국문학』61, 국어국문학회, 1973, 119면), 실연으로 속세를 등짐(조윤제,『조선시가사강』, 동광당, 1937, 148면)

6) 신동욱,「청산별곡과 평민적 삶의식」『고려시대의 가요문학』, 김열규·신동욱 편, 새문사, 1982, Ⅰ-35면.

7) 김학성,『한국고전시가의 연구』, 재판: 원광대출판부, 1985, 138면.

8) 박노준,『고려가요의 연구』, 새문사, 1990, 117면.

9) 정병욱,「한국시가문학사」상,『한국문화사대계』Ⅴ, 재판: 고대민족문화연구소출판부, 1971, 813면.

10) 이승명,「청산별곡의 연구」『고려시대의 언어와 문학』, 형설출판사, 1975, 134면 ; 김선기,「청산별곡의 작자모색」『어문연구』제13호, 어문연구회, 1984, 10면.

부시켜 이해하는 게 자리잡고 있다. '기적을 바라는 마음'이 문학적 장치를 통해 나타났다는 것이다. 끝으로 화자를 '졍지(부엌)'에 어울리면서 '강수를 비조라'의 주체처럼 여성이어야 한다는 주장이 있었다.[11] 그리고 여성 화자를 '궁중으로 잡혀 온 관기나 관비'[12]로 설정한 경우도 있었지만 심상에 머물렀을 뿐 작품 안팎을 통해 그것을 구체화하지 못했다.

지금까지 화자에 대한 주요 논의를 검토했다. 화자의 정체를 파악하려 했던 일련의 논의들이 나름대로 의의와 한계를 동시에 지닐 수밖에 없었던 것은 특정 구절의 해독이 온전치 않았기 때문이다. "잉무든 장글란 가지고", "에졍지 가다가", "사스미 짒대예 올라", "비조라", "잡스와니"에서 '가지고' '가다가' '듣노라' '비조라'라는 동사에 대한 주체를 설정하는 일과 '잉무든 장글' '에졍지' '사스미'라는 명사를 해독하는 일이 그것이다. 게다가 누군가 던진 돌에 맞아서 울고 있는 화자는 '미워하거나 사랑하지 않(믜리도 괴리도 업시)'는다는 부분도 작자의 정체를 확정하는 일에서 적잖은 장애요소였다. 돌에 맞은 상태에서 믜리도 괴시리 없는 주체가 농토를 잃은 유랑민이거나 피난민, 혹은 민란에 가담했던 사람들이라 할 때, 그들이 누구를 미워하지 않는 처지에 있었다는 것은 타당하지 않다. 누가, 왜 돌을 던졌냐는 것에 대하여 "화자의 진술에서 애매함이 보"[13]인다거나 지방관리가 피난민들에게 "즉각적인 이동을 재촉하는 물리적 압력"[14], 혹은 "석전에서 부상당한 것"[15]으로 이해하고

---

11) 김완진, 「고려가요의 어의분석」『고려시대의 가요문학』, 김열규·신동욱 편, 새문사, 1982, Ⅲ-9면.

12) 성현경, 「청산별곡고」『국어국문학』 58~60합병호, 국어국문학회, 1972, 241면.

13) 신동욱, 앞의 논문, 38면.

14) 박노준, 앞의 책, 111면.

15) 김학성, 앞의 책, 138면.

있지만 피난민이든 반란군이든 이들이 '예정지 가다가' '강수를 비조라'와 어울리지 않는 것도 마찬가지이다. 한편 "이유 없는 돌에 맞"은 것을 "팔자소관"[16]으로 이해하기도 했다. 그래서 운명을 개척하기 위해 에정지를 가던 화자가 사슴이 해금을 켜는 것을 듣는 일을 '기적을 바라는 마음'으로 판단한 것 또한 돌과 관련한 문제를 매끄럽게 해결하지는 못했다.

그러나 「청산별곡」과 달리 다양한 장르를 합성해 만든 「만전춘별사」에서도 노래 전편에 걸쳐 다양한 부류의 화자가 등장하지 않는다는 점을 감안해야 한다. 물론 시조·경기체가·민요 등이 결합하여 한 작품으로 거듭난 「만전춘별사」에서 화자는 기녀이다.[17] 사정이 이러할 때 고려가요의 일반론 중에서 노랫말의 개사 편사에 가담했던 궁중예인집단에 대하여 주목해야 하는데 특히 원가를 궁중으로 운반했던 기녀에 대하여 면밀한 언급이 필요하다. 그 동안 기녀의 역할은 원가의 운반과 歌唱에 한정되어 있었다. 다만 고려속요에 시정 분위기가 나타나는 이유를 경시서라는 물가조절 기관에 소속되어 있던 기녀의 역할을 통해 찾았던 게 기녀와 관련된 구체적 진술이었다.

하지만 궁중으로 선발될 정도의 자격을 갖춘 기녀가 운반자로서 일정한 역할을 했겠지만 그렇다고 해서 그들이 운반한 노래에 그들의 정서만 반영되어 있는 것은 아니다. 기녀를 뭉뚱그려 이해하면 "사치노예"[18]이겠지만 그들이 등급에 따라 나뉘어 있었기에 모든 기녀를 '사치'와 결부해서는 안 될 것이다. 그들에게는 재색에 따른 등급이 있었다.

---

16) 정병욱, 앞의 논문, 811면.
17) 성현경, 앞의 논문, 380면.
18) 김동욱, 「이조 기녀사 서설-사대부와 기녀-」『아세아여성연구』제5집, 숙명여자대학교, 1966, 116면. '기녀'에 대해서는 이 책의 '고려속요 연구방법 서설' 참조.

女伎로 말하면 그것을 하악이라 하는데 무릇 3등급이 있다. 大樂司
는 260명으로 왕이 늘 사용하는 것이다. 다음 管絃坊은 170인이요,
그 다음 京市司는 300여명이다.[19]

음악기관 중에서 대악사는 穆宗代에 설립한 大樂署의 별칭으로
공식적인 궁중의식에 따른 모든 음악활동을 행정적으로만 관장했던
음악기관으로 그곳의 樂官은 聲律을 校閱했고, 文宗代에 설립된 관
현방은 工人과 관기들의 실질적인 음악연습과 교육을 담당하였
다.[20] 경시사는 市廛을 勾檢하는 일을 맡은 관서였다.[21] 이들 부서
에 소속된 관기들은 위의 인용처럼 3등급으로 나눠있었는데 왕이
常用하는 대악서의 기녀가 1등급, 음악연습과 교육을 담당한 관현방
의 기녀가 2등급, 그리고 시장의 경제활동을 관장하던 경시사에 소
속된 기녀가 3등급이었다. 그런데 가무교습의 정기적 검증을 통해
그 등급이 조정되기도 했다. 관현방에서 교습을 받은 2등급의 기녀
가 1등급의 대악서로 오르거나 3등급의 경시서로 내려가기도 했던
것이다. 심지어 歌・舞・樂과 무관한 부서에 소속된 기녀들도 가무
교습을 받았는데 예컨대 御襨를 만들어 바치는 尙衣院의 針線婢, 鍼
灸하는 藥房妓, 營繕에 종사했던 工曹妓 등은 특정 부서의 소속이지
만 歌・舞・樂의 전문가인 각 提調들에게 內宴에 필요한 교육을 받
아야 했다.[22]

---

19)『고려도경』권40, 악률, "若女伎則謂之下樂 凡三等大樂司二百六十人王所常
　　用 次管絃坊一百七十人 次京市司三百餘人."
20) 송방송, 앞의 책, 149~151면.
21)『고려사』권77, 지31 백관2, "京市署掌勾檢市廛." 물가조절 기관이었던 경
　　시서에 3등급의 기녀 300명이 소속되어 있었다는 점은 부서의 기능과 어울
　　리지 않는 듯하지만 "경시서 소속의 여기들은 그 당시 새로운 문화 향수층
　　으로 등장한 수도 개성의 상공인들을 위하여 춤과 노래 같은 연주활동을
　　벌였던 연예인(송방송, 위의 책, 220면)"이었다는 주장은 고려의 대외 경제
　　활동을 염두에 둘 때 타당한 지적이다.

한편 기존 논의에서 언급하지 않았던 다른 기녀들도 있었다.

> 成才하지 못한 女妓와 醫女, 외방 각 고을과 서울에 있는 비자를 모두 가리어 뽑되[23] … 궐내에 모아 놓고 司饗房으로 하여금 여러 가지 반찬을 만드는 법을 가르쳤다.[24]

女樂에 가담해야 할 여기나 의료행위를 해야 할 의녀가 일정한 기량을 갖추지 못했을 때반찬을 만드는 법을 배웠다는 기록은 기녀의 역할이 다양했다는 것을 의미한다. "御膳과 闕內賓客에게 供辦하는 일을 맡"[25]은 사옹방과 "酒禮의 일을 맡"았기에 "酒庫가 속"[26]해 있던 사온서 등 궁실 안에서 기녀가 소용될만한 곳에 그들이 다양하게 퍼져있었다.[27] 그리고 기녀의 이러한 역할은 궁실 밖의 일반 관아에서도 마찬가지였다. 관아 소속의 기녀들도 연회와 관련된 자들에 한하여 사치라는 말과 어울리 정도이지 나머지는 그것과 거리가 있다. 雜役婢였다가 연회 때에 기녀로 행세하던 '汲水婢'[28]는 물론 반찬이나 술을 만들던 '廚房妓'[29]도 있기 마련이다. 이들은 관아로 들어오면서부터 주방기인 경우도 있겠지만 궁실처럼 成才하지

---

22) 장사훈, 『여명의 동서음악』, 보진재, 1974, 14~17면.
23) 『세종실록』 16년 12월 13일.
24) 『세종실록』 16년 12월 26일.
25) 『역주 경국대전 주석편』, 정신문화연구원, 1986, 92면.
26) 위의 책, 116면.
27) 司膳署는 膳羞를, 膳官署는 祀宴의 饌膳을, 司醞署는 술과 안주를 담당했다. 『고려사』 권77, 지31 백관2 참조. 시대별로 명칭만 바뀌었을 뿐 이런 부서는 늘 존재했다.
28) 김동욱, 앞의 논문, 80면.
29) 여기서 '주방기'라는 말은 주방(부엌)과 관련한 일을 하는 婢와 妓의 총칭으로 사용한다. 기녀 명부인 妓籍은 妓案이라고도 불렸으며 관아에서 관리하는 奴婢案에 포함되어 있었다. 妓가 노비안에 포함되어 있어 '주방비'라 해야겠지만 고려속요의 원가를 궁실로 가져온 자들을 기녀라 하는 데에 별 이견이 없기에 '廚房妓'라는 말을 사용하기로 한다.

못한 기녀가 반찬이나 술을 만들게 된 경우도 있게 마련이다. 그렇다고 해서 주방기로 항상 기능했던 게 아니라 연회의 규모에 따라 일반 기녀가 되기도 했다.

화자와 관련하여 주방기에 주목한 이유는 '잉 무든 장글란 가지고', '에졍지(부엌)', '강수를 비조라'가 그들이 맡은 역할과 친연하기 때문이다. 속요의 원가를 궁중으로 운반하던 자는 재색을 갖춘 기녀일 텐데 일정한 기량에 이르지 못해 술이나 반찬을 만들어야 했던 주방기를 언급하는 것은 타당하지 않아 보이지만 기녀나 주방기가 서로 공유할 부분이 있다는 점에서 주방기의 정서가 노래에 개입될 가능성은 크다. 궁중로 들어오기 전 기녀는 관아 소속이며 奴婢案에 포함되어 있었다는 점에서 사치를 부리냐 그렇지 못하느냐의 문제를 떠나 그들 사이에 교직될만한 부분이 있었다. 연회의 규모에 따라 잡역비나 주방기가 기녀로 행세하기도 했고 일반 기녀도 成才나 그 밖에 관아의 규율을 어겼을 때 얼마든지 주방기로 전락됐던 것이다.

작가에 대한 주요 논의를 검토하면서 그 대안으로서 주방기를 언급할 수 있었다. 고려속요의 원가를 궁실로 가져온 자들이 재색을 갖춘 사치노예이기에 그들의 사치와 관련된 노랫말이 '금수산 이불, 사향각기(「만전춘별사」)'처럼 나타나는 것은 지극히 자연스런 일이다. 반면에 사치와 거리가 멀었던 기녀와 관련된 '잉 무든 장글란 가지고', '에졍지', '강수를 비조라'라는 노랫말은 기녀의 또 다른 모습과 관계있다.

# 3. 「청산별곡」과 주방기

재색을 지닌 기녀 이외에 사치와 거리를 둔 주방기에 대하여 언

급했다. 이제는 그들의 정서가 작품에 어떻게 나타나는지 언급할 차
례이다. 먼저 화자 추정의 단서는 8연이다.

> 가다니 비부른 도긔 / 설진 강수를 비조라 / 조롱곳 누로기 미와 /
> 잡ㅅ와니 내 엇디ᄒ리잇고 / 얄리얄리 얄라셩 얄라리 얄라(이하 후
> 렴 생략)

화자를 설정하는 일은 올바른 작품이해와 맞닿아 있다. '강수'와
'잡사오니' 그리고 '내 엇디ᄒ리잇고'를 감안하여 "괴로움을 견디게
하는 것은 오직 술"[30] 이외에 "다른 방도가 또 없"[31]던 화자의 모습
으로 8연을 이해했다. 한편 "현실의 고통과 상처를 독한 술로서 망
각할 수밖에 다른 대책이 없"[32]던 반란군의 처지로 보거나 "광대가
빚은 술을 그 광대가 자기보다 지체가 높은 화자를 불러 권하"[33]는
것으로 파악한 논의들은 '내 엇디ᄒ리잇고'에서 한결같이 '내'를 술
먹는 일과 관련짓고 있다. "술의 유혹을 어찌할 수 없"[34]는 상태에
서 "술에 잡"[35]힌 화자가 '누로기 미와'와 관련한 '설진 강수'를 마
실 정도로 현실은 더욱 불만스런 공간이었던 것이다. 물론 청산이나
바다에 '살어리랏다'를 외치는 화자였기에 이러한 논의는 타당한 듯
했다.

하지만 화자를 정하는 일에서 전제로 삼을 것은 '비조라'의 주체
와 '잡ㅅ와니'의 목적어를 감안하는 일이다.

---

30) 정병욱, 앞의 논문, 812면.
31) 이승명, 앞의 논문, 132면.
32) 김학성, 앞의 책, 138면.
33) 박노준, 앞의 책, 115면.
34) 송재주, 「청산별곡 중 애정지에 대하여」『국어교육』39·40합병호, 한국국
　　어교육연구회, 1981, 260면.
35) 장지영, 「옛 노래 읽기」『한글』108호, 한글학회, 1955, 20면.

‘내 엇디ᄒ리잇고’라는 사설의 화자를 남성으로 상정들 했던 것은 그보다 앞선 둘째 줄 ‘설진 강수를 비조라’에서의 ‘비조라’를 ‘빚는 구나!’라는 감탄형으로 보았던 것 … 그 주어를 3인칭으로 추정하고, 술을 빚는 제 삼자, 아마도 여성으로 생각되었을 이 제 삼자와의 대비하에서 ‘내 엇디ᄒ리잇고’의 화자는 늠름한 장부로 둔갑하였을지 모른다. … ‘비조라’가 ‘빚는구나!’라는 뜻일 수는 절대 없다. 의도법의 ‘오 / 우’가 개재된 ‘비조라’를 현대어로 옮긴다면. 그것은 ‘빚노라’ 내지 ‘빚었노라’가 될 수 있을 뿐이며, 그 주어는 현대어에서건 중세어에서건 화자 자신일 수밖에 없는 것이다. … ‘호라’형이 ‘ᄒ다’와 함께 의미상으로 과거의 동작을 나타낸다는 것은 잘 알려진 일이다. 술을 빚는 행위는 이미 며칠 전의 일[36]

‘비조라’를 ‘빚는구나!’라는 감탄형으로 보았던 기존의 논의가 지닌 문제점을 문법형태소를 통해 조목조목 반박한 위의 논자는 「청산별곡」의 화자를 여성으로 파악하고 있다. ‘비조라’의 주체는 ‘내 엇디ᄒ리잇고’에서의 ‘내’인 여성이라는 것이다. 그리고 ‘잡스오니’에서 ‘-습-’은 “그 목적어로서 ‘나’를 취할 수 없”는 형태소이기에 화자인 ‘내’가 “존경할 만한 존재로 판단하고 있는 것”[37]에서 목적어를 찾아야 한다고 한다. 결국 8연에서 ‘내 엇디ᄒ리잇고’에서 ‘내’는 다만 며칠전에 술을 빚었던 사람으로 술 먹는 일과 무관하다. 배 부른 독에 술을 빚었고 에정지(부엌)란 공간과 관련됨직한 인물로 주방기를 상정할 수 있는 근거는 여기에 있다.

술을 빚었던 주방기의 입장에서 8연을 더 선명하게 이해할 수 있다. “조롱곳 누로기 미와”에서 ‘조롱곳’은 ‘하얗게 핀 조롱박 꽃’이고 ‘누로기’는 누룩으로 “소맥(밀)을 분쇄하여 원판형으로 만들어 미

---

36) 김완진, 앞의 논문, III-9-10면.
37) 김완진, 「청산별곡에 대하여」 『고전문학을 찾아서』, 김열규 외3인 편, 3쇄; 문학과 지성사, 1978, 160면.

생물을 번식시켜 건조시킨 것"[38]이다. 미생물이 충분히 번식했을 경우 누룩은 "황백색 내지 회백색"[39]을 띤다고 한다. 그리고 '조롱곳 누로기'처럼 미생물이 잘 번식하여 하얗게 변색된 누룩을 주로 "탁주, 소주용"[40]으로 사용한다고 할 때, '설진 강수'는 주방기가 빚은 도수 높은 탁주나 소주였던 것이다. 그래서 주방기가 빚은 강수를 누군가 마시면(잡스와니) 대취할 것이고 이에 대한 책임을 화자는 "내 탓이 아닙니다. 저 술 향기 때문입니다."[41]로 돌리고 있는 것이다. 누군가 강술에 취한 것은 어쩌면 술을 마신 사람이나 그것을 빚은 사람의 탓이겠지만 화자가 이런 입장에서 벗어나 애매하게 강술 쪽으로 원인을 돌리는 것은 '사치노예'에서 벗어나 있는 주방기의 처지와 밀접한 진술이다. 사치를 부리는 기녀라 하더라도 술자리에 지체없이 가야 큰 벌을 받지 않았고 가혹한 宴主를 만났을 때 보수 대신 薄酒나 乾脯類를 받고 아무런 항명도 하지 못했다는 점[42]에서 사치와 무관한 주방기가 강술을 비조라의 주체이면서 누군가 취했을 때 그 원인을 술을 마신 사람이나 빚은 사람에게서 찾지 않고 자신과 무관하다고 진술하는 '내 엇디ᄒ리잇고'의 표현은 바로 이런 맥락에서 이해할 수 있다.

어듸라 더디던 돌코 / 누리라 마치던 돌코 / 믜리도 괴리도 업시 / 마자셔 우니노라

---

38) 배상면,『전통주제조기술』, 2판: 국순당부설효모연구소, 1995, 77면.

39) 위의 책, 78면.

40) 위의 책, 77면.

41) 김완진,「고려가요의 어학적 해석」『새국어생활』6권 1호, 국립국어연구원, 1996, 62면.

42)『東野彙集』권6, "歌歇 出薄酒乾脯類 饋之曰 可退去 遂相笑而辭歸 … 可速往 否則責罪責 有恐喝不己." ; 박을수,『시조시화』, 3판: 성문각, 1984, 184면 재인용.

이 노래에서 논자들이 이해하기에 까다로웠던 부분은 5연이다. 누군가 던진 돌에 맞아서 울고 있는 화자는 미워하거나 사랑할 사람도 없다고 한다. 돌에 맞아 울고 있는 경우 누군가를 탓하는 게 인지상정이지만 위의 화자는 그렇지 않았다. 화자의 이런 처지를 "팔자소관"43)이나 "헤아릴 수 없는 고독의 심연으로 작가는 빠져들었을 것"44) 혹은 "문학 등의 가해적 표현인 보조관념화된 상징물"45)이나 "사회적 여건으로부터 파생되는 도피할 수 없는 상황"46)으로 판단한 것은 "화자의 진술에서 애매함"47)으로 처리하는 것과 다름 아니다. 반면 반란군들이 "석전에서 부상 당한 것"48)이나 관리가 피난민들에게 "이동을 재촉하는 물리적 압력"49)으로 해석하기도 했지만 돌에 맞아 울고 있는 반란군이나 피난민이 미워하거나 사랑할 사람도 없다고 진술하는 것과 어울리지 않는다. 그리고 이 글에서 주목하고 있는 주방기가 '강수를 비조라'의 주체라 하더라도 미워하거나 사랑할 사람도 없다고 진술하는 것도 매끄럽게 이해할 수 있는 부분은 아니다. 하지만 돌에 맞았을 때의 상황이 특별한 경우라 할 때 5연을 이해할 수 있다.

石戰은 고구려 때부터 매년 정초에 "패수[대동강] 위에 모여 좌우로 두 부를 나누어 서로 돌을 던지"50)던 것이 고려 때에 이르러 "조약돌과 깨어진 기왓장을 던지"51)는 단오 행사로 이어졌다. 그리고

---

43) 정병욱, 앞의 논문, 110면.
44) 이동근, 「청산별곡재고」 『관악어문연구』 9집, 서울대국어국문학과, 1984, 265면.
45) 강명혜, 앞의 논문, 83면.
46) 나정순, 「청산별곡연구」 『국어국문학』 110호, 국어국문학회, 1993, 98면.
47) 신동욱, 앞의 논문, 38면.
48) 김학성, 앞의 책, 138면.
49) 박노준, 앞의 책, 111면.
50) 『북제서 주서 수서』, 경인문화사, 1976, 880면, "聚戲於浿水之上 … 分左右 爲二部 以水石相濺擲."
51) 『고려사』 권134, 열전47 신우2 신우 6년.

조선 중종 때에는 설날, 추석과 함께 단오가 삼대명절로 자리를 잡
는다.52) 이 명절에는 그네뛰기(鞦韆), 시름(角力), 줄다리기 등을 했
는데 특히 고함을 지르며 돌을 던지는 石戰은 마치 비가 쏟아지는
모습과 유사했다. 그에 따라 사상자가 생기더라도 누구도 후회하지
않았다고 한다.53) 석전에 참가했던 사람들이 부상을 당하더라도 후
회하지 않는 것은 누구인지 모를 사람이 던진 돌에 맞았기에 딱히
원망할 대상을 구체적으로 지적할 수 없고 돌에 맞은 사람이 특정
인에 국한된 게 아니라 석전에 가담한 사람들 대부분이다. 그리고
돌에 맞은 사람들이 눈물 흘리되 누구를 미워하거나 사랑할 사람이
없다는 입장에 설 수 있었던 것에 단오라는 큰 명절이 자리잡고 있
다. 단오가 큰 명절이니만큼 탈놀이나 줄타기 그리고 꼭두각시놀음
등이 전국적으로 연희됐고 그러한 분위기 속에서 석전의 주변을 지
나가던 주방기가 돌에 맞아 울면서 ‘믜리도 괴리도 업’다고 진술한
것이다. 게다가 단오가 모든 사람들에게 명절일지 몰라도 주방기에
게는 다른 날보다 훨씬 바쁜 날일뿐이다. 특히 “부엌일을 하는 사람
이 쑥떡”54)을 만들거나 “좋은 음식으로 서로 모여 즐기는 것이 설날
과 같”55)다고 할 때 주방기에게 단옷날은 예삿날보다 할 일이 많은
날이다. 다른 사람들이 명절을 온전히 즐기는 일은 주방기가 주방일
에 충실할 때 가능한 것이다. 화자에게 명절날 아침은 “널라와 시름
한 나도 자고 니러 우니로라”와 다름 아니기에 ‘믜리도 괴리도 업’
다는 진술도 명절이되 명절을 즐길 수 없는 처지에 있던 화자를 감
안해서 이해할 수 있다.

　단오의 분위기를 주방기가 경험하는 것은 7연을 통해 확인할 수
있다.

---

52) 『중종실록』 13년 8월 12일.
53) 홍석모, 『동국세시기』, 『한국사상대전집』 12, 양우당, 1994, 77~79면.
54) 위의 책, 78면.
55) 김매순, 『열양세시기』, 『한국사상대전집』 12, 양우당, 1994, 130면.

가다가 가다가 드로라 / 에정지 가다가 드로라 / 사스미 짒대예 올아
셔 / 奚琴을 혀겨를 드로라

　"사스미 짒대예 올아" 부분을 "해학"[56]이나 "기적 없이 살 수
없"[57]는 상황, 혹은 "하늘소의 울음소리"[58]나 "상식을 초월한 상
징"[59]으로 이해한 것은 사슴이 장대에 오른 것도 문제이거니와 해
금을 켠다는 것은 더욱 불가능한 일이기 때문이다. 한편 위의 구절
을 "사슴이 장죽 속을 사람 발자국 소리에 놀라 달아나는 서슬에 두
뿔에 부닥겨 마치 해금을 켜는 거와 같은 소리"[60]이거나 "사슴으로
가장한 인간"[61]으로 이해하는 일은 문면을 충실하게 해석했다는 특
장을 지니면서도 그것이 "무슨 의미를 가지는 것이며, 무슨 필연성
이 거기 연에 놓여 있느냐 하는 점을 합리적이고 상식적으로 설명
할 수 없"[62]다는 반박을 받기도 했다. 하지만 이색(1328~1396)이
동대문에서 궐문 앞에 이르기까지 줄지어 있는 산대잡극을 목격한
내용을 담고 있는 "긴 장대로 공중 오르기를 평지같이 하며"[63]라는
시의 일부분과 이규보(1168~1241)가 『명황잡록』의 내용에 기대어
서 "머리 위에 긴 장대를 이고 목상(木床)을 올려 놓"[64]았다고 표현

---

56) 양주동, 앞의 책, 327면.
57) 정병욱, 앞의 논문, 812면.
58) 박영환, 「청산별곡의 연구」『어문논집』23, 고려대국어국문학연구회, 1982,
　　456면.
59) 장덕순,『한국문학사』, 5판: 동화문화사, 1987, 126면.
60) 김사엽,『국문학사』, 정음사, 1954, 264면.
61) 김완진, 앞의 논문, 158면.
62) 윤강원, 「청산별곡연구」『논문집』3, 대유공업전문대학, 1981, 88면 ; 김재
　　용, 「청산별곡의 재검토」『서강어문』2집, 서강어문학회, 1982, 164면에서
　　재인용.
63)『목은선생문집』5,『한국역대문집총간』19, 경인문화사, 1973, 318면, "長竿
　　倚漢如平地."
64)『국역동국이상국집』Ⅰ, 민족문화추진회, 1980, 177면.

한 것을 통해 사슴, 장대, 해금의 결합을 해학이나 기적으로 판단하기보다 화자가 실제 공연을 경험한 것으로 생각할 수 있다. 이러한 공연은 조선조까지 이어지는데 성현(1439~1504)의 관나시 가운데 "긴 장대의 백 척 위에선 호권(壺觔)을 춤추고 있다"[65]에서 확인할 수 있다. 그래서 "사스미 짒대예 올라"가 단오의 여러 행사 중에 하나를 주방기가 경험한 내용이라 할 때 '무슨 의미'나 '무슨 필연성'을 운운하는 것에서 자유로울 수 있다. 그래서 돌에 맞은 일이나 사슴이 해금을 켜는 것은 모두 단오 행사에서 주방기가 경험했던 내용이지 "위태로운 벼슬길에 대한 강한 집념이 상징화된 것"[66]이나 "정치현실의 풍자적 의미"[67]로 처리하는 것에서 벗어날 수 있다.

가던 새 가던 새 본다 / 믈아래 가던 새 본다 / 잉무든 장글란 가지고 / 믈아래 가던 새 본다

위의 연은 「청산별곡」을 둘러싼 여러 문제들 예컨대 주제와 화자에 대한 논의를 풍성케 했던 부분이다. "잉 무든 장글란 가지고"에서 '잉 무든 장글'의 해석과 '가지고'의 주체를 어떻게 확정하느냐에 따라 다양한 해석이 가능했다. 먼저 '잉 무든'을 '이끼(苔)가 묻은'으로 해석하는 것에 별 이견이 없지만 '장글'을 "낚시"[68], "兵器"[69], "농기구"[70], "연장"[71], "粧刀"[72]로 해석할 정도로 그 편차가 크다.

---

65) 『허백당문집』 1, 『한국역대문집총간』 71, 경인문화사, 1993, 203~204면, "長竿百尺舞壺觔."
66) 강명혜, 앞의 논문, 85면.
67) 김제현, 「청산별곡의 해석과 구조」 『어문연구』 84호, 한국어문교육연구회, 1994, 606면.
68) 서수생, 『한국시가연구』, 개정판: 형설출판사, 1974, 102면.
69) 김학성, 앞의 책, 138면.
70) 장지영, 앞의 논문, 16면.
71) 박영환, 앞의 논문, 449면.
72) 김완진, 앞의 논문, 165면.

어쨌건 특별한 용도로 사용하는 도구로 파악하고 있는 데에서 일치하고 있다. 청산이나 바다를 그리워하며 혹은 그곳에서 거주하면서 화자가 지녔을만한 도구를 어떤 입장에서 이해했느냐에 따라 화자를 낚시를 즐기던 사람, 반란군에 소속된 사람, 농사를 짓던 사람, 또는 여자 등으로 이해했던 것이다. 그리고 '가지고'의 주체를 정하는 것도 마찬가지이다. '가지고'의 주체를 '새'로 이해하는 경우는 새가 쟁기를 가지고 가는 모습을 "장기를 새의 부리로써 나타낸 데에는 장기와 형태면에서의 유추가 크게 작용"[73]했거나 "시적 의장"[74] 또는 "문학의 상징성에 돌리면 별 문제가 아니"[75]라는 주장으로 귀결되고 만다. 새를 '가지고'의 주체로 파악한 논의들이 결국 상징이나 시적 의장에 기댄 것은 해석하기 용이치 않았던 7연의 '사스미 짒대예 올라'에서도 그대로 적용된다.

　하지만 3연을 해석하는 데에 전제로 삼을 것은 고려속요를 개사·편사한 자들이 일정한 기준을 갖고 있었다는 점이다. 「만전춘별사」처럼 여러 장르의 노래를 개사·편사하면서 각각의 연에 다른 화자가 나타나지 않은 것도 이런 이유에서다. 그래서 '잉 무든 장글'의 해석과 '가지고'의 주체를 고려하는 일을 주방기의 입장에서 한다면 기존보다 더 명확하게 이해할 수 있을 것이다. 예컨대 술을 빚을 때 사용하는 물은 "대동강의 河水로서 水質佳良 특히 평양의 東里 酒庭山부터 평양의 西 2里 萬景臺에 이르기까지 물이 최상의 적당"[76]할 정도로 물맛이 술맛을 좌우한다고 하면 '강술을 비조라'의 주체였던 주방기가 물가에 나온 것은 자연스런 일이다. 그런데 주방기와 관련될 수 있는 도구는 '병기', '농기구', '낚시'를 제외한 '장도'이겠지만 이것 또한 그의 처지와 어울리지 않는다. 다만 '장글'은

---

73) 박영환, 앞의 논문, 450면.
74) 강명혜, 앞의 논문, 79면.
75) 이승명, 앞의 논문, 129면.
76) 배상면 편역, 『조선주조사』, 규장각, 1996, 204면.

'강술을 비조라'의 주체였던 주방기가 물가에 가지고 나올만한 도구
이어야 한다. 먼저 이끼가 그늘지고 습한 돌이나 나무 표면에서 자
란다는 속성과 주방기가 물가로 가지고 나올만한 도구를 결부해서
'장글'을 이해해야 한다. 이를테면 물을 담아 옮기는 도구인 '장군'
으로 생각할 수 있다. 주방에 있는 '장군'이란 도구는 "물, 술, 간장
따위를 담아서 옮길" 때 사용하며 "나뭇조각으로 통을 메듯이 짜서
만들"[77]기에 '잉 무든 장글'을 '이끼 묻은 장군'으로 이해할 수 있
다. 주방이란 공간이 그늘지고 습한 곳이며 그곳에 있는 '장군'이 나
무로 만든 것이라면 그것에 이끼가 묻는 것은 당연하다. 게다가 주
방기가 물가로 가지고 나온 장군에 '잉(이끼)'이 자랄만한 여건과 밀
접한 시기인 단오가 자리 잡고 있다고 하면 '장글'이 '장군'일 가능
성은 매우 높다.[78] 다만 '장군' 이전의 어형에 대하여 알 수 없기에
주방과 관련한 '장ㄱ～'이란 도구로 추정할 수 있다.

  이러한 사정을 감안하면 '믈아래'는 "평원지방"[79]이나 "물 아래
그림자"[80] "수면에 비쳐"[81]로 이해한 것과 다른 접근이 필요하다.
먼저 강술을 빚었던 화자가 장군을 가지고 나온 곳은 일반적인 물
가가 아니라 술과 깊이 관련된 공간이어야 한다. 주정산부터 만경대
에 이르는 대동강의 물이 술을 빚을 때 최상이었던 점을 감안하면
화자가 장군을 가지고 물 아래 가던 새를 보고 있는 곳을 구체적으
로 지적할 수 있다.[82] 평양 관아의 북동쪽에 위치하고 있는 酒岩은

---


77) 한글학회, 『우리말 큰사전』, 2쇄: 어문각, 1992, 3507면.
78) 오줌을 담아 나르는 도구가 오줌장군이듯 '장군'은 액체를 옮기는 데 사용
    하는 도구이다. '고어사전'류에서 '장ㄱ'이 쟁기로 나타나며 그것의 근거로
    「청산별곡」의 '잉무든 장글'이 자리 잡고 있지만 지금까지의 논의를 통해
    보면 '이끼 묻은 장군'으로 이해해야 할 것이다. 다만 '장군'의 고어형은 현
    재 알 수 없다.
79) 정병욱, 앞의 논문, 810면.
80) 김사엽, 앞의 책, 264면.
81) 전규태, 『고려가요』, 중판: 정음사, 1979, 110면.

주정산과 만경대 사이에 있으며 "술이 바위 틈에서 흘러 나왔는데, 아직도 흔적이 있다"거나 "술 빚은 누룩이 있구나" 또는 "바위 속에 酒神이 있어" "평양에 취한 사람이 많"[83]다고 할 정도로 물맛이 뛰어난 곳이다.[84] 화자가 주암에 있을 경우 '물 아래'는 자신이 정지(부엌)에서 장군을 가지고 나왔던 관아 쪽이다. 물론 장군에 물을 담아서 그가 돌아갈 곳이기도 하다. 그리고 과거형과 연계된 "가던 새"는 주암에 오기 전에 화자가 목격했던 새이다. 주암 주변의 새를 자고 일어나 보았던 것으로 여기고 있다는 점에서 화자에게 새는 특별한 의미가 있는 대상이다. 그 새의 의미는 아래에서 확인할 수 있다.

> 우러라 우러라 새여 / 자고 니러 우러라 새여 / 널라와 시름한 나도 / 자고 니러 우니로라

화자가 주방도구를 가지고 물가로 나서기 전의 상황이다. 자고 일어난 그에게 "새의 짖음은 나의 불행을 조상하는 울음"[85]이며 그것이 "세계와 시적 자아 사이에 심각한 불화"[86]에서 출발했기에 울고 있는 새를 통해 화자의 처지를 이해하려 했던 논의들은 타당하다. 그리고 1연에서 '살어리 랏다'를 "살아갈 것이로다"[87]로 이해하더라

---

82) 화자를 평양 관아 소속의 주방기로 상정했을 때에 국한하여 '믈아래'를 논의한다.

83) 『국역신증동국여지승람』 VI, 중판: 민족문화추진회, 1989, 346면.

84) 이찬, 『한국의 고지도』, 2쇄: 범우사, 1997, 213면에 있는 '평양전도'를 참조하면 명절날 주방기의 노역경로를 쉽게 이해할 수 있다. 주암에서 장군에 물을 채워 관아 쪽으로 이동하던 주방기가 갑자기 날아든 돌에 맞은 공간은 단오 석전이 벌어진 대동강의 위쪽(浿水之上) 곧 주암과 평양 관아 사이의 대동강변이다.

85) 장지영, 앞의 논문, 15면.

86) 김재용, 앞의 논문, 156면.

87) 박병채, 『고려가요의 어석연구』, 3판: 이우출판사, 1978, 216면.

도 그것은 모두 화자의 불만스런 처지에서의 발화이다. 게다가 화자의 처지가 새보다 더욱 심각했다는 점은 '새보다(널라와) 시름이 많다'는 진술을 통해 확인할 수 있다. 울고 있는 새는 어디든 날아갈 수 있지만 관아 소속의 주방기가 관내를 마음대로 벗어날 수 없기에 그 슬픔의 정도는 새에 비할 바 아니다. 강술을 빚은 자이면서 그 술에 누군가 붙잡힌 것에 대하여 '내 엇디ᄒ리잇고(내 탓이 아닙니다)'로 진술할 정도의 처지에 있던 그는 "公家之物"88)이라 하는 주방기이다. 비록 그날이 단오라 하더라도 그에게는 주방기로서 일상적으로 해야 할 일이 다른 날에 비해 많았기 때문에 새의 울음보다 자신의 슬픔을 더욱 절실하게 느낄 수밖에 없다. 차라리 그날이 명절이 아니었다면 슬픔이 덜했을지도 모를 일이다. 이것은 단옷날에 이끼 묻은 장군을 이고 석전의 주변을 지나가다가 돌에 맞아 '믜리도 괴리도 업'다고 진술한 화자의 심사와 별반 다를 게 없다.

"잉 무든 장글" "믈아래" "우러라 새여"는 화자가 이끼 묻은 장군을 가지고 주암에서 물 아래 곧 노역의 중심에 있던 평양 관아를 바라보고 있는 모습을 연상케 하는 단어들이다. 물론 주암에서 목격한 새가 자고 일어나 울고 있던 새와 동일하나 아니냐를 떠나 새는 주방기의 처지를 더욱 심각하게 만드는 기능을 하고 있다.

이링공 뎌링공 ᄒ야 / 나즈란 디내와 숀뎌 / 오리도 가리도 업슨 / 바므란 쏘 엇디호리라

뭇 사람들처럼 명절을 보낼 수 없는 처지이지만 그래도 낮에는 '이리공 저리공' 하면서 시간을 보낼 수 있다. 단오와 관련된 이런저런 행사들 예컨대 그네뛰기, 창포로 머리감기, 씨름, 줄타기, 장대타기, 탈놀이, 꼭두각시놀이 등을 직접 나서서 할 수는 없지만 이런

---

88) 김용숙, 『한국여속사』, 민음사, 1989, 243면.

것들을 주변에서 보면서 낮을 보낼 수 있었다. 하지만 '오리도 가리도 업슨(올 사람도 갈 사람도 없는)' 밤은 화자가 회한에 사로잡히는 시간이다. 일반 기녀들이 연회나 그 밖의 일로 분주하게 사치를 부리며 움직일 때 그녀가 할 일은 고작 주방에 머물며 그와 관련된 일을 하는 것이다. 단오라는 명절과 관계없이 낮에는 물을 긷고 밤에는 부엌이란 공간에서 보내야 했던 화자의 처지에서 충분히 진술할 만한 내용이다.

청산애 살어리랏다 / 멀위랑 드래랑 먹고 / 청산애 살어리랏다

바르래 살어리랏다 / 누무자기 구조개랑 먹고 / 바르래 살어리랏다

'살어리랏다'의 해석이 "살겠다"[89], "살아갈것이러라"[90], "살아갈 것이로다"[91], "살았더라면 좋았을 것인데"[92], "죽는 것보단 차라리 산에 가서 사는 것이 낫다"[93]에서 어떤 것이든 화자의 현재 상태가 불만족스럽다는 데에 일치하고 있다. 하지만 현재의 불만족에서 벗어나려는 화자가 그 대안으로 제시한 곳은 『장자』 내편 소요유에서 말한 이상향인 '藐姑射山'[94]이 아니다. 막고야산이 삶의 괴로움과 생로병사에서 자유로울 수 있는 공간이라 할 때 화자가 가고자 했던 청산이나 바다는 이상향이 아니라 생존에 필요한 것을 자신이 직접 노동하며 채집해야 할 공간이다. 현실이 철저하게 불만족스런 공간이었기에 화자는 이와 같은 바람을 지니고 있었다. 실제로 부엌

---

89) 장지영, 앞의 논문, 14면.
90) 양주동, 앞의 책, 309면.
91) 박병채, 앞의 책, 216면.
92) 이인모, 앞의 논문, 120면.
93) 이승명, 앞의 논문, 125면.
94) 안동림 역, 『장자』, 개정판 3쇄: 현암사, 1998, 37면.

에 있는 廚奴가 그곳에서 생기는 근소한 나머지를 얻어먹는 것에 대하여 정약용(1762~1836)이 "어찌 가엾지 않은가"[95]로 표현할 정도로 주방기의 현실도 이와 크게 다르지 않다. 그래서 차라리 직접 채집하며 살아가는 게 현재보다 낫다는 화자의 심정은 이런 맥락에서 이해해야 하며 특히 단옷날임에도 불구하고 주방기로서 소임을 다해야 했던 여러 정황을 감안하면 충분히 공감할 수 있다. 하지만 화자의 '살어리랏다'는 현실적으로 불가능한 일이다. 사노비도 "법제상 지위가 재물"[96]로 간주될 정도라면 주방기가 관아에서 관리하는 노비안에서 벗어날 방도는 거의 없다.

## 4. 「청산별곡」 통석과 남는 문제

「청산별곡」의 근간은 다음과 같다.

> 청산애 살어리랏다 / 멀위랑 ᄃᆞ래랑 먹고 / 청산애 살어리랏다 … 우러라 우러라 새여 / 자고 니러 우러라 새여 / 널라와 시름한 나도 / 자고 니러 우니로라 … 가던 새 가던 새 본다 / 믈아래 가던 새 본다 / 잉무든 장글란 가지고 / 믈아래 가던 새 본다 … 이링공 뎌링공 ᄒᆞ야 / 나즈란 디내와 숀뎌 / 오리도 가리도 업슨 / 바므란 ᄯᅩ 엇디 호리라 … 어듸라 더디던 돌코 / 누리라 마치던 돌코 / 믜리도 괴리도 업시 / 마자셔 우니노라 … 바ᄅᆞ래 살어리랏다 / ᄂᆞᄆᆞ자기 구조개랑 먹고 / 바ᄅᆞ래 살어리랏다 … 가다가 가다가 드로라 / 에졍지 가다가 드로라 / 사ᄉᆞ미 짒대예 올아셔 / 奚琴을 혀겨를 드로라 … 가다니 ᄇᆡ부른 도긔 / 설진 강수를 비조라 / 조롱곳 누로기 미와 / 잡ᄉᆞ와니 내 엇디ᄒᆞ잇고

<hr>

95) 정약용, 『목민심서』, 김지용 역, 『한국사상대전집』 11, 양우당, 1994, 333면.
96) 홍승기, 『고려 귀족사회와 노비』, 일조각, 1983, 8면.

일반인들이 명절날 아침에 일어난 모습과는 사뭇 다른 화자의 심사가 새를 통해 나타났다. 공간이동이 자유로웠던 새가 아무리 슬프게 운다고 해도 그것은 제한된 공간에서 노역에 시달려야 했던 화자의 슬픔에 비할 바 못된다. 그에게 명절은 차라리 예삿날보다 힘든 노역을 해야 하는 날일 뿐이다. 관아의 에정지에서 이끼 묻은 장군을 가지고 나선 곳은 '평양에 취한 사람이 많'을 정도로 물맛이 좋은 주암이었다. 그곳에서 화자는 아침에 그의 심사를 처량하게 했던 새를 목격한다. 화자가 아침에 울던 새와 주암에서 목격한 새를 동일한 것으로 여기고 있다는 점은 '믈아래 가던 새 본다'에서 '믈아래'가 화자가 있는 주암 물가의 아래이니 곧 관아 쪽이고 '가던'이 과거형이니 '믈아래 가던 새'는 '아침에 관아에서 보았던' 새임을 알 수 있다. 물론 아침에 울던 새가 주암에서 본 새와 동일한 것인지 아닌지는 중요하지 않다. 다만 새가 자유롭게 이동을 할 수 있었지만 제한된 공간에서 노역을 해야만 하는 화자 자신의 처지가 못마땅할 뿐이다. 그는 낮에 단옷날의 여러 놀이를 보면서 '이리공 뎌링공' 지낼 수 있지만 밤에는 에정지(부엌)에 있어야 한다고 생각한다. 명절이니만큼 주변의 기녀들이 연회에 참석하고자 몸치장을 하면서 분주하게 움직일 때 부엌에 머물러 있어야 할 그의 처지를 주암 물가에서 예견하고 있다. 주암에서 장군을 이고 관아로 돌아오는데 마침 대동강 강가에서 단오 행사의 하나였던 석전이 벌어지고 있었다. '패수[대동강] 위에 모여 좌우로 두 패로 나누어 서로 돌을 던지(聚戲於浿水之上 … 分左右爲二部 以水石相濺擲)'는 석전놀이가 벌어진 곳은 '대동강의 위쪽(浿水之上)'으로 관아와 주암 사이인데 그곳을 지나가던 화자가 돌에 맞는다. 하지만 눈물이 나더라도 두 패로 나누어 싸우는 석전에서 딱히 어느 편을 지지하거나 원망할 수 있는 입장은 아니었다. 울고 있는 자기 주변에 부상자가 눈에 띄었지만 그들도 명절 분위기에 동화되어 상대편을 탓하지 않고 있다. 관아 근처에 이르러 에정지(부엌)을 향하는데 사슴이 장대에 올라 해금을 켜는 연회를 목격하게 된다. 연회가 벌어지는 주변에 많은 사람들이 모여 단오를 즐기고 있었지만 장군을 부엌으로 가져가야 할 그에게 그런 여유는 없었다. 며칠 전 빚었던 술을 오늘 연회에 사용할 수 있게끔 미리 준비를 해야 한다는 생각에 해금 소리를 뒤로 한 채 부엌(에정지)에 들어섰다. 누룩은 잘 발효되어 있었지만 그것이 너무 지나쳐 강술이 되었으니 이 또한 부엌(에정지) 책임자의 추궁에 어찌할 방도가 없다. 오늘 연회에서 누군가 이 술을 마시면 대취할 것으로 생각하며 화자는 자신의 탓도 아니요 술을 마신 사람의 탓도 아니라며 그 원인을 잘 발효된 누룩에게 돌려 그 상황에서 벗어나고 싶을 뿐이다.

「청산별곡」에 대한 "대개의 연구가 부득불 억측의 수준을 넘어서기 힘들"[97]다는 주장은 연구성과가 상당량 축적돼 있되 아직도 해명해야 할 부분이 많다는 점을 지적하는 것이다. 무엇보다 다양한 연구방법과 그에 상응하는 성과도 있었지만 그것이 누구든 공감할 만한 것은 아니었다. 하지만 화자를 주방기로 확정하면 노래 전편을 온전히 이해할 수 있었다. 특히 평양 관아 소속의 주방기가 단옷날 경험한 내용이 '돌' '사스미', 그리고 '잉무든 장글' '믈아래'이었기에 이에 대하여 상징을 운운했던 것에서 벗어날 수 있었다. 그에 따라 '에정지'에서 '에'가 해독 미상이지만 화자가 관아 소속의 주방기라면 용도에 따른 특정 부엌을 가리키는 게 '에정지'인 것이다. 일반 집과 달리 관아이니만큼 여러 부엌이 있기 마련이고 특정 용도에 따라 '~부엌' 정도로 이해할 수 있다. 결국 「청산별곡」은 "청산애 살어리랏다"와 "바ᄅ래 살어리랏다"의 연을 제외하면 단옷날 주방기의 노역경로와 그에 따른 그의 심사를 담고 있는 노래이다. '청산

---

97) 김명호, 「청산별곡의 속악적 이중성」 『한국고전시가작품론』 1, 집문당, 1992, 301면.

애’ 연이나 ‘바르래’ 연이 어디에 있든 명절을 온전히 즐길 수 없을
정도로 노역에 시달리던 주방기의 애환을 엿볼 수 있는 노래로 규
정할 수 있는 것이다.

끝으로 고려속요의 원가를 궁중으로 운반한 자를 기녀로 파악하
는 데에 이견이 없다. 그러나 기녀를 뭉뚱그려 이해하면 사치노예이
겠지만 그들이 다양한 역할을 했다는 점에서 노래도 그들의 처지에
따라 이해해야 할 것이다. 예컨대 방적의 노역에 있던 방적기(「서경
별곡」), 영업을 목적으로 했던 영업기(「만전춘별사」), 사찰이란 신앙
공간에 있던 사찰기(「이상곡」)가 그들이다. 기록상 분명하게 남녀상
열지사로 규정된 것을 멀리 하고 해석하기 힘든 부분에 대하여 상
징을 운운하며 노래의 주제를 표면·이면으로 규정하는 데에서 벗
어나야 할 것이다. 특히 남녀상열지사로 규정된 「이상곡」의 경우 난
해어로 인해 단독 논문이 몇 편 안 되지만 그 논의들이 한결같이 상
징적 의미 파악에 매달리고 있다. ‘내 님을 두고 년뫼를 걷지 않겠
다’는 진술에서 ‘년뫼’가 ‘다른 가문’이나 ‘다른 임금’일 경우, 화자
는 ‘亡夫의 처’나 ‘신하’가 되겠지만 화자가 ‘사찰기’일 경우 ‘년뫼’
는 그저 다른 사찰이 있을 ‘다른 산’ 이외의 뜻이 없다. 화자를 세분
하여 이해할 필요는 여기에 있다.

# 「서경별곡」과 방적기(紡績妓)

## 1. 들어가는 글

　「서경별곡」의 연구에서 논자들이 합의점에 이르지 못했던 부분은 화자가 3연에서 "네가시 럼난디 몰라셔" "널 비예 연즌다 샤공아"라고 진술한 것이다. "네가시 럼난디"를 "네 妻가 음란한지"[1] "네 아내가 過懲한 줄을"[2] "네 각시가 음란한지"[3] "네 따위가 주제 넘은 줄"[4]로 이해하려는 시도가 각각 수긍할만하면서도 일방적으로 수용할 수 없는 면도 지니고 있다. 그래서 기왕의 논의를 정리한 논자에

---


　* 이 글은 졸저, 『한국 고시가의 새로운 인식』(경인문화사, 2003)에 수록했던 글을 수정·보완한 것이다.

1) 양주동, 『여요전주』, 중판: 을유문화사, 1985, 299면.

2) 박병채, 『고려가요의 어석연구』, 3판: 이우출판사, 1978, 210면. 이 글에서 고려가요 해석은 이 책에 따른다.

3) 전규태, 「서경별곡 연구」『고려시대의 가요문학』, 김열규·신동욱 편, 새문사, 1982, I-81면.

4) 서재극, 「서경별곡의 '네가시럼난디' 재고」『어문학』 27호, 한국어문학회, 1972, 123면.

따르면, '네 각시가 음란한지 몰라서'로 이해하면 노랫말의 흐름이 어색하고, '네까짓 것이 주제넘은 줄 몰라서'로 풀이하면 실증적 기반이 취약하다는 것이다.[5] "도대체 사공의 처와 지금 이별을 해야 하는 여인의 남편과 무슨 상관이 있단 말인가?"[6]라는 문제제기처럼 "네가시 럼난디 몰라셔" "널 비예 연즌다 샤공아"라는 진술을 이해하는 일은 용이하지 않다.

「서경별곡」이 서경노래·구슬노래·대동강노래의 合歌라는 점은 학계의 통설이다.[7] 그래서 합가에 따른 폐단으로 "네가시 럼난디 몰라셔" "널 비예 연즌다 샤공아"를 판단하는 것도 한 방법이겠지만 합가에 참여했던 사람들이 일정한 자격을 갖추고 나름대로 기준을 갖고 노랫말을 개사·편사했다는 점을 상기할 필요가 있다. 예컨대 「만전춘별사」의 경우 민요·시조·경기체가라는 다양한 장르의 합가이지만 노래 전편을 무리없이 이해할 수 있을 정도로 동일한 화자가 등장하기에 「서경별곡」에서 온전하게 이해하기 힘든 부분을 합가에 따른 결과로 돌리는 것은 석연치 않은 일이다.

이 글은 합가에 참여했던 자들이 일정한 기준에 따라 노랫말을 개·편사했다는 점을 감안하여 노래 전편에 적용할만한 화자를 확정하여 「서경별곡」을 이해하는 데에 목적을 둔다. 그에 따라 기존 논자들을 합의점에 이르지 못하게 했던 부분과 더 나아가 이 노래가 남녀상열지사로 규정된 이유까지 해명할 것이다.

---

5) 박혜숙, 「서경별곡 연구의 쟁점」『한국고전시가작품론』1, 백영정병욱선생 10주기추모논문집간행위회 편, 집문당, 1992, 294면.

6) 서재극, 앞의 논문, 119면.

7) 김택규, 「별곡의 구조」『고려시대의 언어와 문학』, 한국어문학회 편, 형설출판사, 1975, 253면.
   한편 김창룡은 대동강노래를 둘로 나누어 '대동강 사공의 노래'와 '건넌편 꽃의 노래'로 칭한 바 있다. 「서경별곡 연구」『동방학지』69집, 연세대국학연구원, 1990, 266면.

## 2. 화자로서의 방적기

　민가에서 불리던 노래가 궁중악 제정 과정을 거친 경우 우리는 그것을 고려속요라 한다. 그리고 민가의 노래를 궁중으로 운반한 자들이 기녀라는 데에 이견이 없다.[8] 기녀와 관련된 고려속요에 그들의 정서가 나타나는 것은 그들이 운반자 및 개사·편사자로서 기능한 것과 무관하지 않다. 그리고 기녀의 발화를 특징짓는 핵심이 "님의 부재로 인한 상실감, 결여감, 그리움, 수동적 태도"[9]라 하는데 고려속요에서도 이러한 점을 확인할 수 있다. "외로운 침상에서 어찌 잠이 오겠는가(「만전춘별사」)" "잠을 빼앗아간 내 님을 생각하며(「이상곡」)" "제각기 떨어져 살아가는구나·님을 모시고 지내야만 오늘이 한가윗날입니다(「동동」)" "님을 모시고 살고 싶습니다(「내당」)" 등이 그것인데 「서경별곡」도 예외는 아니다. "사랑하신다면 울면서 따르겠습니다" "구슬이 바위에 떨어진들" "천년을 홀로 살아가더라도" 등이 기녀의 처지와 관련된 표현들이다. 특히 "헤어지기보다 길쌈베 버리고"에서 '버리고'의 주체가 화자의 정체와 밀접하지만 '길쌈베'는 일반적으로 "사치노예"[10]라 칭하는 기녀와 무관해 보인다. 그러나 사치와 거리를 둔 기녀도 있었다는 점에 주목해야 한다. 藥房妓, 工曹妓, 房直妓 등이 그들인데 이들의 名簿라 할 수 있는 妓案이 관아에서 관리하는 奴婢案에 포함되어 있기에 妓와 婢는 서로 공유할만한 부분이 있었다. 예컨대 雜役婢였다가 연회 때에 기녀로

---

8) 물론 官婢, 광대, 무녀 등도 운반자로 역할을 했다.
9) 신은경, 「조선조 여성텍스트에 대한 페미니즘적 조명(2)-기녀의 언술을 중심으로」『페미니즘과 문학비평』, 고려원, 1994, 81면.
10) 김동욱, 「이조 기녀사 서설-사대부와 기녀」『아세아여성연구』 5집, 숙명여대, 1966, 116면.

행세하던 汲水婢에서 이런 경우를 확인할 수 있다.[11] 물론 사치노예인 기녀나 의녀가 일정한 재주에 이르지 못하면 반찬을 만드는 '廚房妓'[12]로 전락하는 일도 있었기에 妓와 婢는 상황에 따라 유동적이다. 그래서 '길쌈베 버리고'의 주체가 '紡績妓(婢)'[13]라 하더라도 그들이 '버린 빗' '잘게 썰은 보리수 나무(「동동」)', 혹은 '금수산 이불' '남산에 잠자리를 펴' '사향각시(「만전춘별사」)'와 관련될 개연성은 항상 있다.

관비나 면역자로 하여금 방적케 하여 민력을 늦추어 주소서[14]

행신을 보내 … 무당이나 관비로 가무를 잘하는 자를 골라[15]

충렬왕대의 기록을 통해 관비가 방적에 동원된 것과 관비·관기·무당이 궁중에 들어온 것을 확인할 수 있다. 그리고 연회의 규모에 따라 급수비가 기생의 행세를 했던 것처럼 방적을 하던 관비가 일반 연회에 나갈 수 있었다. 그래서 사치와 거리를 둔 妓(婢)들이 연회에 참가할 수 있었다는 점에서 고려속요의 원가를 운반한 자들을 사치노예에 어울리는 기녀에서만 찾았던 시야에서 벗어나 「서경별곡」의 화자가 사치와 무관하게 '길쌈베 버리고'라고 진술한 이유를 알 수 있었다.[16]

---

11) 위의 논문, 80면.
12) 『세종실록』 16년 12월 26일. 「청산별곡」의 화자가 이에 해당한다. 화자를 주방기로 확정하면 '잉 묻은 장글'을 이끼 묻은 쟁기, 병기, 낚시가 아니라 '이끼 묻은 장군(장기)'으로 해석해야 한다.
13) 고려속요의 원가 운반자를 기녀로 파악하는 게 일반적이기에 이 글에서는 紡績婢보다는 '紡績妓'라 칭한다.
14) 『고려사』 권78, 지32 식화1 전제, "宜令官婢免役者 紡績 以紓民力."
15) 『고려사』 권125, 열전38 간신1 오잠, "分遣倖臣 … 選京都巫及官婢善歌舞者."

‘길쌈베 버리고’의 진술 배경에 대하여 언급했다. 이제는 방적기가 ‘구슬’을 운운하며 ‘천년을 홀로 살아간들’ 그리고 뱃사공을 향해 ‘네가시 럼난디 몰라’라 발화한 배경을 살필 차례다.

먼저 기녀에게 공경대부의 처에 해당하는 “감람빛 넓은 허리띠를 차고 채색끈에 금방울을 달고 비단으로 만든 향랑”[17]을 차고 다닐 정도의 사치가 허용됐다는 점에서 그들을 ‘사치노예’로 지적한 논의는 타당하다. 잡역에 시달리는 사람들 이외에 연회에 참가하는 자에게 사치를 허용하는 것은 당연한 일이기도 하다. 물론 사치는 그들의 자족적인 면과 무관하며 그들이 상대해야 할 사람들을 위해 허용된 것이다. 그래서 기녀들은 “軍士·商賈·衙前 등 豊饒한 妓夫를 잡”[18]아서 그들의 사치와 생계를 도모했는데, 기부는 대게 기녀와 “親等한 下賤階級에 나온다”[19]고 한다. 기녀는 관아의 奴婢案에 포함되어 있으면서 “수령이 보살필 것이 못되는” 처지이기에 그들에게 “돌보아주는 자”[20] 곧 기부가 필요했던 것이다. 그들이 수령의 보살핌을 받지 못하는 대신 기부에 의존했던 것은 생계에 따른 일이지만 한편으로 생계가 사치를 부리는 일과 관련하기에 기부는 기녀의 사치를 위해 존재했던 것이다.

그리고 영업을 목적으로 했던 사기(영업기)가 부리는 사치는 관아 소속의 관기보다 심하기 마련이다.

집이 넓고 조용하며 집안 전체에 시중을 두고 있으며 전후에 식물 화분, 괴석, 분재, 연못을 두었고 … 발이나 푸른빛의 침대, 휘장들

---

16) 잡다한 공역에 종사했던 공노비가 궁중에서 가무 교육을 받거나 本役으로 환정되기도 했는데 이 책의 ‘고려속요 연구방법 서설’ 참조.
17) 『고려도경』 권20, 귀부, “橄欖勒巾加以采條金鐸 … 佩金香囊.”
18) 김동욱, 앞의 논문, 79면.
19) 위의 논문, 91면.
20) 정약용, 『목민심서』 권4, 이전육조 어중, “妓生雖貧皆有憐者不足恤也.”

이 있었다.[21]

『북리지』를 통해 唐代의 사기들이 부린 사치를 엿볼 수 있는데, 민가에서 생각할 수 없을 정도로 사치스런 공간은 '사향각시'가 '금수산 이불 아래'에서 '약든 가슴을 맞출' 곳이다. 오리에게 '여흘이랑 어디 두고 연못에 자러 오냐(「만전춘별사」)'고 힐책하던 사향각시가 있던 곳은 물론 연못이 자리잡고 있기도 하다. 특히 사치스런 공간에 있던 '늘어진 발'은 '구슬발'로 유곽을 유곽답게 만드는 소품이다. "綠陽으로 그늘진 길가 집은 누구의 집인가, 한 창문의 구슬발이 두 처녀를 가리었네. 동풍이 불어 고운 곡 가락이 새어 나와서, 공연히 길가는 나그네의 마음을 괴롭히네"[22]라는 柳永吉의 시에서 나그네의 마음을 괴롭히던 곳은 '구슬발'이 있던 영업공간이다. 그리고 「한림별곡」의 "아름다운 신선아가씨 싱싱한 머리·이마 비단 수방장 안에 구슬발 반쯤 말아 올린다"[23]처럼 구슬발은 사치스런 공간에 있던 도구이다. 결국 구슬노래에서 '구슬'과 '끈'은 공간을 가리는 용도로 사용된 구슬발로써 사치스런 기녀들이 일상적으로 대할 수 있었던 것이지 일반 아낙들이 경험할 수 있는 소품은 결코 아니다.

구슬과 나는 깨어지기 쉬운 대상이라 할지라도 끈과 믿음이라는 결코 깨지지 않은 힘에 의하여 깨뜨리는 힘(바위, 이별)에 대항할 수 있는 강한 존재로 상승되는 것이다.[24]

구슬을 꿴 끈은 끊어지지 않고 서로의 믿음도 지속된다고 하면서

---

21) 『북리지』, 海論三曲中事, "堂宇寬靜 各有三樓听事 前后植花卉 或有怪石盆
   池 … 垂簾茵榻帷幌之類."
22) 이수광, 『지봉유설』 권13, 문장부6 동시, "臨道誰家蔭綠楊 一窓珠箔護雙娘
   東風吹漏孤雲曲 枉使行人也斷腸."
23) 차주환 역, 『고려사악지』, 을유문화사, 1972, 244면.
24) 신은경, 「서경별곡과 정석가의 공통 삽입가요에 대한 일고찰」 『국어국문
   학』 96, 국어국문학회, 1986, 211면.

파탄을 거부하는 전환을 보여주었다.[25]

구슬의 깨어짐은 두 사람이 똑같이 감수해야 할 아픔→님으로 하여 금 깨닫게 하여 머물게 함이 될 수 있다.[26]

천년의 기다림은 허풍스럽고 과장되어 있다는 느낌보다 신의에 대 한 숭고함과 절대성으로 인해 듣는 이의 마음마저 숙연하게 한다.[27]

구슬을 님의 나에 대한 사랑으로, 구슬이 바위에 떨어짐을 님의 나 에 대한 배신으로, 끈은 나의 님에 대한 사랑으로 보면 어떨까 한 다.[28]


구슬노래에 대한 기존 논의에서 공통점은 '구슬이 깨어짐'을 두 사람의 이별로, '신의'를 두 사람의 재회 가능성으로 파악하고 있는 것이다. 하지만 여러 논의들 중에서 화자가 방적기일 때 김명준의 주장이 부분적이나마 타당성을 띤다. 연회에서 기녀의 상대자는 "관 청의 물품(公家之物)"[29]인 기녀에게 책임감을 일체 느끼지 않기에 그들 사이의 '끈'은 기녀가 아닌 상대자에 의해 좌우되기 때문이다. 기녀는 '버린 빗', '잘게 썰은 보리수 나무(「동동」)' 그리고 '서창을 열어 도화가 소춘풍(「만전춘별사」)'처럼 수동적인 상태에 머물 뿐이 다. 「서경별곡」의 화자가 '길쌈베를 버리'거나 '울며 불며 좇는' 것 은 상대자의 '사랑하신다면'이란 전제하에서 가능한 일이다. 기녀의 상대자는 기녀가 싫어지면 사치스런 공간을 가리던 구슬발을 언제 든 젖히고 그곳을 나설 수 있기에 '끈'은 방적기와 님의 상보적인

---

25) 조동일, 『한국문학통사』 3, 3판: 지식산업사, 1994, 157면.
26) 박노준, 『고려가요의 연구』, 새문사, 1990, 279면.
27) 유효석, 「서경별곡의 편사의식」『고려가요 연구의 현황과 전망』, 집문당, 1996, 454면.
28) 김명준, 「서경별곡의 구조적 긴밀성과 그 의미」『한국시가연구』 8집, 한국 시가학회, 2000, 68면.
29) 김용숙, 『한국여속사』, 민음사, 1989, 243면.

관계에서 생긴 게 아니라 화자 개인이 일방적으로 설정해 놓은 믿음일 뿐이다. 기녀와 그의 상대자가 '넋이라도 한 곳(「만전춘별사」)'에 있자고 약속을 하더라도 상대자의 여건에 따라 그 약속은 언제든 파기될 수 있으며 기녀는 약속 파기에 대한 항명을 온전하게 할 수 있는 처지는 아니었다. 기녀가 '님'과 함께 있을 경우 '얼어죽을지언정 오늘밤 더디 새(「만전춘별사」)'기를 바라는 마음 이면에는 피할 수 없는 '님의 부재'가 자리잡고 있기 때문에 「서경별곡」에서 '끈'은 님과 화자의 상호 교감에서 형성된 게 아니라 님과 자신을 이어주기를 바라는 화자의 일방적인 희망사항인 것이다. 그리고 '구슬' '깨어짐' '끈'이란 단어를 유기적으로 결합하여 자신만의 희망사항을 진술할 수 있었던 것은 기녀를 '解語花'라 부르는 것과 무관하지 않다. 구슬이 수동적이며 화려(사치)하되 한 번 깨지면 아무 쓸모 없는 소품인 것처럼 해어화는 '말하는 꽃'이지만 꽃의 속성이 화려(사치)하되 수동적이며 지고 난 후 초라해져 소용되는 바가 없다. 결국 구슬노래는 구슬발이 늘어진 공간에 있던 기녀가 일상적으로 경험했던 소품을 통해 자신의 처지를 담고 있는 내용이다. 그리고 구슬노래를 당시의 "관용적 표현"[30]으로 이해하더라도 이것은 일반 아낙들의 생활터전이 아니라 사치스런 기녀들이 있던 공간과 관련되어 있다.

대동강노래에서 뱃사공의 등장은 여러 정황상 자연스럽지만 화자가 뱃사공에게 너의 처가 바람났다고 진술하는 것은 당황스럽다. "도대체 사공의 처와 지금 이별을 해야 하는 여인의 남편과 무슨 상관이 있단 말인가?"[31]라는 문제제기처럼 대동강노래에서 '뱃사공 처의 바람'은 「서경별곡」을 온전히 이해하는 데에 난점이었다. 물론 '뱃사공 처의 바람'을 천업의 남편과 행실이 바르지 못한 그의 아내

---

30) 정병욱·이어령, 『고전의 바다』, 현암사, 1977, 111면.
31) 서재극, 앞의 논문, 119면.

를 가리킨 "옛시대의 고착된 인식"32)이나 또는 "사공의 아내에게 음
탕의 거짓 옷을 입"혀 떠나는 님에게 "동시에 비난의 화살을 쏘"33)
았던 것으로 이해하는 일은 화자가 "난데없이 사공의 아내를 끌어
내어 간접적으로 님과의 이별 없기를 애원해 보는 것"34)과 다름 아
니지만 「서경별곡」의 화자가 방적기라 할 때 이러한 진술이 나온
배경을 더욱 구체적으로 이해할 수 있다.

먼저 뱃사공은 관가의 노비처럼 雜尺에 속해 있던 자들이다.35) 그
러나 뱃사공이 "驛人을 포함하여 부곡인"36)이거나 "국가의 公民"37),
혹은 천민이든 그들이 빈궁하지 않았다는 점에 주목해야 한다.

> 슬프다. 이런 조그마한 나루터 같은 데서 오히려 뇌물이 없어서 배
> 가 나아가는 데 빠르고 더디거나 앞서고 뒤서는데 하물며 벼슬을
> 경쟁하는 마당에38)

뱃사공이 웃돈을 받아야 배를 빨리 젓는 일은 특정 시기에 한정
한 게 아니다. "아전과 뱃사공이 빌붙어 농간을 부리"39)는 일은 운
송체계가 온전치 못했던 시기에 늘 있게 마련이다. 그래서 뱃사공이
공민이든 천민이든 그들의 생활은 다른 부류에 비해 덜 빈궁했던
것이다. 뱃사공이 경제적으로 이러한 특성이 있을 때 그들이 '수령
이 보살필 것이 못되'는 기녀를 '돌보아 주는 자'였을 가능성은 크

---

32) 박노준, 앞의 책, 283면.
33) 김명준, 앞의 논문, 75면.
34) 전규태, 앞의 논문, I -81면. 서경별곡의 모든 논의가 이에 해당한다.
35) 『고려사』 권2, 세가2 태조 26년 4월.
36) 박종기, 「고려 부곡인의 신분과 신분제 운영원리」 『한국학논총』 13, 국민
    대한국학연구소, 1990, 40면.
37) 위의 논문, 37면.
38) 『동국이상국전집』 권21, 주뢰설, "嗟乎 此區區一葦所如之間 有以賂之之有
    無 其進也有疾徐先後 況宦海競渡中."
39) 『정조실록』 17년 9월 11일.

다. 기녀가 ‘軍士·商賈·衙前 등 豊饒한 妓夫를 잡’아서 그들의 생계와 사치를 도모했고 기부는 기녀와 ‘親等한 下賤階級’ 출신이 많았기에 「서경별곡」의 화자가 뜬금없이 뱃사공 처의 바람을 운운한 게 아니다. 방적기인 화자와 뱃사공의 처가 관아 소속의 기녀로서 서로에 대하여 잘 알고 있었다면 ‘바람’에 대한 진술이 나온 배경을 알 수 있다.

  하지만 화자의 이러한 폭로에 뱃사공은 아랑곳 않고 화자의 님을 ‘배에 얹’고 만다. 화자의 의도대로라면 뱃사공이 나룻배를 버리고 바람난 처에게 달려가야 할텐데 그는 손님을 ‘배에 얹’는 자신의 일에 충실했다. 방적기의 폭로에 뱃사공이 반응을 보이지 않은 일은 뱃사공과 그의 처가 일상적인 부부가 아니라 특별한 관계에 있었다는 것을 의미한다. 예컨대 “울며 여윈 낭군 머지않아 돌아오련만 화장 다시 하고 다른 님 기다리네”라는 古詩에 대하여 “기부가 많음이 기괴한 것이 없다”[40]거나 “기부를 물어보면 아무리 많더라도 다 열거하여 고백하는 것이 창기에게 있어 크게 통하는 일”[41]이라 지적한 연산군의 경우를 통해서도 기부와 기녀는 일부일처와 다른 一妓多夫의 관계도 가능했던 것이다.[42] 그래서 ‘네가시 럼난디’가 ‘네 처 바람난지’가 아니라 ‘네 각시 바람난지’이며 여기서 ‘각시’는 본처가 아니다. 모든 해독자들이 ‘가시’를 ‘갓’의 주격형으로 이해한 근거는 『월인석보』의 글자 용례(妻:갓)에 따른 것이지만 “풍속에 姬妾을 각시[加氏]라 부른다”[43]와 방적기의 폭로에 뱃사공이 반응을 보이지

---

40) 『연산군일기』 11년 1월 13일, “妓夫之多無怪矣.”

41) 같은 곳.

42) 이능화, 『조선해어화사』, 이재곤 역, 동문선, 1992, 437면에서 일기일부인지 일기다부인지 명확히 확정하지 않고 있다. 一妓多夫의 관계를 고려하면 「유구곡」과 「사모곡」을 구체적으로 이해할 수 있다. 이 책의 ‘「유구곡」· 새·기녀’ ‘「사모곡」과 기녀정서의 한 양상’ 참조.

43) 『예종실록』 1년 10월 26일. 물론 고려시대에도 본처가 아닌 희첩들 즉 복수의 각시가 존재했다. 『고려사』 권122, 열전35 최세연 ; 권128, 열전41 이의

않았다는 점에서 「서경별곡」에서 '갓(각시)'은 일부일처가 아니라 일기다부의 관계와 밀접한 표현인 것이다.

대동강노래의 끝 부분에 이르러 화자는 매몰차게 돌아선 님에 대하여 여전히 체념하지 못하고 '대동강 건너편 꽃을 꺾겠다'고 한다. 그래서 「서경별곡」이 남녀상열지사로 규정된 이유를 "조선 여인에게서 금기시 됐던 투기"[44]에서 찾기도 했다. 하지만 투기보다 더욱 심각한 또 다른 문제가 있었던 것 같다. 먼저 "서경별곡과 같이 남녀가 서로 좋아하는 가사"[45]라며 이 노래를 남녀상열지사의 대표로 지목한 조선조 유학자들의 판단에서 그 해결책을 찾아야 한다. 남녀상열의 여러 노래들, 예컨대 '잠 잔 데처럼 지저분한 게 없다' '나도 자러 가리라'의 「쌍화점」과 '약든 가슴을 맞추옵니다'의 「만전춘별사」와 '무서운 길에 자러 오겠습니까' '잠을 빼앗아간 내님을 생각하며'의 「이상곡」, 그리고 '버린 빗' '썰어놓은 보리수 나무' '손님이 입에 갖다 뭅니다'의 「동동」과 '열세 남종이 다 여위시면'의 「내당」도 있지만 '길쌈베 버리고' '끈' '네 각시 바람난지'의 「서경별곡」이 남녀상열지사의 대표로 평가를 받았던 것이다. 「서경별곡」이 다른 노래에 비하여 음란성에서 뒤지면서 이러한 평가를 받은 것은 떠나가는 님을 끝까지 포기하지 않는 화자의 남다른 의지와 관련되어 있다. 다른 노래들의 화자들은 제한된 공간에 한하여 음란하지만 「서경별곡」의 화자는 음란하지 않으면서 님이 또 다른 상대를 만나면 자신도 공간을 이탈하여 '꽃을 꺾겠다'고 한다. 그녀가 방적기로서 노비안에 소속되어 있는 관아의 물품임에도 불구하고 대동강 건너편에 있을 님의 상대자를 어떤 식으로든 '꺾으'려 했던 것은 '여인의 투기'를 넘어 신분제 사회에서 용납될 수 없는 행위이다. 노비

___________

민 참조.
44) 유효석, 앞의 논문, 461면.
45) 『성종실록』 19년 4월 4일.

안에 포함되어 있는 방적기가 관내를 벗어나는 것도 힘든 일이지만
게다가 님(남자)이 상대할 '꽃(기녀)'[46]을 꺾겠다는 것은 자신이 방
적기이기를 거부한 행동과 다름 아니다. 방적을 하던 그들이 연회
때에 기녀로 행세를 했다고 하더라도 그들은 소임이 끝나면 언제든
본래의 위치로 돌아가야 했다. 예컨대 변방에서 군관들의 한시적인
첩 노릇을 했던 房直妓(婢)는 군관들의 "불편함을 해결하기 위한 목
적"[47]으로 생겼다고 한다. 물론 방직기도 상대하던 사람이 다른 곳
으로 떠났을 때 관내를 벗어나는 일은 불가능하며 그녀는 관아에서
지정해 줄 또 다른 상대자를 기다려야 했다.[48] 결국 대동강노래에서
꽃을 꺾겠다는 부분은 조선조 유학자들의 눈에 상당히 거슬리는 표
현이었던 것이다. 음란성이 여타의 노래에 비해 뒤지지만 남녀상열
지사를 대표하는 노래로 평가 받은 것은 이러한 맥락에서 이해할
수 있다. 물론 이러한 배경이외에 「서경별곡」이 남녀상열을 대표하
는 데에는 「서경별곡」의 선율적인 부분도 감안해야 할 것이다. 가장
널리 불렸을 가능성도 배제할 수 없기 때문이다. 다만 이 글에서는
방적기로서 소임에 벗어나 자신의 처지와 동일한 꽃을 꺾겠다는 진
술에 주안점을 두고 「서경별곡」이 남녀상열의 대표로 나선 이유를
진술한 것뿐이다.

---

46) 사대부들이 기녀를 '路柳墻花'나 '解語花'처럼 꽃에 비유한 것은 꽃의 아름
   다움, 한 번 피면 곧 지는 일회성, 지고 난 후의 초라함이 그들의 일생과
   유사하기 때문이다. 물론 기녀들도 자신들을 꽃에 비유하곤 했다.
47) 우인수, 「부북일기를 통해 본 17세기 출신군관들의 부방생활」『한국사연
   구』96호, 한국사연구회, 1996, 64면. 17세기의 사례이지만 '변진에 기녀를
   두어 군사들의 불편함을 해소하게 했는데 그 기원이 오래됐다(『세종실록』
   18년 12월 17일, "邊鎭置娼妓以待軍士之無妻者其來也尙矣")'는 세종의 진
   술을 통해서 기녀의 역할은 시대가 바뀌어도 변함없이 이어져 왔던 것을
   알 수 있다.
48) 위의 논문, 65면.

# 3. 「서경별곡」 통석과 남는 문제

「서경별곡」에 대한 기왕의 논의들은 '네 각시 바람난지' 이외에 수사적인 부분에서만 차이가 날 뿐 대체로 논자들의 합의점에 이르렀다. '길쌈베 버리고'를 생활기반의 포기로, 구슬노래를 관용적 표현으로, 그리고 '네 각시 바람'은 "네 일일 수 있다"[49]는 가능성을 통해 님과의 이별을 부단히 막고자 했던 진술로 이해했었다. 다만 이 글이 의도한 대로 화자를 방적기로 확정하면 기존의 논의에서 화자의 심사를 좀더 구체적으로 읽을 수 있다.

> 서경이 아즐가 / 서경이 셔울히 마르는 / 위 두어렁셩 두어렁셩 다링 디리 / 닷곤 더 아즐가 / 닷곤 더 쇼셩경 고외마른 … / 여히므론 아 즐가 / 여히므론 질삼뵈 브리시고 … / 괴시란더 아즐가 괴시란더 우 러곰 좃니노이다 … / 구스리 아즐가 / 구스리 바회예 디신둘 … / 긴히똔 아즐가 / 긴히똔 그츠리잇가 나는 … / 즈믄 히를 아즐가 / 즈믄 히를 외오곰 녀신둘 … / 信잇둔 아즐가 / 信잇둔 그츠리잇가 나는 … / 大同江 아즐가 / 大同江 너븐디 몰라셔… / 비 내여 아즐 가 / 비 내여 노흔다 샤공아 … / 네 가시 아즐가 / 네 가시 럼난디 몰라셔 … / 널 비예 아즐가 / 널 비예 연즌다 샤공아 … / 大同江 아 즐가 / 大同江 건넌편 고즐여 … / 비타들면 아즐가 / 비타들면 것고 리이다 나는 …

男女相悅之詞(남녀가 서로 좋아하는 가사)라는 평가에 어울리지 않을 정도로 서경노래의 화자는 대답없는 님에 대하여 일방적인 사랑만 보인다. 길쌈베를 버리고 쫓아가는 것도 님이 '사랑해 주신다

---

49) 정병욱·이어령, 앞의 책, 114면.

면'이란 조건을 통해 가능하다. 방적을 하던 사람이 연회에 기녀로
행세를 했지만 연회가 끝났을 때 그녀는 자신이 담당하고 있던 방적
으로 돌아갈 처지이다. 다만 그녀가 상대했던 님이 사랑해 주었을 때
방적의 노역에서 벗어날 수 있기에 울면서 쫓아갈 수 있다. 물론 그
울음은 님이 자신의 사랑을 받아준 것 이외에 방적의 노역에서 벗어
날 수 있기 때문에 님에 대한 고마움과 관련되어 있다. 그러나 관아
소속의 방적기가 상대했던 사람과의 동행은 님이 결정할 일이 아니
라 관아를 책임지고 있는 사람에 달려 있다.[50] 님과 나의 동행은 둘
의 견고한 약속만으로도 불가능한 일인데 님은 나에게 약속은커녕
어떠한 언질도 주지 않고 떠나고 있으니 화자는 답답할 뿐이다.

　　서경노래에서 화자의 바람은 구슬노래로 이어진다. 화자와 님이
맺은 신의를 '구슬의 끈'으로 비유하고 있는 듯하지만 화자가 방적
기일 때 구슬의 끈은 화자가 일방적으로 설정해 놓은 희망사항이다.
구슬이 바위에 떨어진들 끈은 끊어지지 않는다는 진술에서 화자는
님과 자신이 만든 사랑의 결정체를 구슬로 생각하고 있지만 그것도
화자의 착각이다. 구슬을 만들고 끈으로 이어놓은 행위는 님과 교감
하지 않은 상태에서 화자가 혼자 한 일이다. 님이야 '관아의 물품'인
화자가 싫어지면 언제든 떠날 수 있다. 그래서 화자가 믿음이야 끊
어지지 않는다면서 천년을 운운한 것도 떠나는 님을 어떻게든 돌아
서게 하려는 의도에 따른 허풍인 것이다.

　　화자의 이러한 바람에도 님이 어떠한 대꾸도 하지 않자 화자는
대동강노래에 이르러 님 이외에 다른 사람을 끌어들여 떠나는 자의
마음이 돌아서기를 기대한다. 사공이 없다면 떠나는 님을 잠시라도
잡아둘 수 있다는 생각에 화자는 뱃사공을 향해 그의 각시가 바람
났다고 폭로를 하지만 그것이 뱃사공에게 어떠한 영향도 끼치지 못

---

50) 『경국대전』 권5, 형전 천첩. 조선시대 기녀가 妓妾이 되려면 자기와 연령이
　　비슷한 婢를 대신 入役시켜야만 했다. 이것을 贖身이라 했다.

한다. 물론 뱃사공이 자신의 각시가 바람난 마당에 자신의 소임에
충실할 수 있었던 것은 일기다부의 관계에서 비롯된 것이었다. 아니
면 늘 바람났던 각시[加氏]였기에 폭로에 반응을 보이지 않았을 수
도 있다.

그래도 님이 뜻을 굽히지 않자 화자는 자신의 처지에서 벗어나
님이 앞으로 만나게 될 꽃을 꺾겠다고 한다. 꽃을 꺾는 일은 여자의
투기문제를 넘어서 화자가 방적기라는 자신의 처지를 거부해야 가
능한 일이다. 사노비도 "법제상 지위가 재물"[51)]로 간주되는 시기에
관아 소속의 방적기가 관내를 벗어나 꽃을 꺾는 일은 거의 불가능
에 가깝다. 여타의 노래에 비해 음란성이 뒤지면서 조선조 유학자들
이 남녀상열지사를 대표하는 노래로 평가했던 것에 바로 이런 사정
도 포함되어 있었을 것이다.

결국 「서경별곡」의 화자가 불특정의 고려여인이었을 경우, "고정
적인 안주보다는 유동적인 유랑의식이 고려여인에게 깔려 있"[52)]다
고 하거나 "어떤 특수 계층의 고답적인 이야기가 아니라 지극히 보
편적인 민중의 이야기"[53)]로 노래를 이해해야 했다. 그러나 화자를
방적기로 설정하면 님과 동행하기를 갈망하는 화자가 매몰차게 떠
나는 님을 향해 어떠한 항명도 하지 못하다가 끝내 자신의 처지를
잊는 지경에 다다른 과정을 이해할 수 있다. 그리고 제한된 공간에
서 님을 그리워하거나 사치를 부리던 「만전춘별사」, 「동동」, 그리고
「이상곡」의 화자들과 달리 사치와 거리가 먼 「서경별곡」의 화자가
님과 동행하려 했던 의지는 다른 노래와 변별된다. 이러한 점은 평
소에 그들이 맡았던 소임과 관계가 있는데 연회에 늘 참가할 수 있
었던 기녀와 평소에 방적을 하던 방적기의 차이에서 비롯된 것이다.

---

51) 홍승기, 『고려귀족사회와 노비』, 일조각, 1983, 8면.
52) 최용수, 「서경별곡고」『어문학』 48호, 한국어문학회, 1986, 219면.
53) 김충실, 「서경별곡에 나타난 이별의 정서」『고려시가의 정서』, 김대행 편,
    중판: 개문사, 1997, 69면.

사치를 부리는 기녀는 연회를 통해 상대를 늘 만날 수 있지만 방적기는 특별한 경우 이외에 그렇지 못했기에 상대가 매몰차게 돌아섰다고 하더라도 천년을 운운하며 혹은 공간이동을 감행하며 님을 붙잡고 싶었던 것이다. 그리고 화자의 이러한 심사 뒷면에는 방적의 노역이 자리잡고 있다.

# 「이상곡」과 사찰기(寺刹妓)

## 1. 들어가는 글

「이상곡」은 다른 노래에 비하여 논의가 활발하지 못했던 고려속
요이다. 그 이유는 여럿이겠지만 무엇보다 어학적 접근이 용이하지
않았던 어휘와 「이상곡」에서만 발견할 수 있는 독특한 여음, 그리고
화자의 사유 한 켠에 있는 불교적 성향 때문이다. '서린 석석사리'
'열명길' '죵죵 霹靂아 生 陷墮無間' '년뫼'라는 어휘와 '다롱디우셔
마득사리 마득너즈세 너우지'라는 여음이 그것이다. 이러한 사정은
작가 추정에도 영향을 미쳐 채홍철 창작설,[1] 채홍철 개사설,[2] 전래
가요설[3]로 의견이 분분하다. 채홍철 창작설은 그의 전기에서 釋敎

---

* 이 글은 졸저, 『한국 고시가의 새로운 인식』(경인문화사, 2003)에 수록했던
글을 수정·보완한 것이다.

1) 권영철, 「악학편고 해제」『악학편고』, 형설출판사, 1981 ; 장효현, 「이상곡
생성에 관한 고찰」『국어국문학』92, 국어국문학회, 1984 ; 박노준, 『고려
가요의 연구』, 새문사, 1990.

2) 김학성, 「고려가요의 작자층과 수용자층」『국문학의 탐구』, 성균관대학교
출판부, 1987.

를 좋아했던 취향과 '二心'을 품었던 이력에 기대어서 불교적 어휘가 개입된 이유와 노랫말에 나타난 윤리성을 언급할 수 있었다. 개사설은 전래의 가요를 채홍철이 약간 수정하여 재창작한 것으로 추정한 경우이다. 전래 가요설은 기녀설과 일반 아낙설인데 전자는 기녀와 관련한 남녀상열지사로 후자는 亡夫의 처와 밀접한 여인의 수절로 「이상곡」을 파악하고 있다.

이러한 논의는 작자와 해석의 문제에서 기인한 것으로 특히 고려속요 중에서 남녀상열의 어휘와 불교 어휘가 결합된 이유가 불분명함에 따라 발생한 것이기도 하다. 물론 개인 창작설이 「이상곡」에 불교적 어휘가 등장한 배경을 실증적으로 접근하려 했던 시도이기는 하지만 작자와 관련한 『병와선생문집』의 기록이 신뢰할 수 없다는 반박4)도 만만치 않기에 튼실한 논거가 뒷받침되어야 비로소 입론이 가능하다.

이에 이 글은 화자의 정체를 통해 남녀상열의 어휘와 불교적 어휘가 공존하는 이유를 해명하여 노래 전편을 이해하는 것을 목적으로 한다.


## 2. 화자에 대한 주요 논의와 그 대안으로서의 사찰기

「이상곡」의 창작·개사자를 채홍철로 파악하는 논의는 『瓶窩先生文集』 권8 「答學者問目」의 "고려의 시중 채홍철이 청평각·수용

---

3) 박병채, 『고려가요의 어석연구』, 3판: 이우출판사, 1978 ; 이임수, 「이상곡에 대한 문학적 접근」 『어문학』 41집, 한국어문학회, 1981 ; 정병욱·이어령, 『고전의 바다』, 현암사, 1977.
4) 강전섭, 「필사본 악학편고에 대한 관견」 『장암지헌영선생고희기념논총』, 1980 ; 정기호, 「이상곡 이해를 위한 몇 문제」 『한국고전시가작품론』 1, 집문당, 1992, 282면 ; 이임수, 위의 논문, 120면.

음·금전악·이상곡·오관산·자하동을 지었다”는 기록을 신뢰하는 데에서 출발한다. 물론 채홍철이 지었다는 6편의 노래 중에서 자하동 하나만 확실하게 그의 작품이고 청평각·수용음·금전악은 『고려사』 악지에 있는 당악이고 오관산은 『고려사』 악지에 文忠이 지은 것으로 기록되어 있다. 채홍철이 지었다는 6편 중에서 5편이 사실과 다르기에 병와가 「이상곡」의 작자를 채홍철로 기록한 부분에 신뢰를 둘 수 없다. 그래서 병와의 기록이 지닌 撞着을 근거로 삼아 채홍철 창작설을 부정하는 일은 지극히 타당하기도 하다. 하지만 채홍철 창작설은 그가 “유식층에 속한 인물이면서 불교가 몸에 배어 있던 사람”5)으로 문장과 음악에 뛰어났기에 「이상곡」에 일상적인 언어가 아닌 한자어와 불교 용어가 나타난 이유를 명쾌히 구명했다는 특장이 있다. 예컨대 ‘열명길’ ‘無間’이란 불교 용어와 ‘마침내’ ‘벼락이 쳐’ ‘떨어지다’라는 일상 언어를 ‘죵’ ‘生’ ‘陷墮’로 표현한 게 그것이다. 「이상곡」에 나타난 노랫말이 다른 고려속요와 변별된다는 점에서 채홍철 창작·개사설은 타당성을 띤다. 하지만 「이상곡」의 작자를 채홍철로 기록한 병와의 판단에 대한 반론도 만만치 않다는 점에서 채홍철 창작·개사설은 입론 자체가 느슨한 상태에서 출발했다는 혐의에서 벗어날 수 없다. 논자 스스로 『병와선생문집』의 기록이 “소중한 것임에도 불구하고 단정 지을 전거로 작용 못하는 심각한 이유”6)를 잘 알고 결론을 유보한 것도 충분히 수긍할 만한 일이다.

그리고 亡夫의 처가 “일편단심 저승길의 재회를 기약”7)하는 것으로 노래를 이해했는데 이 또한 “죽은 남편이 그런 열명길에 자러오겠는가란 것을 이해가지 않”8)는다는 반론에 능동적으로 대처하지

---

5) 박노준, 앞의 책, 209면.
6) 장효현, 앞의 논문, 173면.
7) 박병채, 앞의 책, 295면.
8) 이임수, 앞의 논문, 111면.

못한다. 이것은 망자의 처가 다른 님에게 마음을 둘까봐 열명길에 망자의 혼이 자러 온다는 상상이 어색하다는 지적이다. 그런데 이런 지적을 한 논자는 '저승길의 재회'를 현재에서의 '覺悟'로 수사적인 부분을 바꾸어 "남편의 뒤를 따라 남편의 媤家에서 수절하다 남편이 묻힌 선산에 함께 가리라는 여인의 覺悟"9)로 노래를 이해하고 말았다. 하지만 조선조 정절관을 고려속요에 적용시킴에 따라 이러한 해석이 가능했던 것인데 고려시대에는 재혼이 자유롭게 행해졌다는 것은 이미 통설이며 그리고 고려시대인들의 신앙이었던 불교에서는 "남편 사후까지의 정절을 이야기하지 않았다"10)는 점에서도 亡夫의 처가 작자일 가능성은 희박하다. 불교적 어휘를 구사하는 화자가 당대의 신앙과 배치되는 '선산에 함께 가리라는 여인의 覺悟'를 지녔다는 게 어울리지 않기 때문이다.

끝으로 기녀설은 "죽어서는 지옥에 떨어질 몸이니까 그 허무함에서 육체의 쾌락 속에 몸을 던지"11)는 화자의 모습을 상상케 한다. 조선조 남녀상열지사로 평가를 받았던 것에 부합한 판단이지만 작품 안에서 그 이유를 구체적으로 언급하지 않았다. 기녀설이 타당성을 확보하기 위해서는 채홍철 창작·개사설에 주장했듯이 일상어가 아닌 한자어와 불교용어를 "사치노예"12)나 "관청의 물품"13)이었던 기녀가 사용한 경위를 해명해야만 한다.

화자에 대한 논의를 검토하면서 각각의 주장이 타당하면서도 동시에 반론의 여지도 있다는 것을 확인할 수 있었다. 개인 창작·개

---

9) 위의 논문, 116면.
10) 권순형, 「고려시대 수절의식과 열녀」 『여성:역사와 현재』, 박용옥 역음, 국학자료원, 2001, 88면.
11) 정병욱 외, 앞의 책, 142면.
12) 김동욱, 「이조 기녀사 서설-사대부와 기녀」 『아세아여성연구』 5집, 숙명여대, 1966, 116면.
13) 김용숙, 『한국여속사』, 민음사, 1989, 243면.

사설은 한자어와 불교용어가 결합된 이유를 명쾌하게 구명한 반면 전거로 삼았던 병와 기록의 신뢰문제에서 여전히 자유로울 수 없다는 한계와 맞물려 있다. 亡夫의 처가 화자인 경우 남녀상열로 규정한 조선 유학자들의 처지에서 어쩌면 적극 권장할만한 노랫말일 수 있기에 그들의 판단과 배치되고 기녀가 화자일 경우 한자어와 불교용어의 결합을 매끄럽게 구명할 수 없다.

　이러한 상황에서 고려속요의 원론적인 부분을 되짚어볼 필요가 있다. 고려속요는 "민속가요 가운데 민요를 속악으로 전용하는 과정에서 생성·발전해 갔"[14)]으며 그 전용과정, 즉 원가의 개사·편사에 궁중 예인집단이 가담했다는 사실이다. 그리고 원가의 운반자로 기녀·관비·광대·무당 등이 있지만 그 중에서 기녀가 주된 기능을 했다는 게 학계의 통설이다. 일반적으로 기녀를 '사치'와 결부하여 이해하는 일이 당연하겠지만 사치와 거리를 두었던 기녀들도 상황에 따라 연회에 참가할 수 있었다는 점에서 사치와 무관한 정서가 고려속요에 반영될 가능성은 크다.[15)] 그런데 이 글이 주목하고 있는 것은 기녀의 여러 유형들 중에서 그간에 전혀 언급하지 않았던 사찰과 관련된 기녀이다. 종교적 분위기를 확보하고 있는 신앙 공간과 기녀의 연계는 어울리지 않지만 양자가 관계하고 있다는 점에서 「이상곡」의 이해를 위해서는 '寺刹妓'[16)]에 대한 언급이 필요하다.

　여러 기녀들이 마을 밖으로 나가는 것은 힘들었다. 南街의 保唐寺에 법회가 있어 매월 八字가 들어가는 날에 많은 사람들이 서로 다투

---

14) 김학성, 「속요의 장르상의 제문제」『천봉이능우박사칠순기념논총』, 1990, 83면.
15) 汲水婢가 일반 연회에 나아가 기녀 행세를 했던 것(김동욱, 앞의 논문, 80면)처럼 紡績이나 廚房에 있던 婢나 妓도 마찬가지이다.
16) 寺刹妓는 사찰 소속의 기녀를 가리키는 게 아니라 사찰이란 특정 공간에서 그들의 재색을 구사했던 관기와 사기(영업기)의 통칭이다.

어 모여들었다. 모든 기녀들은 假母에게 얼마의 돈을 주어야 나갈 수 있었다. 그들은 외출하여 다른 장소에서 사람과 즐기는데 혹 어떤 사람과 동행하기로 약속하면 이 때에도 가모에게 돈을 주어야 했다. 그래서 보당사에 매월 八字가 들어가는 날에 남자들이 매우 많았는데 대개 여러 기생들과 약속이 있었기 때문이었다. 또한 악공들이 사찰 주변에 모여 살아서 혹 그들을 부르면 곧 올 수 있었다.17)

위의 인용은 唐代의 사례이지만 고려나 조선까지 연계하여 기녀의 풍속을 살필 수 있는 기록이다. 기생의 어미는 '假母'인데 이들은 '老爆子' 혹은 '爆炭'으로 불릴 정도로 기녀들을 가혹하게 훈련시켰다고 한다.18) 그리고 이런 명칭은 宋代에 이르러 '行首'로 바뀌는데 조선시대 때에 "행수기녀"19)가 바로 그것이다. 결국 "송나라 창기제도는 거의 당의 제도를 답습"20)했을 정도로 기녀의 풍속은 부분적인 데에 한하여 차이가 날 뿐 전대의 것이 그대로 이어져 내려왔다.

부녀가 절에 올라가는 것이 길에 끊이지 않으니, 공공연히 음행을 저지르고 절개를 잃는 것이 이런 까닭에서 비롯되는데 … 부녀로서 절에 올라가는 자는 부모를 추모하는 법회는 물론 모두 금단하여 풍속을 바로 잡으소서.21)

보당사에서 기녀들이 그들의 상대자를 만났듯이 조선조 사찰 중

---

17) 『북리지』, 海論三曲中事, "諸妓以出里艱難 每南街保唐寺有講席 多以月之八日 相牽率聽焉 皆納其假母一緡 然后能出里 其于他處 必因人而游 或約人與同行 則爲下婢而納資于假母 故保唐寺每三八日士子極多 盖有期于諸妓也 亦有樂工聚居其側 或呼召之立至."
18) 상병화, 『역대사회풍속사물고』, 악록서사출판, 1991, 436면.
19) 김동욱, 앞의 논문, 79면.
20) 이수웅, 『중국창기문화사』, 대한교과서주식회사, 1987, 129면.
21) 『태종실록』 4년 12월 8일.

에서도 '음행을 저지르'는 공간이 있었다. 특히 돌아다니며 기예나 몸을 파는 것을 업으로 삼았던 社堂牌가 본거지를 靑龍寺에 두었고 그들의 기원이 圓覺寺의 善男善女 募緣에서 비롯된 일[22]을 통해서도 사찰이 신앙 공간이면서 '음행'과 관련한 장소였다는 것을 지적할 수 있다.

> 大芚寺에 머물렀는데 … 禪堂으로 내려와 모여 다시 술자리를 마련하여 조금 마셨다. … 元亮과 堂에서 같이 잠을 자면서 병풍으로 칸막이를 삼고 香藥에게 명하여 내 옆에 오도록 하였으나 壯元이 다시 명하여 尙州 妓女를 내 옆에 와서 자도록 했다. 왼쪽 코에서 피가 났다.[23]

『묵재일기』[24) 중에서 李文楗(1495-1567)이 잠자리를 기녀와 함께 했다는 내용이다. 특이한 것은 거대 사찰인 대둔사가 음주가무와 더불어 '음행'의 공간이었다는 점이다. 당시 불교의 위상을 반영한 측면도 있겠지만 조선 초기에 '공공연한 음행' 장소로 지목을 받던 신앙 공간이 중기에도 여전히 그러한 장소로 기능하고 있었다. 그리고 그곳에 기녀도 있었다.[25]

---

22) 이능화, 『조선해어화사』, 이재곤 옮김, 동문선, 1992, 444~445면.
23) 『묵재일기』 1554년 11월 12일.
24) 『묵재일기』는 이문건이 41세 되던 해부터 73세로 사망하기 한 달 전까지 기록한 것으로 총 31년간의 기록이지만 중간에 유실된 부분이 있어 현전하는 것은 17년 8개월 분이다. 일기는 부부간의 갈등, 양반들의 풍류, 기생·악공·장인들의 살아가는 모습을 그리고 있다. 김현영, 「묵재일기해제」『묵재일기』, 국사편찬위원회, 1998, 참조.
25) 상주기가 관기인지 사기인지 알 수 없지만 동료와 함께 한 방에서 자면서 병풍으로 공간을 가리고 코피가 날 정도로 기운을 소진했던 일을 통해 그들에게 기녀는 온전한 인격체가 아니라 말 그대로 물품에 지나지 않았던 것이다.

6월에 사헌대에서 아뢰기를 '여러 절의 중에게 술 마시고 풍악 울림
을 금하소서' 하였다.[26]

崇敎寺 方丈에서 마시는데, 모인 사람이 십여 명이었다. 술이 취하
자 거문고와 비파를 번갈아 연주했고 기녀놀이(倡戱)도 함께 했
다.[27]


사찰이 '공공연히 음행'을 저지르거나 '풍악'이 울리는 공간이었
다는 점에서 사찰의 분위기를 짐작할 수 있다. 여러 사찰의 승려가
음주를 하고 풍악(作樂)을 울렸을 때 기녀의 참여는 당연하다. 이규
보(1168~1241)가 숭교사 방장에서 술을 마실 때에도 기녀가 동석했
다. 사찰의 방장에서 거문고와 비파를 차례로 연주하거나 기녀놀이
(倡戱)도 했다. 여기서 '기녀놀이'를 구체적으로 언급할 수 없지만
술자리의 유흥을 돋우기 위한 놀이 정도로 이해할 수 있다. 물론 방
장에 있던 사람들은 이규보나 승려처럼 식자층에 해당할 자들이다.
사찰과 음행이 연계된 사례를 중국 당·송, 조선 초·중기, 고려
시대에서 살펴볼 수 있었다. 신앙 공간과 사치노예가 엄연히 관계했
다는 점에서 고려속요의 운반자를 기녀 일반으로 이해했던 것에서
구체적으로 지적할 수 있는 근거는 확보한 셈이다. 사찰에서 활동하
는 기녀는 다른 기녀들과 변별될 만한 성향을 지니는데 불교적 성
향이 그것이다. 「이상곡」의 화자가 사찰기일 가능성은 여기에 있다.
기녀는 자신이 상대하는 사람의 성향에 늘 관심을 갖기 마련이다.
혹은 자신의 성향에 맞지 않더라도 상대자의 성향에 자신을 맞추어
야 할 처지에 있는 게 기녀이다. 자신의 성향을 내세워 상대할 사람
을 고르는 일은 대부분의 기녀에게 불가능한 일이다. 그래서 기녀가
약간의 詩文 정도를 구사할 수 있을 정도로 교육을 받은 것도 상대

---

26) 『고려사절요』 권3, 현종원문대왕 12년 6월, "司憲臺奏禁諸寺僧飮酒作樂."
27) 『동국이상국전집』 권8, 飮通師所寓崇敎寺方丈會者十餘人及酒酣琴瑟交作
    倡戱幷呈.

하는 사람의 성향에 자신들을 맞추기 위한 한 방법이다. 무엇보다 상대자에게 자신을 맞추는 일은 바로 영업, 곧 경제능력과 직결되기 때문이다.[28) 결국 「이상곡」에서 일반 기녀들이 지은 노래와 달리 불교용어와 한자어가 노랫말에 나타난 것은 화자가 사찰이란 공간에서 활동한 것과 밀접하다.

## 3. 「이상곡」과 사찰기

비오다가 개야 아 눈 하 디신나래 / 서린 석석사리 조본 곱도신 길헤 / 다롱디우셔 마득사리 마두너즈세 너우지 / 잠짜간 내니믈 너겨 / 깃돈 열명길헤 자라오리잇가 / 죵죵 霹靂 아 생 陷墮無間 / 고대셔 싀여딜 내 모미 / 죵죵 霹靂 아 생 陷墮無間 / 고대셔 싀여딜 내 모미 / 내님 두웁고 년뫼롤 거로리 / 이러쳐 더러쳐 / 이러쳐 더러쳐 期約이잇가 / 아소 님하 흔디 녀젓 期約이이다.

비오다가 개었다가 눈이 내린 날은 특정날의 기상변동이 '雨→晴→雪'로 진행됐다는 말이다. 비(雨)와 눈(雪)이 한 날에 공존했으니 화자가 노래를 지은 시기는 겨울이다. '서린 석석사리'는 해독상 이견이 많은 구절이다. "서리어 있는 藪林"[29)이거나 "서리는 버석버석"[30)으로 양분되어 있지만 양자 모두 '조본 곱도신 길헤'를 '狹'과 '曲'이란 '路'로 파악하고 있는 데에 일치하고 있다. 물론 '길헤'에서

---

28) 이에 대해서는 이 책의 '「정석가」와 영업기의 개사·편사능력' 참조.
29) 양주동, 앞의 책, 350면 ; 박병채, 앞의 책, 280면 ; 박노준, 앞의 책, 211면 ; 이임수, 앞의 논문, 113면.
30) 남광우, 「고려가요 주석상의 문제점에 대하여」『고려시대의 언어와 문학』, 형설출판사, 1975, 63면 ; 장효현, 「이상곡 해석의 재고」『어문논집』 22집, 고려대학교, 1981, 311~314면.

'에'를 처격형으로 이해하는 것도 마찬가지이다. 좁고 굽은 길의 상태가 藪林이든 서리가 버석거리든 사람이 걷기에 용이하지 않았다는 것이다. 잘 정돈된 길이 아니기에 그 위를 걷는 사람은 어려운 조건을 감내하겠다는 의지가 필요하다.

'다롱디우서 마득사리 마두너즈세 너우지'는 해독 불가능한 구절이다. "아마 梵語 眞言의 詼謔的 擬語라 注記하였으나 문헌의 사례를 찾지 못했다"[31]거나 "두고두고 밝혀야 할 과제"[32]일 정도로 해독이 유보된 상태에 있다. 혹 "눈 밟는 소리"[33]나 "어우러져 모이어 온통 너저분한 모습"[34]으로 이해하기도 했지만 의성어인 '눈 밟는 소리'로 보기에는 지나치게 길고 의미어일 경우에는 다른 노랫말과 달리 난해어를 특정 구절에 조합해 놓은 이유가 있어야 할 것이다.

'잠짜간 내니믈 너겨'은 "잠을 빼앗아 간 나의 님을 생각하여"[35] 인데 문제는 '열명길'의 해석과 '자라오리잇가'의 주체를 설정하는 일이다. '열명길'이 佛典語로 "十忿努明王와 같이 무시무시한 길"[36]로 해석하는 게 일반적인데 '무시무시한 길'도 '열(開)'과 '명(明)'의 결합인 薄明길, 즉 어두운 새벽길로 이해할 수 있다고 한다.[37] 어쨌건 '새벽길'이란 단어에 어느 정도 무서움도 개입되어 있기에 '열명길'은 사람이 나서기에 그리 좋지 못한 상황을 의미하는 길이다. '자라오리잇가'의 주체를 논자들 대부분 '님'으로 상정한 반면 "님이 주어라면 존칭으로 '자라오시리잇가'가 되어야 함이 일반적"[38]이라

31) 양주동, 앞의 책, 350~351면.
32) 정병욱, 「악기의 구음으로 본 별곡의 여음구」『고려시대의 가요문학』, 김열규 · 신동욱 편, 새문사, 1982, II-94면.
33) 이임수, 앞의 논문, 117면.
34) 장효현, 앞의 논문, 311~314면.
35) 양주동, 앞의 책, 351면 ; 박병채, 앞의 책, 289면.
36) 양주동, 위의 책, 352면 ; 박병채, 위의 책, 290면 ; 이임수, 앞의 논문, 117면.
37) 박병채, 『새로 고친 고려가요의 어석연구』, 국학자료원, 1994, 300면.

며 '나'를 주체로 이해하기도 했다. 이것은 '벼락맞아 지옥'에 떨어질 '내 몸'에 지나치게 무게를 둠에 따라 '자라(자러:寢)'의 주체를 수절하는 여인으로 보았기 때문이다. 그리고 이와 유사하게 "나와 님은 각각 삶과 죽음의 세계 속에 있"[39]다고 이해하고 있는 것도 마찬가지인데 문제는 수절의식을 운운하는 것이 「이상곡」을 조선조 유학자들이 남녀상열지사로 판단한 일과 배치된다는 점이다. 그들 처지에서 적극 권장할 내용을 굳이 남녀상열로 규정짓은 이유가 모호할 뿐이다.

'죵죵 霹靂 아 생 陷墮無間 고대서 싀여질 내모미'에서 '죵죵'이 "때때로"[40]가 아니라 앞의 '죵죵'은 "가끔"이고 뒤의 '죵'은 "마침내"[41]라는 의미를 지닌다고 한다. 자신의 의지와 무관하게 벼락이 내려(霹靂生) 무간지옥에 떨어져(陷墮無間)로 이해하는 데에 누구든 공감하고 있다. 물론 떨어져(陷墮)의 주체가 '싀여딜 내모미(없어질 내 몸)'에서 '내'인 화자이기에 그가 "님에게 어떤 죄의식을 가지고 있다"[42]고 판단할 수 있다. 그리고 그 죄의식은 다음의 '년뫼'를 기반으로 하고 있다.

'내 님 두옵고 년뫼를 거로리'는 「이상곡」을 이해하는 입장에 따라 달리 해석했던 부분인데 "다른 님의 품을 걷겠습니까"[43] "다른 남자에게 재가함"[44] "다시는 '년뫼'를 걷지 않고 '님'만을 사모하겠

---


38) 이임수, 앞의 논문, 114면.
39) 라정순, 「이상곡과 정서의 보편성」『고려시가의 정서』, 김대행 외, 중판: 개문사, 1997, 249면.
40) 양주동, 앞의 책, 352면 ; 박병채, 앞의 책, 290면.
41) 박노준, 앞의 책, 214면.
42) 위의 책, 215면 ; 박혜숙, 「고려속요의 여성화자」『고전문학연구』 14집, 한국고전문학연구회, 1998, 22면, "이 노래는 무언가 죄를 얻어 사회적으로 소외되어 있는 사람의 노래처럼 생각된다. … 시적 목소리의 실질적 주인공도 남성일 가능성이 많다."
43) 박병채, 앞의 책, 292면.
44) 이임수, 앞의 논문, 116면.

다는 윤리성 회복의 굳은 의사"[45]가 그것이다. 이 부분의 해석이 노래 전편에 영향을 주어 화자나 주제를 달리 규정할 수 있었던 것이다. 이런 경향은 '흔뎌 녀졋 期約이이다'에도 동일하게 적용된다. '흔뎌녀졋'이 "願偕行"[46] "한 곳에 가고 싶어"[47]로써 "一片丹心 저승길의 재회를 기약"[48] "함께 묻힐 운명"[49] "참회와 다짐"[50]으로 앞의 '년뫼'와 긴밀하게 연계시키고 있다. '년뫼를 거로리(다른 산을 걷겠습니까)'의 의미가 '期約'과 연계되어 「이상곡」 전편에 영향을 주었던 것이다.

하지만 이 글에서 주목하고 있는 「이상곡」의 화자는 신앙공간에서 활동하던 사찰기이다. 화자가 사찰기일 경우 '내님 두옵고 년뫼롤 거로리'를 상징으로 파악한 기존 논의들과 달리 문면 그대로 '내님을 두고 다른 산에 있는 사찰로 가겠습니까' 정도로 이해할 수 있다. 먼저 상징으로 파악하는 경우 '님'이 亡夫이고 화자가 과부일 때 '년뫼'는 '다른 님의 품'이거나 '다른 남자에게 재가'하는 의미이거나, 혹은 '님'이 王일 경우 '년뫼(다른 산)'는 '심왕'을 상징하여 과거에 '二心'을 품었던 화자가 오직 '내님(충선왕－넓게는 충숙왕까지)'만 따르겠다는 참회와 다짐의 노래로 「이상곡」을 이해하게 된다.[51] 그러나 화자가 사찰기이면 '년뫼'는 단어 그대로 '다른 산'이다. '다

---

45) 박노준, 앞의 책, 216면.

46) 양주동, 앞의 책, 355면.

47) 박병채, 앞의 책, 294면.

48) 위의 책, 295면.

49) 이임수, 앞의 논문, 117면.

50) 박노준, 앞의 책, 238면.

51) 채홍철 창작·개사설이 이에 해당한다. 채홍철의 전기에서 과거에 심왕파에 기웃거렸던 부분을 '년뫼'로 이해하고 있는 것이다. 한편 강명혜(「이상곡 연구」, 『한양어문』 13호, 한국언어문화학회, 1995)는 「이상곡」의 시적 화자를 남성과 여성으로 보유하는 '양성적 태도'로 이해하여 '二心'을 참회하고 님에 대한 충성을 다짐한 채홍철 作에 비중을 두고 있다. 물론 그의 논의는 '서리' '길' '년뫼'에서 상징적 의미를 천착하는 데에서 출발한다.

른 산'은 화자가 님을 기다리고 있던 산이 아니라 다른 사찰이 있는 산이다. 화자가 다른 산을 걷지 않겠다는 것은 다른 사찰의 연회에서 낯선 사람을 상대하지 않겠다는 말이다. 그러나 화자의 이와 같은 생각은 자신의 일방적인 바람일 뿐 현실적으로 실현 가능성이 적다. 화자가 '기약'을 운운하고 있지만 님과 화자가 대등한 관계에서 맺은 기약이 아니기에 님은 언제든 기약을 파기해도 상관없다.[52] 반면 화자는 님과 맺은 기약에 집착한다. 기녀와 그의 상대자가 같은 공간에 있는 경우 '죽어서도 같은 곳에 가자'고 약속하지만 상대자가 그것을 지키지 않는다고 하더라도 기녀는 온전한 항명도 제대로 못하고 그저 자신을 향해 "넋이라도 님과 함께 지내는 모습 그리더니 우기시던 이 누구였습니까(「만전춘별사」)" 정도로 진술할 뿐이다. 결국 화자가 "이러쳐 더러쳐 期約이잇가"로 표현한 대로 그 '기약'은 님이 맘대로 '이러쳐 더러쳐(이렇게 하고자 저렇게 하고자)' 하며 언제든 파기할 수 있는 기약이었던 것이다. 예컨대 남자들의 마음을 설레게 했던 황진이조차 "내 언제 無信ㅎ여 님을 언지 속엿관디 / 月沈 三更에 온 뜻이 전혀 업닉 / 秋風에 지는 닙 소리야 낸들 어이 ㅎ리오"[53]로 진술할 정도로 기녀와 그가 상대했던 자가 맺은 약속은 애당초 대등하지 않은 상태에서 출발하는 것이다.

그리고 한자어와 불교용어가 나타난 경위도 사찰기와 결부해 이해할 수 있다. 기녀는 상대하는 사람을 자신이 고르는 처지에 있지 못했기에 늘 상대자의 성향에 자신을 맞추어야 했다. 기녀들이 일정한 재주에 이르도록 '行首'[54]가 어린 기녀를 가혹하게 다스리는 것

---

52) '길쌈베 버리고' '울면서 따르'는 일이 가능하려면 님이 '사랑하신다면'이란 전제가 있을 때 가능하듯 화자가 '길쌈베 버리'고 님과 함께 나설 수 있는 것은 전적으로 님에게 달려 있다. 화자가 님과 만나 신의를 쌓았다며 '信이야 끊어지겠습니까'라고 진술하는 것도 어찌 보면 화자의 착각에 가깝다. 이 책의 '「서경별곡」과 방적기' 참조.

53) 박을수 편, 『한국시조대사전』 상, 아세아문화사, 1992, 240면.

도 그들이 상대하는 사람의 성향을 고려한 일이다. 그리고 기녀가 받았던 교육에 詩文도 포함되어 있었던 것도 이런 이유에서다. 특히 식자층을 상대하는 기녀의 경우 그들의 성향을 어떤 형태로든 띠기 마련이다.55) 「이상곡」에 나타난 한자어는 이런 맥락에서 이해할 수 있는데 '霹靂' '生' '陷墮無間'이 그것이다. 하지만 노래 전편에 한자어가 골고루 분포하지 않고 '霹靂 生 陷墮無間'에만 있다. '벼락이 쳐'를 '霹靂 生'으로 표현한 화자가 '년뫼롤 거로리'를 '去 他山'이나 '他山 去'로 하지 않은 것으로 보아 화자는 온전한 교육을 받은 식자층이 아니다. 그리고 「이상곡」의 불교용어는 불교의 교리와 관련된 심오한 뜻을 지니고 있지 않고 다만 일개 용어에 불과하다. '열명(十忿怒明王)'56)이 그것이고 '無間'은 그저 지옥의 異稱이기에 불교적 사유를 하고 있던 사람만이 진술할 단어도 아니다. 「이상곡」 전편에 나타난 한자어의 분포와 불교용어의 수준을 통해 보더라도 화자는 불교 사유를 지닌 식자층이기보다 그들의 성향에 항상 관심을 갖고 있어야 할 사찰기이다.

끝으로 '년뫼'를 '反수절'이나 '二心'의 상징으로 이해한 논의들은 화자가 스스로 '지옥에 떨어질 몸'으로 진술한 부분에 무게를 두었다. 화자가 '지옥에 갈 만한' 행동을 했기에 년뫼를 걷지 않겠다고 파악한 것인데, 이 구절은 단어 그대로 해석해도 무리가 없다. 내 님을 두고 다른 사찰이 있는 산으로 가지 않겠다는 사찰기의 의지를

---

54) 궁중에서 각 분야의 提調들이 기녀들에게 주기적으로 가무교습을 하고 그 성과에 따라 상벌을 가했던 것도 마찬가지이다. 기녀들의 가무교습은 그들이 자족적으로 즐기기 위한 게 아니라 앞으로 상대할 사람들의 성향에 부합되려는 한 노력이다.

55) 이 책의 '「정석가」와 영업기의 개사·편사능력' 참조.

56) 한국불교대사전편찬위원회 편, 『불교대사전』 4, 중판: 명문당, 1993, 163~165면에 따르면 十忿怒王은 단어 그대로 大忿怒의 相을 하고 있는 10개의 明王들을 가리킨다. 三面·六臂·三目이며 혀는 빼물었고 세 번째 손은 화살이나 도끼 혹은 칼을 쥐고 있다.

돋우는 일련의 수사로 파악하면 그만이다. "님과 내가 얼어 죽을망정 정 나눈 밤 더디 새오시라(「만전춘별사」)"의 화자도 날이 더디 새기를 바라면서 '죽을망정'을 운운했듯 내 님을 두고 년뇌를 결코 걷지 않겠다는 강건한 의지를 나타내기 위해 '지옥에 떨어져 죽을 몸'이란 표현에 기댄 것이다. 혹은 화자가 지옥에 떨어질 만한 전력이 있을 수도 있다. 사찰기로서 역할에 충실했던 화자라 하면 '지옥' 운운은 솔직한 진술일 수 있다. 무엇보다도 불교에서는 부부 모두에게 정절을 강조했으며 부부간에 서로 도리를 지켜 간음은 물론 자기 아내와 남편 이외의 사람에게 마음을 두지 말라고 했는데 사찰기의 역할이 그것과 배치되기에 '지옥' 운운이 자기 고백적 진술일 수 있는 것이다.[57]

## 4. 「이상곡」 통석

비오다가 개야 아 눈 하 디신나래 / 서린 석석사리 조븐 곱도신 길헤 / 다롱디우셔 마득사리 마두너즈세 너우지 / 잠짜간 내니믈 너겨 / 깃든 열명길헤 자라오리잇가 / 죵죵 霹靂 아 생 陷墮無間 / 고대셔 싀여딜 내 모미 / 죵죵 霹靂 아 생 陷墮無間 / 고대셔 싀여딜 내 모미 / 내님 두옵고 년뫼롤 거로리 / 이러쳐 더러쳐 / 이러쳐 더러쳐 期約이잇가 / 아소 님하 흔디 녀젓 期約이이다.

  '조븐(狹)' '곱도(曲)'한 길을 통해야만 갈 수 있는 山寺에서 화자가 님을 기다리고 있다. 화자는 만나기로 기약한 님을 사찰 어귀에서 기다리고 있지만 님이 올 가능성은 희박하다. 무엇보다 님이 오

---

57) 성열, 「부부·가정·효도에 관한 부처님의 교훈」 『불교의 여성론』, 한국여성불교연합회 편, 불교시대사, 1993, 130~133면.

기로 했던 날의 기상조건이 예삿날과 달리 '雨→晴→雪'로 변할 정
도로 고약했기에 님이 사찰까지 오는 일은 힘들 것 같다. 님이 오지
않을 것이란 생각에 방에서 잠을 청하지만 왠지 잠이 오지 않는다.
그 모습은 "耿耿 孤枕上애 어느 주미 오리오(「만전춘별사」)"처럼 기
녀 화자가 잠자리에 못 들고 있는 모습과 별반 다를 게 없다. 잠이
달아난(잠짜간) 화자는 다시 사찰 어귀로 나섰다. 님이 오지 않을 것
을 알면서(자러오리잇가)도 혹시 하는 심사에 사찰로 이어진 길을
바라보았다. 시간과 공간, 그리고 기상 조건이 최악인 상태를 극복
하고 님이 화자에게 올 때 통과해야 할 길은 '열명길(무시무시한
길)'과 다름 아니다. 사찰의 술자리에서 활동하던 사찰기였기에 불
전용어를 사용한 것인데 그렇다고 해서 "十忿怒明王"에 대한 깊은
사유와 관련된 단어가 아니라 그저 '무시무시하다'와 '길'의 결합인
것이다. 시간·공간·날씨 조건을 두루 지닌 '열명길'은 일반 기녀
들의 사유와 달리 사찰기가 진술할만한 단어이다. 시간·공간·기
상 조건이 좋은 상태에서도 님이 오지 않을 경우 제대로 항명할 처
지는 못 되지만 그래도 님이 악조건을 감내하고 올 수 있지 않을까
하는 생각에 잠긴다. 겨울밤 山寺의 날씨는 손을 비비고 발을 동동
구를 정도였지만 님만 오신다면 이 정도의 추위는 문제될 게 없다.
하지만 열명길을 뚫고 오는 어떤 인기척도 없었다. 님이 끝내 오지
않자 화자는 님과의 '기약'을 떠올린다. 그 '기약'의 내용은 님과 '같
은 곳에 가자'는 것이었고 화자는 기약을 지키기 위해 '년뫼(다른
산)'를 걷지 않겠다고 다짐을 했다. 그녀의 이러한 다짐이 현실적으
로 가능하려면 화자가 관기건 사기(영업기)건 님이 그녀를 '妓案'에
서 빼내주어야 했기에 화자가 님과 맺은 '기약'에 매달리고 있는 것
이다. 사찰에서 만났을 때 님이 화자에게 '같은 곳에 가자'고 약속한
것이 성사만 된다면 화자가 더 이상 妓業에 시달리지 않아도 되기
에 화자는 겨울밤 산사의 추위에도 불구하고 열명길을 바라보며 님

을 기다리고 있었던 것이다. 그러나 '기약'은 화자와 님이 대등한 상
태에서 맺은 게 아니었다. 님이 '이러쳐 더러쳐' 할 수 있는 기약이
었기에 님은 언제든 그것을 파기할 수 있었다. 화자와 님의 기약은
곧 公家之物과 사람이 맺은 약속이기에 그 기약은 출발부터 파기를
전제로 했을지도 모른다. 이문건과 상주기의 동침사례에서 지적했
듯 기녀는 물품에 지나지 않았다. 기약의 성사가 화자에게 중요한
의미를 지니지만 님에게 그것은 늘 '이러쳐 더러쳐' 할 수 있는 약
속에 불과하다. 물론 '기약'에 대한 입장 차이는 기약 당사자들의 신
분 차이에서 출발한 것으로 재론할 필요도 없다. 한 쪽은 '기약' 성
사를 위해 지옥을 운운하며 '년뇌'를 걷지 않겠다고 자기 다짐을 하
는데 다른 쪽은 '기약'이란 것을 했는지조차 기억하고 있지 못하고
있다. '이러쳐 더러쳐' 할 수 있는 님은 사찰기를 만났을 때 책임지
지 않을 '기약'을 남발했던 사람이다. 그러한 님을 겨울밤 산사 어귀
에서 사찰기가 기다리고 있다. 님이 열명길을 뚫고 오는 것에 대하
여 포기하면서도 완전한 포기에 이르지 못하고 혹시 올 수도 있지
않을까 하는 화자의 간절한 심사가 공존하고 있는 노래가 「이상곡」
이다.

# 「내당」과 사찰의 세탁비(洗濯婢)

## 1. 들어가는 글

『시용향악보』 소재 무가류 시가에 대한 연구 경향은 개괄적 논의와 부분적 논의로 나눌 수 있다. 이병기와 김동욱이 선편을 잡은 개괄적 논의는 서지학적 검토는 물론 고문헌에 나타나는 민속자료를 통해 무가류 시가 연구의 토대를 마련했는데[1] 이후 연구자들에게 여전히 영향을 주고 있는 연구성과로 평가를 받고 있다.[2] 그리고 『시용향악보』 소재 무가류 가요가 현전하는 무가자료들과 이질적이란 점을 지적하고 이들은 굿의 연행에서 구사됐던 무가가 아니라 巫儀的 소재에 바탕을 둔 演戲樂이란 주장도 있었다.[3] 개괄적 논의

---

1) 이병기, 「시용향악보의 한 고찰」 『한글』 113호, 한글학회, 1955 ; 김동욱, 「시용향악보 가사의 배경적 연구」 『진단학보』 17호, 진단학회, 1955.
2) 박성의, 「시용향악보 소재의 여요고」 『국어국문학』 53, 국어국문학회, 1971 ; 박병채, 『고려가요의 어석연구』, 3판: 이우출판사, 1978 ; 이태문, 「무가계 고려속요의 역사성과 사회성」 『고려가요의 문학사회학』, 임기중 편, 경운출판사, 1993 ; 하태석, 「무가계 고려속요의 성격연구」 『어문논집』 43, 민족어문학회, 2001.

가 개개의 작품에 대한 구체적 논의로 진전되지 못한 반면 부분적
논의로는 「대국 별상굿 무가」4)가 유일하다. 대국의 노랫말에서 현
전하는 '별상굿 무가'와 동일한 구절을 찾아내어 대국이 별상신을
위한 제의에서 불린 무가라고 지적하기도 했다. 이렇듯 『시용향악
보』 소재 무가류 시가에 대한 연구는 초기의 개괄적 논의를 넘어서
지 못하고 있는 실정이다.

　그러나 고려속요의 화자를 직능별로 구별한 논의가 기존 고려속요
를 더 선명하게 이해하는 데에 도움이 된 것처럼 「내당」의 화자를
확정한다면 노래를 구체적으로 이해할 수 있을 것이다. 이 글은 무가
류 시가에서 「대국」 이후에 개별적 논의라는 점에서 의의가 있다.


## 2. 화자에 대한 주요논의와
## 대안으로서의 사찰 세탁비


　「내당」의 화자는 노래의 성격과 무관하지 않다. 이것은 『시용향
악보』 무가류 시가에 대한 연구가 민속학적 접근에서 출발했다는
점과 밀접한데 "불교적 배경에서 물려 받은 독립 유리된 무가"5)이
거나 "무불이 융화된 단계에 있어 무요의 모습"6) 혹은 "풍요와 다산
을 기원하는 원시무가의 원초적인 한 양상"7)으로 이해한 경우들이
이에 해당한다. 한편 노래의 성격을 무가와 무관하게 "여인네"가
"님을 모시고 사라지고자 하는 내용"8)이거나 "부녀들이 산골짜기의

---

3) 임재해, 「시용향악보 소재 무가류시가 연구」 『영남어문학』 9집, 영남어문
　　학회, 1982.
4) 박경신, 「대국과 별상굿 무가」 『울산어문논집』 8집, 울산대, 1992.
5) 김동욱, 앞의 논문, 137면.
6) 이태문, 앞의 논문, 370면.
7) 하태석, 앞의 논문, 381면.

맑은 물에서 빨래하는 내용"[9]으로 판단하기도 한다.

결국 「내당」의 화자는 노래의 성격을 무가나 연회악으로 규정하느냐에 따라 달리 나타난 것이다. 그러나 어느 쪽에 기댄다고 하더라도 화자의 행위와 관련된 "열세남종 주♢샌라 바회예 나ᄅ새라"를 규명하기엔 미흡하다. 물론 여인네(화자)가 "자기를 수행하여 온 여러 남종들이 지치기를 기다"[10]린다는 것으로 이해하는 경우 열셋 남자종의 호종을 받으며 사찰에 올 정도의 여인이었다면 그들이 굳이 지치기를 기다린다는 게 매끄럽게 이해할 수 있는 부분이 아니다. 그리고 풍요와 다산을 기원하는 무가라 주장하는 논자가 "자신을 수행하는 열 셋 남자종이 기진맥진하도록 정사를 벌인 후 그들이 기진맥진하기를 기다려 임을 모시고 사라지"[11]기를 바라는 화자로 이해한 경우도 마찬가지이다.

어쨌건 화자의 정체가 "주♢샌라" "나ᄅ새라"와 관련된 자라 할 때 화자로 기능할 만한 인물에 대하여 주목해야 한다. 먼저 사찰이란 공간과 그곳에서 "주♢샌라"와 "나ᄅ새라"라는 노동과 관련된 인물이 화자일 가능성이 크다. "山水淸凉소ᄅ"가 들리는 신앙공간에서 "니믈 뫼셔 술"고자 하는 바람을 지니고 있으며 "주♢샌라"와 "나ᄅ새라"라는 행위를 할만한 자는 종교 담당자이기보다 그곳에서 노동과 관련된 일을 했던 인물이어야 한다.

고려시대 사찰노비는 "사원의 규모가 커지"면서 "일반노비의 사원노비로의 전환"[12]에 따라 생성된 것인데 "개인 소유의 노비를 불당, 신사에 바치는 것을 엄격히 금지"[13]하는 법률을 통해서도 "대략

---

8) 임재해, 앞의 논문, 177면.
9) 권재선, 「시용향악보 내당가사의 어석」『영남어문학』14집, 영남어문학회, 1987, 6면.
10) 임재해, 앞의 논문, 177면.
11) 하태석, 앞의 논문, 380면.
12) 이재창, 『한국불교사원경제연구』, 불교시대사, 1993, 60면.
13) 『고려사』권85, 형법2 노비, "自己奴婢投贈權勢施納佛宇神祀者痛行禁理."

그 수가 엄청나게 많았었다는 것은 짐작"14)할 수 있다. 이것은 "그들이 담당해야 할 노역분야가 폭넓고 다기했다"15)는 것과 밀접하다. 그리고 사찰에서의 노역으로 "바느질·주방일·양주·수공업노동·토목노동·그 외의 잡역"16)이 있을 정도로 신앙공간에서 노비들이 맡고 있던 일은 신앙행위 이외에 모두 걸쳐 있었다고 할 수 있다. 예컨대 제국대장 공주에게 "어떤 여승(尼)이 흰 모시를 바쳤는데 가늘기가 매미의 날개 같으며 꽃무늬도 있었"는데 그 여승이 "제가 데리고 있는 계집종 하나가 이것을 짤 줄 압니다"17)로 대답한 것을 통해서도 사찰 노비들이 맡은 역이 다양했던 것을 알 수 있다. 사찰 노비들이 담당했던 '바느질·주방일·양주·수공업노동·토목노동·기타잡역' 중에서 토목노동을 제외한 나머지는 계집종이 할만한 일들이다. 바느질·주방일은 물론 술을 만드는 양주, 그리고 모시를 짜는 수공업노동은 모두 계집종들이 담당해야 할 것들이다.

사찰이란 신앙공간에서 잡역을 담당했던 노비가 존재하고 있었다는 점에서 "주ᅀᅢ샌라"와 "나ᄅ새라"라는 노동행위와 관련된 「내당」의 화자를 계집종으로 설정할 수 있는 근거는 마련된 셈이다. 물론 "주ᅀᅢ샌라"와 "나ᄅ새라"가 무언가를 빨거나 그것을 널어놓는 일과 관련된 단어라 할 때 화자는 '기타잡역'을 담당했을 계집종이라 할 수 있다. 기타잡역을 담당하던 사찰소속의 계집종이 "道場애ᅀᅡ 오시ᄂ니"의 남자에게 "니를 뫼셔 술와지"라고 진술한 것은 어울리지 않지만 신앙공간의 분위기와 화자의 진술태도를 통해 개연성을 확보할 수 있다.

---

14) 이재창, 앞의 책, 68면.

15) 같은 면.

16) 백남운,『조선봉건사회경제사』상권, 하일석 역, 이론과 실천, 1993, 330면.

17)『고려사』권89, 열전2 제국대장공주, "一尼獻白苧布細 如蟬翼雜以花紋 … 吾有一婢能織之."

부녀가 절에 올라가는 것이 길에 끊이지 않으니, 공공연히 음행을 저지르고 절개를 잃는 것이 이런 까닭에서 비롯되는데 … 부녀로서 절에 올라가는 자는 부모를 추모하는 법회는 물론 모두 금단하여 풍속을 바로 잡으소서.[18]

6월에 사헌대에서 아뢰기를 '여러 절의 중에게 술 마시고 풍악 울림을 금하소서' 하였다.[19]

사찰이 '공공연히 음행'을 저지르거나 '풍악'이 울리는 공간이었다는 점에서 사찰의 분위기를 짐작할 수 있다. 이규보가 "거문고와 비파를 번갈아 연주했고 기녀놀이(倡戲)도 함께 했"[20]던 곳이 崇敎寺라는 사찰이었다는 것도 이런 분위기와 무관하지 않다. 하지만 사찰의 분위기를 감안한다 하더라도 사찰비가 "山水淸涼"한 "道場"에 온 "니믈 뫼셔"고자 진술한 것은 납득하기 어렵다. 게다가 사찰비가 "법제상 지위가 재물"[21]이기에 그의 처지와 그의 진술은 어울리지 않는다. 예컨대 노비와 말을 교환할 때 "말 한 필에 두세 명씩 주고도 오히려 말 값이 모자"[22]라는 경우를 통해서도 사찰에서 잡역을 담당했던 사찰비의 위치를 짐작할 수 있는바 "山水淸涼"한 "道場"에 온 "니믈 뫼셔"고자 한 진술이 불합리해 보인다. 그러나 화자의 진술이 님이 아닌 자신을 향하고 있다는 점에서 "니믈 뫼셔"를 이해할 수 있다. 잡역을 담당했던 화자의 진술은 "벼기더시니 뉘러시니잇가(어기던 사람이 누구였습니까:「만전춘별사」)"나 "이러쳐 더러쳐 期約이잇가(이렇게 저렇게 하고자 했던 기약이었습니까:「이상곡」)" 처럼 님을 향하는 게 아니라, 떠나는 님에게 직접 '가지 마시오'라고

---

18)『태종실록』, 4년 12월 8일.
19)『고려사절요』권3, 현종원문대왕 12년 6월, "司憲臺奏禁諸寺僧飮酒作樂."
20)『동국이상국집』 권8, 飮通師所寓崇敎寺方丈會者十餘人及酒酣琴瑟交作倡戲幷呈.
21) 홍승기,『고려 귀족사회와 노비』, 일조각, 1983, 8면.
22)『고려사』권85, 형법2 노비, "一匹之馬二三口猶未足."

하지 않고 뱃사공에게 "네가시 넘란디 몰라(네 각시 바람난 줄 몰라:「서경별곡」)"라 하거나 강술에 님이 붙잡힌 것에 대한 책임을 님에게서 찾지 않고 "잡스와니 내 엇디ᄒ리잇고('내 탓이 아닙니다. 술 향기 때문'23):「청산별곡」)"로 돌리는 것과 동일한 경우이다. 「만전춘별사」나 「이상곡」 화자의 진술이 님을 향하는 것은 그들이 사치를 부리는 기녀였다는 점과 긴밀하지만 반면에 「서경별곡」이나 「청산별곡」 화자의 진술이 님이 아닌 자신을 향한 것은 그들이 각각 방적이나 주방과 관련한 계집종이기 때문이다. 결국 "니믈 뫼셔 술"고 싶은 화자의 마음은 님과 무관한 화자 개인의 문제일 뿐이다. 그리고 화자의 이러한 바람은 그가 처한 현재의 상황 곧 노역에서 벗어나고자 했던 의도와 일정하게 관계하기 마련인데 님이 사랑해 주신다면 '길쌈베 버리'고 '울면서 따르겠'다던 「서경별곡」의 화자에서 이를 확인할 수 있고 다음의 민요에서도 그러한 경향을 읽을 수 있다.

> 아침이슬 상추밭에 / 뿔똥꺾는 저 큰아가 / 뿔똥이사 꺾네마는 / 고흔손목 다적신다 / 넘의종이 아니드면 / 이내妾을 삼을 것을 / 업다 총각 그말마라 / 넘의종도 贖良하면 / 百姓되기 아조쉽다.24)

고운 손목으로 뽕을 따는 여자를 첩으로 삼고 싶지만 그녀가 남의 계집종이기 때문에 불가능하다. 그렇지만 '넘의종도 贖良하면 / 百姓되기 아조쉽다'고 대답하는 부분에서 남의 첩이 되기를 바라는 마음 이면에 '아침이슬' 맞으며 뽕을 따야 했던 계집종이 노역에서 벗어나고 싶은 의도도 자리잡고 있다. 물론 계집종의 속량은 그의 주인에게 전적으로 달려 있는 문제이기에 "贖良하면"이란 진술이

---

23) 김완진, 「고려가요의 어학적 해석」『새국어생활』 6권 1호, 국립국어연구원, 1996, 62면.
24) 임동권, 『한국부요연구』, 집문당, 1982, 106면.

주인을 향한 게 아니라는 점은 분명하다. 이처럼 노비의 신분이 노비 소유주의 의사에 따라 자신의 신분에서 벗어날 수 있었던 경우는 "천한 무리는 그 종류의 구별이 있으니 삼가 이 무리로 하여금 從良하게 하지 말"[25] 것이라는 것을 통해서도 짐작할 수 있다.

하지만 사찰소속의 계집종이 "道場애外 오시ᄂ니"의 남자에게 "니믈 뫼셔 술와지"라고 진술한 「내당」 화자는 종량의 처지에 있지 못했다. 그가 "니믈 뫼셔 술"고 싶은 바람은 "열세남종 주ᅀᅡ쌘라 바회예 나ᄅ"고 "열세남종이 다여위"어야 한다는 전제가 이루어진 후에 가능하기 때문이다. 남자종 열 셋을 '주ᅀᅡ쌘라(주워 빨아서:濯)'[26]서 바위에 널고 난 후 '다여위실던드런' 해야 비로소 님을 모시고 살 수 있다는 진술은 「내당」에 대한 개괄적 논의나 부분적 논의에서 명확하게 구명하지 못했던 부분이다.[27] '다여위실던드런'을 "모두 파리하게 될 때"[28]로 이해한 후 그것을 곧 "氣盡脈盡 말라빠지면"[29]으로 확장시켰던 게 그간의 사정인데 '남자종'이 '기진맥진' 해야 비로소 화자가 '니믈 뫼셔'는 게 가능했다는 점에서 '기진맥진'을 성행위와 결부해 「내당」을 음사로 규정할 수 있었던 것이다. 개괄적 논의에서 "求子 때문에 기괴한 공감적 모방적 주술행위"[30]로 파악한 이후 이것이 부분적 논의에도 "정욕을 표현한 사랑노래"[31]로 재현됐던 것이다. 어찌 보면 열 셋 남자종을 세탁해서 바위에 널고 난 후 님과 함께 살겠다는 화자의 의지는 초월적 존재와 결부된

---

25) 『고려사』 권31, 세가31 충렬왕 26년, "此賤類其種有別 愼勿使斯類從良."
26) 박병채, 앞의 책, 362면.
27) 다만 '남종'을 "襤袯(해진 바지)"로 이해한 특별한 경우가 있었다. 권재선, 앞의 논문, 8면.
28) 박병채, 앞의 책, 363면.
29) 위의 책, 365면 ; 이병기, 앞의 논문, 29면에서 "樂而不淫의 경지는 아니더라도 쌍화점, 이상곡, 북전과 같이 이런 것을 淫褻之辭"로 이해하고 있다.
30) 김동욱, 앞의 논문, 136면.
31) 임재해, 앞의 논문, 178면.

듯하지만 앞서 언급했듯 화자가 사찰비였고 '니믈 뫼셔 술와지'라는 화자의 진술이 님이 아니라 자신을 향한 독백투였다는 점을 감안하면 '주ᄮ샌라'와 '바회예 나ᄅ'는 그가 사찰에서 담당했던 잡역이 구체적으로 세탁이었다는 것을 의미하는 것이다.

화자를 사찰의 여러 노비들 중에서 '洗濯婢(妓)'32)로 확정하면 '열세남종'을 '주ᄮ샌라 바회예 나ᄅ'는 행위를 온전히 이해할 수 있는데 특히 토목노동을 비롯해 기타잡역에 종사하던 '열세남종'의 세탁을 담당했을 세탁비로 구체화시킬 수 있다. 그에 따라 '주ᄮ샌라 바회예 나ᄅ'는 대상은 '열세남종'이 아니라 그들이 입던 옷이어야 한다. 그래서 '다여위실더드런(모두 파리하게 될 때)'의 대상을 '열세남종'으로 삼아 그들이 '氣盡脈盡 말라빠지면'으로 해석하기보다 그들이 입던 옷이 '모두 해질 때 – 혹은 모두 닳아 없어질 때'로 이해해야 할 것이다.33) 이러한 해석이 가능한 것은 사찰비에게 "니믈 뫼셔 술"고 싶은 것은 화자 개인의 문제이며 그의 바람 이면에는 노역에서 벗어나려는 의도도 자리잡고 있다 할 때 "니믈 뫼셔 술와지"는 贖良 혹은 從良이 아니라 "공천의 나이가 만 60이면 부역에서 풀려난다"34)는 '放役'과 관련된 진술로 이해해야 한다. 사찰비가 '방역'

---

32) 화자의 역할과 밀접한 '주ᄮ샌라'와 '바회예 나ᄅ', 그리고 노역의 고통에서 벗어나고자 했던 화자가 시간의 흐름을 간절하게 양산미륵에게 빌고 있었다는 점에서 '洗濯妓'보다는 '洗濯婢'에 비중을 두어 논한다. 그러나 婢나 妓가 모두 奴婢案에 수록되어 있을 정도로 그들이 서로 공유할 만한 부분이 있었다. 妓가 成才에 따라 婢로 전락되거나 '汲水婢'가 연회에 참석하는 경우가 있었다는 점에서 이를 확인할 수 있다. 이 책의 「청산별곡」과 주방기' 「서경별곡」과 방적기' 참조.

33) '여위실더드런'에서 '시'를 음률상 첨가된 것이며 비존칭으로 파악(박병채, 앞의 책, 363면)하거나 '여위실'을 '어위질(넓어질)'의 訛傳·誤寫로 파악한 경우(권재선, 앞의 논문, 8면)도 있지만 '여위다'와 '시들다'가 결합한 '여위시들다(한글학회, 『우리말 큰사전』 4 옛말과 이두, 어문각, 1992, 5273면)'로 이해하는 편이 더 타당하다.

34) 『고려사』 권85, 지39 형법2, "公賤年滿六十放役."

에 해당하려면 일정한 시간이 지나야 하는데 그 시간의 경과와 관련된 표현이 '열세남종이 다여위실더드런'인 것이다. '열세남종'을 '주싀싼라 바회예 나릇'고 난후 그들의 옷이 '다여위실더드런' 해야 비로소 '니믈 뫼셔 술' 수 있는 화자에게 '방역'은 '열세남종'의 옷이 '다여위실더(모두 해질 때 – 혹은 모두 닳아 없어질 때)' 할 정도로 시간이 걸리는 일이기도 하다. 세탁이란 벗어 놓은 옷을 빠는 행위인데 화자가 '남종'이 옷 벗어 놓을 틈도 주지 않고 통째로 빨고 싶은 마음이 앞설 정도로 방역의 시기를 고대하고 있었는지도 모른다.[35] 혹은 방역이 아니라 "개인 소유의 노비를 불당, 신사에 바치는 것을 엄격히 금지"[36]하는 법률이 있었듯이 개인 소유의 계집종이 불사와 관련된 일 때문에 불당에서 한시적 세탁비로 기능하면서 사찰 밖의 원래 거처로 돌아가기를 바라고 있을 가능성도 배제하지 못한다. 물론 화자가 방역의 시기를 고대하건 원래 거처로 돌아가기를 바라건 그런 마음의 이면에는 사찰에서 세탁비로서 겪고 있는 고통이 자리잡고 있기에 시간이 빨리 흐르기를 양산미륵에게 빌었던 것이다.

## 3. 「내당」 통석과 그 주변문제

「내당」 해석의 주류는 무가적 접근이었다. 「내당」의 노랫말에 '道場'과 '聖人無上兩山大勒'이란 불교용어가 등장하고 「내당」이란 제목이 '내당굿'이란 단어와 유사하다는 점에서 이 노래의 성격을 무·불의 융합으로 파악했던 것이다. 이윽고 "내불당에서 무당들이

---

35) 필자가 과문한 탓인지 사람을 통째 빠는 행위를 무가에서 발견할 수 없다. 이를 해명하면 민속학적 접근이 타당성을 확보할 수 있다
36) 『고려사』 권85, 형법2 노비, "自己奴婢投贈權勢施納佛宇神祀者痛行禁理."

굿을 할 때 부르던 무가"37)로 어석연구가 뒤를 이었고 이에 대한 문제제기는 전무하다. 그만큼 초기 연구자들의 논의가 지금껏 영향을 주고 있는 셈이지만 무가로 파악하기에 석연치 않은 노랫말 예컨대 "열세남종" "주ᇫ샌라 바회예 나ᄅ" "다여위실더드런" "니믈 뫼셔 술와지"를 '느슨한 민속학적 논거'38)에 기대어 설명하기보다 이런 단어들과 관계하고 있는 화자를 사찰의 세탁비로 확정을 하면 「내당」은 무가적 요소가 아니라 노역에서 고통을 받고 있는 계집종의 노래이다.

> 山水淸凉소리와 / 淸凉애ᇫ 두스리믈어디새라 / 道場애ᇫ 오시ᄂ니 / 흔남종과 두남종과 / 열세남종 주ᇫ샌라 / 바회예 나ᄅ새라 / 다로럼 다리러 / 열세남종이 다여위실더드런 / 니믈뫼셔 술와지 / 聖人無上 兩山大勒하 / 다로럼 다리러

　화자는 번화한 시정과 동떨어져 있는 '산수청량 소리'가 들리는 사찰에 있다. '산수청량 소리'라는 표현을 통해 화자가 현재 있는 장소를 좀더 구체적으로 말하면 '산도 푸르'고 '물도 시원한' 곳으로 곧 사찰 주변의 냇가[혹은 계곡]이다. 냇가를 따라 양쪽이 푸른 산림으로 우거져 있어서 서늘함마저 느낄 수 있는 곳이다. 그리고 그곳은 세탁비가 자기의 소임을 해야 할 공간이기도 하다. 그래도 사찰 경내에서 여러 사람들과 부딪히는 것보다 이렇게 나와 있으니 마음은 홀가분하다. 게다가 '산수청량 소리'를 듣고 있으니 사찰비로서 지니고 있던 '두스리("數里나 되는"39))' 고민이 '믈어디새라("煩惱가 무너지는구나"40))' 정도였다. 마침 '道場애ᇫ 오시'는 한 사내가 있

---

37) 박병채, 앞의 책, 359면.
38) 실제로 이들 단어와 직결되는 민속학적 논거는 존재하지 않는다. 선편을 잡은 논의를 재생산하고 있는 형편이다.
39) 박병채, 앞의 책, 364면.

었다. 자유롭게 신앙공간을 드나드는 사내가 부러울 뿐이다. 그 일을 계기로 화자는 자신의 처지를 되돌아보지만 세탁비에서 벗어날 방도는 전혀 없다. 다만 계집종 나이 60이면 부역에서 풀려나겠지만 그 세월을 기다린다는 게 아득하기만 하다. 마침 세탁하러 들고 나온 남자종들의 옷 열 세 벌이 눈에 띄자 아마 그 옷들이 다 해질 정도의 시간이면 자신이 방역될 것 같아 보였다. 혹은 방역이 아니라면 그 정도의 시간이 지나야만 불사가 끝날 것이고 그에 따라 화자는 사찰 세탁비에서 벗어나 원래의 거처로 돌아갈 수 있었던 것이다. 시간의 흐름에 따라 자신의 늙음을 아쉬워하는 게 인간의 보편적 정서라 할 때 특히 "닭아 우지마라 옷 버셔 重錢을 쥬마"[41]나 "情둔 오늘밤 더듸 새오시라(「만전춘별사」)", 그리고 "구은 밤 닷 되를 심고이다 그 바미 우미 도다 삭나거시와(「정석가」)"처럼 어떻게 해서든 즐거운 시간이 지속되기를 바라는 기녀화자와 달리 「내당」의 화자는 '열세남종'의 옷이 '다여위실더드런(모두 닳아 없어질 때)' 정도로 시간이 빨리 지나기를 바라고 있다. 시간의 경과를 '聖人無上兩山大勒'에게 기원할 정도로 화자의 바람 이면에는 세탁비로서의 노역이 자리잡고 있는 것이다. 끝으로 내 '니믈 뫼셔 술와지'는 방역되거나 원래의 거처로 돌아가고 싶은 바람일 뿐이지 '도량애 ⇔ 오시'는 바로 그 '니믈' 모시겠다는 게 아니다.

결국 「내당」을 무가류 시가로 파악한 것보다 사찰의 세탁비로 화자를 확정한 경우 노랫말을 구체적으로 이해할 수 있었다. 하지만 이 글이 기존의 논의를 전면으로 부정하는 것은 아니다. 『시용향악보』 소재의 가사들 중에서 「내당」은 무가적 성향으로 파악해야 할 「나례가」 「잡처용」 「성황반」 「삼성대왕」 「대왕반」 「군마대왕」 「대국1」 「대국2」 등과 함께 수록되어 있기 때문이다. 이들 노래와 더불

---

40) 같은 면.
41) 박을수 편, 『한국시조대사전』 상, 아세아문화사, 1992, 315면.

어 묶여 수록된 것은 「내당」이 이들 노래와 성향이 유사하다는 것을 의미하는 것이다. 「대국」과 '별상굿 무가'와의 긴밀성이 이미 밝혀진 바 있듯이 「내당」도 선행 논자들이 주장한 것처럼 무가류시가에 해당할 노래이다.

그렇다면 이 글과 기존의 성과는 상충하는가? 우리는 먼저 『시용향악보』에 있는 다음과 같은 구절에 주목해야 한다.

歌詞只錄第一章 其餘見歌詞冊 他樂倣此

『시용향악보』의 「납씨가」에 註記된 내용이다. 이 노래책에 있는 모든 노래는 전편이 아니라 다만 제1장만 수록했다는 내용이다. 「청산별곡」, 「서경별곡」, 「쌍화점」 등도 전편이 아니라 부분이 수록돼 있는 것으로 보아 「내당」도 이러한 사정에 포함될 것이다. 앞서 「내당」을 통해 사찰 세탁비의 심사를 엿보았는데 이러한 것이 무가적 성향과 어떻게 연계되는지를 살펴야 이 글이 기존 논의와 상충되지 않는 면을 확인할 수 있다.

巫女 : 청산리(靑山裏) 벽계수(碧溪水)야 수이 간다고 자랑 마라～ 일
　　　　도 창해(一到滄海)하니～ 다시 오기가 에룹도다～
　　　춤추던 할머니 : 잘한다～
巫女 : 명월(明月)이 만공산(滿空山) 하니야 쉬어간 줄 누가 알까～[42]

巫女 : 황주구금(黃州郡) 도화동(桃花洞)에 한 매인(盲人)이 ～살았는
　　　　데～
　　잽이 : 아～디아
巫女 : 성(姓)은 심씨(沈氏)요 이름은 학규라～
　　잽이 : 아～디아

---

42) 박경신, 『동해안 별신굿 무가(3)』, 국학자료원, 1993, 72면.

　　巫女 : 심학규라 하는 이는 사십줄이 안명(眼盲)하여[43]

　주술담당자들이 그들의 신앙이나 영험을 제시하기 위해 기존의
전승물을 견인한 경우이다. 축원무가인 가망님께 비는 소가망거리
에서 무녀는 무가적 요소가 전혀 없는 황진이 시조를 견인해 부르
고 있다. 그리고 맹인거리는 판소리 심청가의 내용이 삽입되어 있는
서사무가이다. 판소리 심청가가 주술적 기능을 갖고 있지 않은 것에
반해 심청굿이나 심청이굿으로 불리는 맹인거리는 눈을 밝게 하고
눈병을 예방한다는 주술적 목적으로 구연된다. 무녀들이 그들의 신
앙이나 영험을 확산시키려는 한 방편으로 판소리 심청가를 무가 쪽
으로 견인한 것이다. 무녀가 황진이 시조나 심청가를 견인한 것은 「
바리공주」와 서로 맥락이 맞닿지 않는 춘향가의 사랑가가 삽입가요
로 기능하는 것과 별반 다를 바 없다. 「바리공주」의 모든 이본들이
사랑가를 수용하고 있는 이유를 "청중이 원하는 노래를 불러주고자
하는 구연자의 의도"[44]와 "춘향가의 인기로 인해 사랑가가 널리 알
려졌"[45]던 것에서 찾을 수 있듯이 「내당」도 유명세를 띠었던 노래
라 할 수 있다. 이러한 사례와 "歌詞只錄第一章 其餘見歌詞冊 他樂
倣此"를 감안한다면 현전하는 「내당」은 소가망거리의 황진이 시조
와 맹인거리의 심청가와 동일한 경우이다. 황진이 시조나 심청가에
대한 이해가 무가적 성향과 무관한 것처럼 「내당」의 전편이 현전하
지 않는 상태에서 노래를 이해하기 위해서는 화자를 사찰 세탁비로
확정해야 할 것이다. 결국 노래 전편은 무가류이되 현전하는 부분은
사찰 세탁비의 정서와 관련되어 있는 게 「내당」인 것이다.

---

43) 박경신, 『동해안 별신굿 무가(4)』, 국학자료원, 1993, 8면.
44) 이희주, 「바리공주 무가의 삽입가요 연구」『한국민요학』 10집, 한국민요학
　　회, 2002, 255면.
45) 위의 논문, 254면.

# 참고문헌


≪자　료≫

『경국대전』,『고려도경』,『고려사』,『고려사절요』,『고문진보』,『논어』,『동문선』,『동국세시기』,『동국이상국집』,『동야휘집』,『목민심서』,『목은집』,『무릉집』,『묵재일기』,『보한집』,『北里志』,『북제서・주서・수서』,『불교대사전』,『삼국사기』,『삼국유사』,『설문해자』,『성종실록』,『성호사설』,『세종실록』,『시용향악보』,『신증동국여지승람』,『악장가사』,『악학궤범』,『연산군일기』,『열양세시기』,『예종실록』,『용재총화』,『우리말 큰사전』,『正字通』,『주역』,『중문대사전』,『중종실록』,『지봉유설』,『태종실록』,『퇴계집』,『파한집』,『허백당문집』,『효경』


≪저　서≫

구자균 교주,『춘향전』, 보성문화사, 1978.

김사엽,『국문학사』, 정음사, 1954.

김상기,『신편 고려시대사』, 서울대출판부, 1991.

김용숙,『한국여속사』, 4판; 민음사, 1990.

김인숙,『중국중세 사대부와 술・약 그리고 여자』, 서경문화사, 1998.

김학성,『한국고전시가의 연구』, 재판: 원광대출판부, 1985.

김형규,『고가주석』, 백영사, 1955.

박경신,『동해안 별신굿 무가(3)』, 국학자료원, 1993.

＿＿＿＿,『동해안 별신굿 무가(4)』, 국학자료원, 1993.

박노준,『고려가요의 연구』, 새문사, 1990.

박병채,『고려가요의 어석연구』, 3판; 이우출판사, 1978.

박성의,『한국가요문학론과 사』, 집문당, 1974.

박용운,『고려시대 개경연구』, 일지사, 1996.
______,『고려시대 관계 관직 연구』, 고려대출판부, 1997.
박을수 편,『한국시조대사전』상, 아세아문화사, 1992.
배상면 편역,『조선주조사』, 규장각, 1996.
배상면,『전통주제조기술』, 2판; 국순당부설효모연구소, 1995.
백남운,『조선봉건사회경제사』상권, 하일석 역, 이론과 실천, 1993.
백철·이병기,『국문학전사』, 중판: 신구문화사, 1987.
서수생,『한국시가연구』, 개정판; 형설출판사, 1974.
송방송,『한국음악통사』, 일조각, 1984.
안동림 역,『장자』, 개정판 3쇄; 현암사, 1998.
양주동,『여요전주』, 중판: 을유문화사, 1985.
여증동,『한국문학사』, 형설출판사, 1973.
윤무부,『한국의 철새』, 7쇄; 대원사, 2000.
이기문,『속담사전』, 개정중판: 일조각, 1982.
이능화,『조선해어화사』, 이재곤 옮김, 동문선, 1992.
이수웅,『중국창기문화사』, 대한교과서주식회사, 1987.
이어령,『고전을 읽는 법』, 갑인출판사, 1985.
이영태,『한국 고시가의 새로운 인식』, 경인문화사, 2003.
이우성·임형택 역편,『이조한문단편집』하, 중판: 일조각, 1993.
이재창,『한국불교사원경제연구』, 불교시대사, 1993.
이종은,『한국시가상의 도교사상연구』, 재판: 보성문화사, 1992.
이  찬,『한국의 고지도』, 2쇄; 범우사, 1997.
이혜구,『한국음악서설』, 개정판; 서울대출판부, 1989.
임동권,『한국민요집』, 동국문화사, 1961.
______,『한국민요집』Ⅱ, 집문당, 1974.
______,『한국민요집』Ⅲ, 집문당, 1975.
______,『한국민요집』Ⅳ, 집문당, 1979.
______,『한국민요집』Ⅴ, 집문당, 1980.
______,『한국의 민요』, 일지사, 1980.

______,『한국부요연구』, 집문당, 1982.

______,『여성과 민요』, 집문당, 1984.

장덕순,『한국문학사』, 5판; 동화문화사, 1987.

장덕순 · 최진원 교주,『홍길동전 · 임진록 · 신미록 · 박씨부인전 · 임경
　　　　업전』, 보성문화사, 1978.

장사훈,『여명의 동서음악』, 보진재, 1974.

전규태,『고려가요』, 중판: 정음사, 1979.

정기호,『고려시대 시가의 연구』, 인하대출판부, 1986.

정동화,『한국민요의 사적 연구』, 중판: 일조각, 1997.

정　민,『한시 속의 새 그림 속의 새』둘째권, 효형출판, 2003.

정병욱 편,『시조문학사전』, 신구문화사, 1966.

______,『한국고전의 재인식』, 기린원, 1988.

______,『한국고전시가론』, 증보판; 신구문화사, 1994.

정병욱 · 이어령,『고전의 바다』, 현암사, 1977.

정상균,『한국중세시문학사연구』, 한신문화사, 1986.

조동일,『한국문학통사』3, 3판; 지식산업사, 1994.

조윤제,『조선시가사강』, 동광당, 1937

차주환 역,『고려사악지』, 을유문화사, 1972.

최용수,『고려가요연구』, 계명문화사, 1993.

한우근 외 4인,『역주 경국대전 주석편』, 정신문화연구원, 1986.

홍승기,『고려귀족사회와 노비』, 일조각, 1983.

에두아르트 폭스,『풍속의 역사』Ⅱ, 10판; 이기웅 · 박종만 옮김, 까치,
　　　　1991.

가와무라미나토,『말하는 꽃 기생』, 유재순 옮김, 소담출판사, 2002.

상병화,『역대사회풍속사물고』, 호남성: 악록서사출판, 1991.

서군 · 양해,『기녀사』, 상해문예출판사, 1995.

왕서노,『중국창기사』, 상해: 신화서점, 1988.

## ≪논 문≫

강명혜, 「얼음과 녹음을 통한 소망의 미학 - 만전춘 구조를 중심으로」
　　　『이정 정연찬선생회갑기념논총』, 탑출판사, 1990.

______, 「이상곡 연구」『한양어문』 13호, 한국언어문화학회, 1995.

______, 「만전춘별사 연구Ⅱ」『어문연구』 89호, 한국어문교육연구회,
　　　1996.

______, 「고려속요의 남녀상열지사 연구」『서강어문』 12집, 서강대국어
　　　국문학과, 1996.

______, 「풍요의 노래로서의 쌍화점 - 쌍화점 연구Ⅱ」『고전문학연구』
　　　11집, 한국고전문학회, 1996.

______, 「청산별곡 연구Ⅰ」『어문학보』 20집, 강원대국어교육과, 1997.

______, 「쌍화점 연구 - 구조를 중심으로」『어문학보』 11호, 강원대국어
　　　교육과, 1998.

강전섭, 「필사본 악학편고에 대한 관견」『장암 지헌영선생고희기념논
　　　총』, 1980.

곽동훈, 「만전춘별사의 구조연구」『배달말』 7, 배달말학회, 1982.

권순형, 「고려시대 수절의식과 열녀」『여성: 역사와 현재』, 박용옥 역음,
　　　국학자료원, 2001.

권영철, 「악학편고 해제」『악학편고』, 형설출판사, 1981.

______, 「유구곡고」『고려시대의 가요문학』, 김열규·신동욱 편, 새문
　　　사, 1982.

권재선, 「시용향악보 내당가사의 어석」『영남어문학』 14집, 영남어문학
　　　회, 1987.

김광순, 「목주가에 관한 몇 가지 문제점 연구」『경북대 교육대학원 논문
　　　집』 3, 1972.

김대행, 「쌍화점 반전의 의미」『고려시가의 정서』, 김대행 편, 중판:개문
　　　사, 1997.

김동욱, 「시용향악보 가사의 배경적 연구」『진단학보』 17호, 진단학회,
　　　1955.

_____, 「이조 기녀사 서설 - 사대부와 기녀」『아세아여성연구』 5집, 숙명여대, 1966.

김명준, 「서경별곡의 구조적 긴밀성과 그 의미」『한국시가연구』 8집, 한국시가학회, 2000.

김명호, 「고려가요의 전반적 성격」『한국시가문학연구』, 신구문화사, 1983.

_____, 「청산별곡의 속악적 이중성」『한국고전시가작품론』 1, 집문당, 1992.

김상억, 「고려가사연구Ⅲ - 문학적 디노우테이션 및 콘노우테이션적 고찰」『청주대논문집』 7, 1972.

_____, 「정석가고」『고려시대의 가요문학』, 김열규·신동욱 편, 새문사, 1982.

김상철, 「쌍화점의 작자연구」, 인하대석사논문, 1994.

김석회, 「쌍화점의 발생 및 수용에 관한 전승사적 고찰」『방촌 유예근박사화갑기념논총』, 형설출판사, 1990.

김선기, 「청산별곡의 작자모색」『어문연구』 제13호, 어문연구회, 1984.

김완진, 「청산별곡에 대하여」『고전문학을 찾아서』, 김열규 외3인 편, 3쇄;문학과 지성사, 1978.

_____, 「고려가요의 어의분석」『고려시대의 가요문학』, 김열규·신동욱 편, 새문사, 1982.

_____, 「고려가요의 어학적 해석」『새국어생활』 6권 1호, 국립국어연구원, 1996.

김용숙, 「한국여속사」『한국문화사대계』 Ⅳ, 고려대민족문화연구소, 1970.

김재용, 「청산별곡의 재검토」『서강어문』 2집, 서강어문학회, 1982.

김정자·임영자, 「고려시대 갑주에 대한 고찰」『복식』 29호, 한국복식학회, 1996.

김제현, 「청산별곡의 해석과 구조」『어문연구』 84호, 한국어문교육연구회, 1994.

김준옥, 「장생포와 동동」『한국언어문학』 35, 한국언어문학회, 1995.

김창룡, 「서경별곡 연구」『동방학지』 69집, 연세대국학연구원, 1990.

김충실, 「서경별곡에 나타난 이별의 정서」『고려시가의 정서』, 김대행 편, 중판: 개문사, 1997.

김쾌덕, 「만전춘별사 5연의 시적 화자에 대한 한 고찰」『한국문학논총』 18집, 한국문학회, 1996.

김택규, 「별곡의 구조」『고려가요연구』, 국어국문학회 편, 중판: 정음문 화사, 1990.

김학성, 「속요의 장르상의 제문제」『천봉 이능우박사칠순기념논총』, 1990.

김현영, 「묵재일기해제」『묵재일기』, 국사편찬위원회, 1998.

나정순, 「청산별곡연구」『국어국문학』 110호, 국어국문학회, 1993.

______, 「이상곡과 정서의 보편성」『고려시가의 정서』, 김대행 외, 중판: 개문사, 1997.

남광우, 「고가요에 나타난 난해어에 대하여」『한글』 126, 한글학회, 1960.

______, 「고려가요 주석상의 문제점에 대하여」『고려시대의 언어와 문 학』, 형설출판사, 1975.

박경신, 「대국과 별상굿 무가」『울산어문논집』 8집, 울산대, 1992.

박경주, 「한림별곡의 연행방식과 향유층」『한국고전시가작품론』 1, 집 문당, 1992.

박성의, 「시용향악보 소재의 여요고」『국어국문학』 53, 국어국문학회, 1971.

박영환, 「청산별곡의 연구」『어문논집』 23, 고려대국어국문학연구회, 1982.

박종기, 「고려 부곡인의 신분과 신분제 운영원리」『한국학논총』 13, 국 민대한국학연구소, 1990.

박진태, 「동동과 쌍화점의 구조」『대구어문논총』 2, 우리말글학회, 1984.

박혜숙, 「동동의 님에 대한 일고찰」『국문학연구』 10집, 효성여대, 1987.

박혜숙, 「서경별곡 연구의 쟁점」『한국고전시가작품론』 1, 집문당, 1992.

______, 「고려속요의 여성화자」『고전문학연구』 14집, 한국고전문학연
　　　구회, 1998.

서재극, 「서경별곡의 '네가시럼난디' 재고」『어문학』 27호, 한국어문학
　　　회, 1972.

성　열, 「부부·가정·효도에 관한 부처님의 교훈」『불교의 여성론』, 한
　　　국여성불교연합회 편, 불교시대사, 1993.

성현경, 「청산별곡고」『국어국문학』 58~60합병호, 국어국문학회, 1972.

______, 「만전춘별사의 구조」『고려시대의 언어와 문학』, 한국어문학회
　　　편, 형설출판사, 1975.

______, 「만전춘별사 재론」『한국고전시가작품론』 1, 집문당, 1992.

성호경, 「고려시가의 문학적 형태복원 모색」『벽사 이우성선생정년퇴직
　　　기념논총』, 여강출판사, 1990.

손종흠, 「정석가의 삼동에 대하여」『한국시가연구』 4, 한국시가학회,
　　　1998.

손진태, 「조선 고대 산신의 성에 취하여」『손진태선생전집』 2, 태학사,
　　　1981.

송재주, 「청산별곡 중 에정지에 대하여」『국어교육』 39·40합병호, 한
　　　국국어교육연구회, 1981.

송정헌, 「쌍화점 연구」『충북대학교논문집』 17, 충북대, 1979.

신동익, 「사모곡 소고」『한국고전시가작품론』, 집문당, 1992.

신동욱, 「청산별곡과 평민적 삶의식」『고려시대의 가요문학』, 김열규·
　　　신동욱 편, 새문사, 1982.

신은경, 「서경별곡과 정석가의 공통삽입가요에 대한 일고찰,『국어국문
　　　학』 96, 국어국문학회, 1986.

______, 「조선조 여성텍스트에 대한 페미니즘적 조명(2)」『페미니즘과
　　　문학비평』, 고려원, 1994.

여증동, 「쌍화점 고구(3)」『국어국문학』 53, 국어국문학회, 1971.

______, 「만전춘별사 연구(1)」『어문학』 33호, 한국어문학회, 1975.

양태순, 「고려시대의 시가연구-속요를 중심으로」, 서울대석사논문, 1982.

여운필, 「쌍화점연구」『국어국문학』 92, 국어국문학회, 1984.

오정란, 「만전춘 해석의 재고」『어문논집』 26, 고려대, 1986.

오종근, 「한국 신선사상의 근원연구」『역사와 사회』 1, 국제문화학회,
　　　 1991.

우인수, 「부북일기를 통해 본 17세기 출신군관들의 부방생활」『한국사
　　　 연구』 96호, 한국사연구회, 1996.

유효석, 「서경별곡의 편사의식」『고려가요 연구의 현황과 전망』, 집문
　　　 당, 1996.

윤강원, 「청산별곡연구」『논문집』 3, 대유공업전문대학, 1981.

윤경수, 「쌍화점에 나타난 인간자세」『현대문학』 98, 현대문학사, 1963.

윤성현, 「유구곡을 다시 생각함」『한국민요학』 4집, 한국민요학회, 1996.

＿＿＿, 「정석가의 구조와 의미형상 기법」『동방학지』 101, 연세대국학
　　　 연구원, 1998.

＿＿＿, 「유구곡의 구조와 미학의 본질」『한국시가연구』 3집, 한국시가
　　　 학회, 1998.

이경복, 「고려시대 기녀의 유형」『한국민속학』 18, 민속학회, 1985.

＿＿＿, 「고려기녀 풍속과 문학의 연구」, 중앙대박사논문, 1985.

이경자, 「정석가 신고」『어문학』 75호, 한국어문학회, 2002.

이계양, 「만전춘연구」『고시가연구』 5집, 한국고시가문학회, 1998.

이도흠, 「고려속요의 구조분석과 수용의미 해석」『한국시가연구』 1, 한
　　　 국시가학회, 1997.

이동근, 「청산별곡재고」『관악어문연구』 9집, 서울대국어국문학과,
　　　 1984.

＿＿＿, 「유구곡 재론」『한국고전시가작품론』 1, 집문당, 1992.

이등룡, 「정석가 ‘딩아돌ᄒ’의 어휘적 의미」『고전시가의 이념과 표상』,
　　　 1991.

이병기, 「시용향악보의 한 고찰」『한글』 113호, 한글학회, 1955.

이승명, 「청산별곡의 연구」『고려시대의 언어와 문학』, 형설출판사,

1975.

이영태, 「고려속요 연구방법 서설」『인하어문연구』 6, 인하어문연구회, 2003.

______, 「만전춘별사와 영업기」『한국학연구』 12집, 인하대한국학연구소, 2003.

______, 「동동과 효선어」『인문연구』 32, 인하대인문과학연구소, 2004.

이옥경, 「조선시대 정절이데올로기의 형성기반과 정착방식에 관한 연구」, 이화여대석사논문, 1985.

이인모, 「청산별곡 내용의 재검토」『국어국문학』 61, 국어국문학회, 1973.

이임수, 「만전춘의 문학적 복원」『문학과 언어』 2, 문학과 언어연구회, 1981.

______, 「이상곡에 대한 문학적 접근」『어문학』 41집, 한국어문학회, 1981.

이종출, 「사모곡신고」『한국언어문학』 11집, 한국언어문학회, 1973.

______, 「고려속요의 형태적 연구」『고려가요연구』, 중판:정음문화사, 1990.

이종은, 「죽림칠현과 죽고칠현의 대비적 고찰」『한국학논집』 17, 한양대한국학연구소, 1990.

이태문, 「무가계 고려속요의 역사성과 사회성」『고려가요의 문학사회학』, 임기중 편, 경운출판사, 1993.

이희주, 「바리공주 무가의 삽입가요 연구」『한국민요학』 10집, 한국민요학회, 2002.

임기중, 「속 고려가요 동동고」『한국학연구』 1집, 동국대한국문화연구소, 1976.

______, 「고려가요 동동고」『고려가요연구』, 국어국문학회 편, 중판: 정음문화사, 1990.

임동권, 「동동의 해석」『고려시대의 가요문학』, 김열규·신동욱 편, 새문사, 1982.

임재해, 「시용향악보 소재 무가류시가 연구」『영남어문학』9집, 영남어
　　　　문학회, 1982.

임주탁, 「역사적 생성문맥을 고려한 만전춘별사의 독법과 해석」『한국
　　　　시가연구』11집, 한국시가학회, 2002.

장사훈, 「고려가요와 음악」『고려시대의 가요문학』, 김열규·신동욱 편,
　　　　새문사, 1982.

장성진, 「사모곡의 의미와 변용」『문학과 언어』20집, 문학과 언어학회,
　　　　1998.

장지영, 「옛 노래 읽기」『한글』108호, 한글학회, 1955.

장진호, 「동동고」『새국어교육』40, 한국국어교육학회, 1984.

장효현, 「이상곡 해석의 재고」『어문논집』22집, 고려대학교, 1981.

______, 「이상곡 생성에 관한 고찰」『국어국문학』92, 국어국문학회,
　　　　1984.

전규태, 「만전춘별사고」『고려시대의 가요문학』, 김열규·신동욱 편, 새
　　　　문사, 1982.

______, 「서경별곡 연구」『고려시대의 가요문학』, 김열규·신동욱 편,
　　　　새문사, 1982.

정기호, 「이상곡 이해를 위한 몇 문제」『한국고전시가작품론』1, 집문당,
　　　　1992.

정병욱, 「한국시가문학사」상,『한국문화사대계』Ⅴ, 재판:고대민족문화
　　　　연구소출판부, 1971.

______, 「악기의 구음으로 본 별곡의 여음구」『고려시대의 가요문학』,
　　　　김열규·신동욱 편, 새문사, 1982.

정운채, 「쌍화점의 주제」『논문집』49, 한국국어교육연구회, 1993.

______, 「삼장과 사룡의 원심력과 구심력」『국어교육』83·84, 한국국
　　　　어교육연구회, 1994.

정재서, 「선진시대의 신선설화 기원과 문학적 수용을 중심으로」『중국
　　　　학보』28, 한국중국학회, 1988.

조윤미, 「고려가요의 수용양상-조선조 정치·문화상황과의 관계를 중심

으로」, 이화여대석사논문, 1988.

최동국, 「쌍화점의 성격연구」『문학과 언어』 5, 문학과 언어연구회, 1984.

최미정, 「죽은 님을 위한 노래-동동」『문학한글』 2, 한글학회, 1988.

최숙경, 「고려이전 - 특수직 여성」『한국여성사』 I, 재판: 이대출판부, 1978.

최승영, 「정석가연구」『청람어문학』 9, 청람어문교육학회, 1993.

최용수, 「서경별곡고」『어문학』 48호, 한국어문학회, 1986.

_____, 「삼장·사룡고」『영남어문학』 13, 영남어문학회, 1986.

최진원, 「동동고(1)」『대동문화연구』 8집, 성균관대대동문화연구소, 1971.

하태석, 「무가계 고려속요의 성격연구」『어문논집』 43, 민족어문학회, 2001.

허남춘, 「쌍화점의 우물용과 삿기 광대」『반교어문연구』 2집, 반교어문회, 1992.

_____, 「동동의 송도성과 서정성(1)」『도남학보』 14집, 도남학회, 1993.

_____, 「동동의 송도성과 서정성 연구(2)」『도남학보』 15집, 도남학회, 1996.

현혜경, 「만전춘별사에 나타난 화합과 단절」『고려시가의 정서』, 김대행 편, 개문사, 1985.

홍승기, 「천민」『한국사』 5, 국사편찬위원회, 1981.

이 영 태(李永泰)

인천 출생
인하대학교 국어국문학과. 동 대학원 석사·박사 수료
문학박사. 현 인하대·방송통신대 등 강사

- 저 서
『한국 고전시가의 재조명』, 국학자료원, 1998
『한국 고시가의 새로운 인식』, 경인문화사, 2003

- 논 문
「이규보 평가에 대하여」
「기류문학의 시공인식 연구」 등


# 고려속요와 기녀


초판 인쇄 2004년 8월　5일
초판 발행 2004년 8월　15일
지은이 이 영 태
펴낸이 한 정 희
편 집 박 선 주
펴낸곳 경인문화사
등 록 제10-18호(1973. 11. 8)
주 소 서울시 마포구 마포동 324-3
전화·02)718-4831 / 팩스·02)703-9711
ISBN : 89-499-0278-8　93810　　값 : 13,000원